ASIA

アジア比較社会研究のフロンティアⅢ

連携と離反の東アジア

園田茂人［編著］

勁草書房

連携と離反の東アジア　アジア比較社会研究のフロンティアⅢ

目次

序章　アジア地域統合研究への社会学的アプローチ……園田茂人　1

第1部　中国の台頭がもたらすインパクト

第1章　中国の台頭はアジアにどう認知されているか……園田茂人　25
1　台頭中国への異なる視線？　26
2　調査結果に見る「中国の脅威」　30
3　おわりに――中国脅威論を超えて　52

第2章　東南アジアの対日・対中認識――日本社会に潜む二つのファラシー……向山直佑・打越文弥　55
1　はじめに　55
2　第一のファラシー　57
3　第二のファラシー　62
4　ファラシーの淵源はどこに　79
5　おわりに　82

第3章　越境する中国への受容と反発——アジア六カ国のデータから問い直す接触仮説
……木原　盾・上野雅哉・川添真友　87
1　越境する中国　87
2　中国からの越境への受容と反発　90
3　接触仮説をめぐるデータの検証　94
4　変数の操作的定義と分析　97
5　考察　103
6　おわりに　105

第2部　アジアにおける流動性の高まりとその帰結

第4章　英語化するアジア？——アジアの学生に見る言語意識　……井手佑翼・寶　麗格　113
1　はじめに　113
2　グラッドルの三つのシナリオ　116
3　調査概要と結果　117
4　分析と考察　119
5　おわりに　129

第5章　アジアの域内留学は活発化するか──留学志向の比較社会学
……西澤和也・田代将登　135
1　はじめに──高まる留学熱　135
2　留学に関する先行研究　139
3　アジア学生調査の利用　141
4　アジアの留学はどこへ向かうのか　144
5　おわりに──多様化するアジアの留学　155

第6章　日系企業を好んでいるのは誰か──企業選好の心理メカニズム
……園田　薫・永島圭一郎　159
1　はじめに　159
2　日系企業の強みが人材を引き付ける？　161
3　先行研究　163
4　データ　164
5　分析　166
6　誰が日系企業を好むのか　170
7　おわりに　177

第3部　東アジア共同体への胎動？

第7章　ジャパン・ポップはソフト・パワーとして機能するか――映像コンテンツ視聴による対日イメージの変化に関する分析……町元宥達　185
1　はじめに　185
2　理論的背景と先行研究　189
3　データと分析手法　194
4　結果　199
5　考察　205
6　おわりに　208
第8章　東アジア共同体成立の心理的基盤を探る――アジア人意識への社会学的アプローチ……園田茂人　211
1　はじめに　211
2　国・地域によって異なるアジア人意識の強さ　213
3　アジア人意識を生み出す要因　216
4　自国民としての誇りがアジア人意識を生む　219

5　アジア人意識は反英米意識の象徴か？　222
6　日本におけるアジア人意識の「停滞」　224
7　おわりに　226

第9章　学生の意識に見るアジア統合の展望――アジア人意識と脅威認識を軸として
……麦山亮太・吉川裕嗣　231
1　はじめに　231
2　データと変数　236
3　政治経済状況が学生の意識に与える影響　239
4　脅威認識から見るアジア統合の道筋　247
5　おわりに　252

文献一覧

執筆者

園田茂人　東京大学大学院情報学環・東洋文化研究所教授
向山直佑　東京大学法学部
打越文弥　東京大学文学部
木原　盾　東京大学文学部
上野雅哉　東京大学文学部
川添真友　三菱総合研究所グループ　エム・アール・アイ　リサーチアソシエイツ
井手佑翼　東京大学文学部
寶　麗格　東京大学大学院学際情報学府
西澤和也　東京大学文学部
田代将登　東京大学文学部
園田　薫　東京大学文学部
永島圭一郎　東京大学大学院人文社会系研究科
町元宥達　東京大学大学院公共政策大学院
麦山亮太　東京大学大学院人文社会系研究科
吉川裕嗣　東京大学文学部

序章　アジア地域統合研究への社会学的アプローチ

園田茂人

二〇〇七年のことだったと思う。当時編者が所属していた早稲田大学大学院アジア太平洋研究科が中心になって提案したグローバルCOEプログラムのヒアリング会場で、こんな質問がなされた。「アジアの地域統合をテーマに政治・安全保障、経済、社会・文化の三つからアプローチすることになっているが、政治・安全保障や経済というのは、具体的にどのような研究をするのか、イメージしやすい。ところが社会・文化からアプローチするといっても、結局、何をどのように研究するのか、わかりにくい。具体的な例を出して、どのような研究をするのか説明してほしい」。

その時とっさに、後述する猪口孝教授のアジア・バロメーターを例に出し、「アジアの人びとを対象にした、意識や行動をめぐる研究が、その具体的な事例だ」と切り替えしたが、これで審査員の心象がよくなったからか、グローバルCOEプログラムは採択されるに至った。ヒアリング会場でこの質問をしたのが、東洋文化研究所で同僚となる羽田正教授であったことを知るのは、しばらくたってからのことである。

振り返ってみると、社会学者や人類学者は、アジアの地域統合について発言らしい発言をしてこなかった。国際移民や国際結婚の増加にどう対応するか、多文化主義をどう実現するかといったレベルでの発言はあるものの、これを地域統合という次元――しかもアジアという空間的な広がり――で議論する社会学者や人類学者は、ユニークなアジア中間層連携論や大衆文化交流論を展開してきた青木保（2005）以外、ほとんど見つからない。

最初はアジアにおける経済成長を説明する概念として（Berger and Hsiao 1988）、次に西欧的な「民主主義」や「人権」概念に対抗する概念として「アジア的価値」が一時賑やかに議論されたものの（青木・佐伯 1998）、そもそもアジアにおける価値が同一化しているかどうかといった実証研究は、アジア・バロメーターなど一部を除き、ほとんど行われてこなかった（園田 2008b）。それどころか、多くの社会学者・人類学者は依然としてみずからのフィールドに沈潜し、特定の地域の殻に閉じこもっている（園田 2008a）。

アジアのアジア化という趨勢

アジア域内における経済の相互依存が深まり、理念として存在していたアジアが経済的な実態をともなう存在となってきたことを示す「アジアのアジア化」という概念が提起されたのは、二〇世紀も終わりつつあった一九九九年、当時東京工業大学の教授だった渡辺利夫教授によってだった。

渡辺教授は、アジアにおける「構造転換連鎖」と「域内循環構造」の存在により、アジア経済が相互依存を深めているとして、「アジアのアジア化」という概念を提示したのである。

その後、国際政治学者を中心に東アジア共同体が本格的に議論されるようになり、アジアの凝集性を政治経済的に分析する視角が洗練されるようになった。現在でも行われているアジアの地域統合をめぐる議論の土台が、こうして整うことになる。

ところが、アジアの人びとがみずからの過去や現在、未来をどのように眺めているかといった体系的な研究は、ほとんどなされてこなかった。

国際関係の研究者は、どちらかといえば制度や枠組みに注目し、人びとの心理に分け入って研究しようとしない。他方で、人びとの心理の研究を専門にする社会学者や社会心理学者は総じて国際問題に無関心で、アジア域内における凝集性の高まりには、ほとんど関心を向けてこなかった。こうした状況にあって、アジアのアジア化――あるいはアジア内の結びつき――を人びとの心理からアプローチする研究は決して多くなかった。

その意味でも、猪口孝教授が主導したアジア・バロメーター（二〇〇三～〇八年）は画期的なプロジェクトだった。

アジア・バロメーターは「データの砂漠」であったアジアに、多くの経験的データを提供しただけではない。アジア自身がアジア内部の心理的・社会的結びつきを語る、多くの手がかりを与えることになった。プロジェクト終了後、統合データベースが作られ、多くの研究成果が生み出されるようになった。本シリーズの刊行も、統合データベース抜きには考えられない。

もっとも三二カ国をカバーし、四年間で二・五億円強の資金が必要とされたアジア・バロメーターを継続していくことは、きわめてむずかしい。アジアの将来を展望し、これを切り開くような社会心理学的研究できないか。そこで考えたのが、上記のグローバルCOEプログラムの一環として実施した、二〇〇八年のアジア学生調査の経年調査、つまり第二波調査の実施である。

グローバルCOEプログラムを実施するにあたり、事務局長となった編者は、今後のアジア地域統合研究の基礎資料にしようと、アジア六カ国（韓国、中国、ベトナム、フィリピン、タイ、シンガポール）、合計一二のエリート大学で学ぶ学生を対象に質問票調査を実施し、そのアジア・イメージの構造を捉えるプロジェクトを立ち上げた（http://www.waseda-giari.jp/jpn/research/achievements_detail/873.html）。

日本リサーチセンターを委託先に、調査は二〇〇七年の一二月から二〇〇八年の二月にかけて実施された。筆者はその後、早稲田大学のゼミ生と共同で日本と中国・上海でも調査を行い、その統合データを作成していたが、二〇〇九年に東京大学へ移ったこともあり、統合データを利用した分析はほとんど行っていなかった。

五年後の二〇一三年に、同じ大学を対象に調査を実施すれば、学生の意識変化をめぐる興味深い資料を得ることができるはずだ。五年のインターバルがあれば、前回の調査対象者は、ほぼ全員が入れ替わっていることになるので、タイミング的にもちょうどよい。

アジア学生調査の方法とプロセス

もちろん、その結果をもって国全体の特徴とすることはできないなど、学生に限定した調査にはデメリットもある。調査対象大学が、それぞれの国・地域のトップ大学であることも、データを解釈する際に注意しなければならないポイントである。

他方で、調査コストが安く、学生みずからが調査対象になるといったメリットもある。調査プロセスを学生に経験させることができ、アジアの大学間での協働作業を進めるプラットフォームにもなりうる。

調査対象学生たちは、将来、アジアの各地で指導的立場に就くことが確実だという点も、本調査の大きなメリットである。彼らがどのようにアジアの現実を見据え、アジアの将来を予想しているか。経済的に結びつきを深めながらも、これが必ずしも地域統合への機運を高めているように思えないアジアの現実を、どう理解しているか。そして、これらがどのような経年的変化を示しているか。これらの問いに対する答えは、アジアの地域統合を考える際に大きなヒントになるはずだ。コスト・ベネフィットを考えたとき、学生調査の経年実施はきわめて魅力的に思えた。

そこで、東京大学東洋文化研究所東洋学研究情報センターで二つのプロジェクト（「アジア学生調査第二波調査の実施」と「政治的リスクと人の移動：中国の大国化に関する国際共同研究」）を立ち上げ、調査実施にともなう予算を確保するとともに、東京大学の文学部と人文社会系研究科の合併授業を開講し、プロジェクトに参加する学生を募ることとした。

また早稲田大学も調査対象大学であったことから、文学部の山田真茂留教授に声をかけてゼミ学生の参加を促してもらった結果、東京大学から一五名（うち大学院生四名）、早稲田大学から六名（うち大学院生一名）の、合計二一名からなるプロジェクトチームができあがった。東大の院生には、北京大学や清華大学、台湾大学など、調査対象大学からの留学生がいたため、プロジェクトは比較的スムーズに進行した。

学生たちは、最初に第一波調査のデータを分析した結果を報告し合い、どのようなテーマや分析が興味深いかについて討論した。次に、関連研究を渉猟しつつ、第二波調査で残すべき質問と捨てるべき質問を弁別し、今回調査で加えるべき質問を提案しあった。

二〇一三年の夏学期いっぱいかけてアイデアを練り、八月上旬には質問票を完成させた。英語のマスター質問票をもとに、バック・トランスレーション（一度ある人に英語から現地語に翻訳してもらい、別の人に翻訳された現地語を英語に直してもらうことで、現地語への翻訳が的確に行われたかどうかをチェックする技法）の手法を利用しながら、それぞれのローカル言語に直し、調査に備えた。

第一波調査と同じ大学を対象に、同じサンプリング方法（割当法で、各学年五〇サンプルずつ、男・女と文系・理系が、それぞれ半々になるよう目標サンプル数を設定した）で調査をすることとしたものの、第一波調査ほど予算が潤沢でなく、業者を利用することができない。そのため、学生が直接現地に乗り込んで質問票の配布・回収を行うか、これが不可能な地域では、現地の知り合いの研究者――彼らの多くは現地の社会学をリードする研究者である――に調査を委託し、記入済みの質問票を返送するよう依頼した。

日本（東京大学と早稲田大学）と韓国（ソウル国立大学と高麗大学）、中国・北京（北京大学と清華大学）、ベトナム（ベトナム国家大学ハノイ校／ホーチミン校）、タイ（チュラロンコーン大学、タマサート大学）では、学生が直接調査を実施。それ以外の地域、具体的には中国・上海（復旦大学と上海交通大学）では復旦大学の李棼女史、香港では香港大学の呂大樂教授、台湾では国立台湾大学の柯志哲教授と国立中山大学の王宏仁教授、フィリピン（フィリピン大学ディリマン校とデラサール大学）ではフィリピン大学の米野みちよ教授、シンガポールでは国立シンガポール大学のTan Ern Ser教授に、それぞれ調査を委託した。

調査は二〇一三年の九月から一二月にかけて実施された。前回調査では、北京では中国人民大学が対象となったが、理系サンプルを容易にとれるよう、今回は清華大学へと変更された。また、シンガポールでは前回、南洋工科大学も対象とされていたが、時間的・予算的な制約から今回は国立シンガポール大学のみとし、サンプル数を二〇〇から三二〇へと増やした。

前回は含まれていない台湾と香港の大学を調査対象としたのも、第二波調査の特徴である。

データ入力が終わり、データセットが完成したのが二〇一三年一二月末。第一波調査も含め、調査時期や回収サンプル数などの基本的な情報については、表0-1にまとめられている。

表0-1　アジア学生調査の概要

		調査時期		サンプル数	
国・地域	対象大学	第1波調査	第2波調査	第1波調査	第2波調査
日本	東京	2008年11月15日～2009年1月10日	2013年10月1日～11月15日	200	230
	早稲田			200	234
韓国	ソウル国立	2007年12月22日～2008年1月4日	2013年9月30日～10月4日	205	345
	高麗			204	395
中国	北京	2008年1月8日～12日	2013年10月1日～8日	200	200
	中国人民		実施せず	220	—
	清華	実施せず	2013年10月1日～8日	—	200
	復旦	2008年11月15日～12月31日	2013年9月15日～10月25日	203	200
	上海交通			198	200
香港	香港	実施せず	2013年9月25日～12月15日	—	240
台湾	国立台湾	実施せず	2013年9月15日～10月15日	—	200
	国立中山			—	200
ベトナム	ベトナム国家・ハノイ	2008年1月17日～2月4日	2013年9月17日～25日	200	270
	ベトナム国家・ホーチミン			200	261
フィリピン	フィリピン	2008年1月17日～2月4日	2013年9月15日～10月25日	200	205
	デラサール			200	200
タイ	チュラロンコーン	2008年1月11日～18日	2013年9月2日～7日	202	211
	タマサート			198	219
シンガポール	シンガポール国立	2008年1月24日～28日、2月21日～28日	2013年10月1日～11月30日	233	321
	南洋工科		実施せず	220	—
合計				3,283	4,331

第二波調査で利用した質問票は、（1）学生自身の属性に関する質問、（2）留学や就職など、将来のキャリアに関する質問、（3）アジア地域統合に関する質問、（4）対外認識や外国人との個人的な接触に関する質問、（5）メディアや大衆文化の受容に関する質問、（6）外国語の習得・習熟に関する質問、（7）性別役割などの社会規範に関する質問、（8）外国が自国に与える影響についての質問、（9）リスク認識や政治的有効性など政治意識に関する質問、などいくつか異なる質問群によって構成されている。

中国の台頭という大きな変化

第二波調査の質問票を設計する際、プロジェクトメンバーは、この五年間に生じた出来事を思い返しつつ、アジアの将来を考える際にどのような問題が重要かを考えた。その一つの答えが「中国の台頭」である。

第一波調査は、二〇〇八年の北京オリンピック開催の前に実施されているが、オリンピックを成功させた中国は、そのプレゼンスを大きくさせている。同年九月に生じたリーマン・ショック後も、中国は高度経済成長を続け、人びとに米中二強時代の到来を予感させつつある。

他方で、近隣諸国とは、必ずしも友好的な関係を持てていないようにも思える。現在でも日中関係は好転しているとはいいがたいが、こうした傾向は二〇〇〇年代後半から一貫して続いている。フィリピンやベトナムとは、南沙諸島をめぐる領有問題を抱え、時に反中デモが起きるなど、緊張を孕んだものとなっている。

そればかりか、二〇一四年の三月には台湾で学生による立法院占拠が起こり、同年の九月末からは香港で民主化運動が起こるなど、中国が自国の領土の一部とみなしている地域で、巨大化する中国の影響に対する若者の強い拒否感が表明されている。では、これらの国・地域で、中国の台頭はどのように認識されているのか。従来、アメリカとの連携を強化することで国造りをしてきた多くのアジアの国ぐには、台頭する中国とどのような距離を取ろうとするだろうか。

こうした問いは、将来のアジアの地域統合を考えるうえで、避けて通ることができない問いである。

古典社会学における地域統合

振り返ってみれば、社会学なり人類学が、当初から社会・文化の視点から地域統合を考える視点を持ち合わせていなかったかといえば、そうではない。一九世紀中葉から二〇世紀頭にかけての古典社会学の巨人は、社会圏の拡大現象に注目していたし、その背後に潜む力学にも関心を払ってきた。その代表的な例がフェルディナンド・テンニースである。

テンニースはその著書『ゲマインシャフトとゲゼルシャフト（*Gemeinschaft und Gesellschaft*）』（1887）の中で、本質意思（Wessenwille）から選択意思（Kuerwille）による社会的結合様式の変化とともに、その結合体としてのゲマインシャフトからゲゼルシャフトへと社会的重要性がシフトすると考え、ゲゼルシャフトの最高形態として「世界」と「学者共同体」を想定した。世界の理性化・合理化が広域的な社会の成立を生み出すと考えたのだが、世界の理性化・合理化が社会の広域化を生み出すとするテーゼは、G・ジンメルの「力の節約」の原理にもとづく社会圏の拡大という着想や、高田保馬の「基礎社会拡大縮小の法則」といったユニークな主張につながってゆくが、重要なのは、その背後に選択的関係の支配という趨勢がある点に注目している点である。

この選択的関係は「市場」に典型的かつ象徴的に現れる。しかし、単なる取引の場としての「市場」が「社会」としての性格を有するには、二つの条件が必要である。一つは、取引を維持させ恒常化させる根本規範＝価値の共有（E・デュルケームのいう「契約の非契約的要素」がこれに当たる）であり、もう一つが、この規範の生成や維持に関わる主体の存在・形成（M・ヴェーバーのいう「支配」がこれに当たる）である。これらの二つの条件は、社会統合を構成する重要な要素であり、T・パーソンズの言い方を借りれば、「潜在的パターン維持」と「目標達成」ということになるだろう。

では、アジアにおける流動性の高まりは、根本規範＝価値の共有化や支配の主体の誕生をともなっているだろうか。具体的に、アジアにおける社会圏の拡大は、どのような集団・組織によって担われ、どのような価値の共有や支配・コントロールが行われているのか。

アジアの地域統合をめぐる社会・文化論的アプローチは、本来、こうした問いを内包しているはずである。

アジアにおける英語化の進展と流動性の高まり

テンニースは選択的関係の支配として社会圏の拡大を理解したが、こうした趨勢の主な担い手として学校と企業を取り上げることに異論はないだろう。選択的関係によって作られる学校や企業は、「第二の社会化」の主な担い手であり、重要な支配＝社会統制の主体となっているからである。

近年、アジアの教育機関——とりわけ高等教育機関——は急速にグローバル化しており、学生は国境を越えて就学し、大学も他国から学生をリクルートしつつある。また、アジアの企業も多国籍化しており、その波は日本から韓国、台湾、中国にまで広がりつつある。

興味深いのは、大学の動きと企業の動きが連動している点である。実際、留学行為と他国での就業行為とが緊密に結びついており[1]、しかもこれが留学の動機とも大きく関連している。

もっとも、アジアにおける国際移動増加の背景に、（1）高等教育の普及にともなう英語化の進展と、その結果生まれたコミュニケーション・コストの低下、（2）能力主義的価値観の高まりと広域的な（高等教育、高度人材）市場の誕生、（3）高等教育機関や多国籍企業のサバイバル戦略といった要因が複雑に絡み合っている点に注意する必要がある（園田 2008b）。

学校や企業における「第二の社会化」にあたって、英語が果たす役割はきわめて大きい。アジア・バロメーター二〇〇六と二〇〇七のデータを用いて、各国・地域別の「英語を不自由なく話すことができる」と回答した者の割合を、大学教育を受けた者と一般サンプルに分けて分析してみると、香港やシンガポール、マレーシア、フィリピンといった旧英米植民地では、高等教育を受けることによる英語能力の向上は顕著で、[2] これが留学熱を生み出す大きな要因になっている。[3]
英語化は欧米を中心とした留学熱ばかりでなく、学生たちの欧米系企業への就職願望を強くしている。

二〇〇六年に早稲田、延世、復旦（上海）の学生三〇〇名を対象にした意識調査、[4] 及び二〇〇八年のアジア学生調査第一波調査の結果によれば、日本を除くアジアのエリート大学で学ぶ学生には、現地系にもまして海外、とくにアメリカやヨーロッパでの企業の就職を希望する傾向が強くなっている。[5] 言語の壁を乗り越え、学生たちは欧米の大学や企業を指向することに躊躇を感じなくなっているのである。

社会心理という重要なファクター

アジアの地域統合を考える際に重要なのは、現在進行している、アジア域内の経済的結びつきの強化と、これに離反しているように思える政治的な潮流をどのように結びつけて考えるかである。多くの政治学者は、アジアにおける「ナショナリズム」の活力について言及しているが、経済統合がどのような政治的帰結をもたらすかを考えるにあたって、両者を結びつける社会心理を検討することは、きわめて重要な学術的課題となる。

そもそも社会心理への洞察や理解抜きに、アジアの地域統合の将来を考えることは不可能である。
アジア学生調査第一波調査の結果を見ると、アジアでも国や地域によって、アジアに含まれる国

図 0-1　日本人学生によるアジアの認識図：2008 年

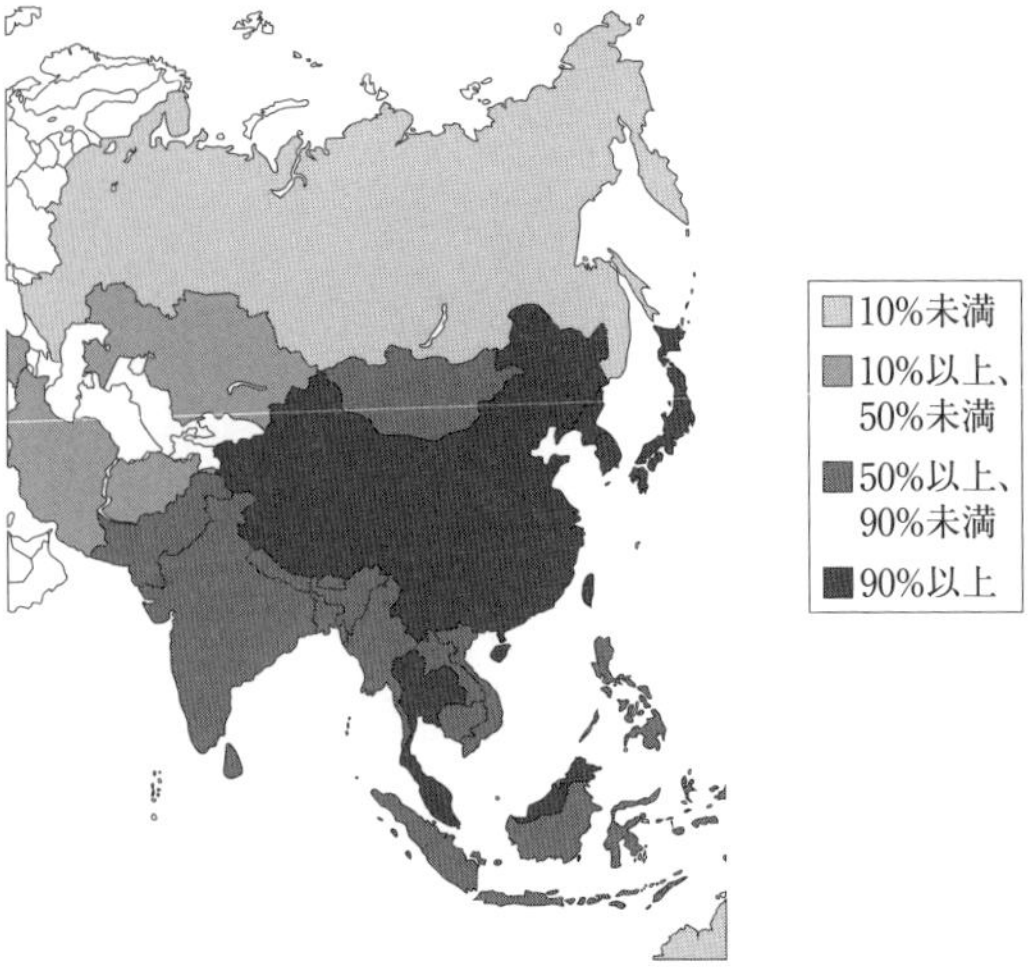

図 0-2　中国人学生によるアジアの認識図：2008 年

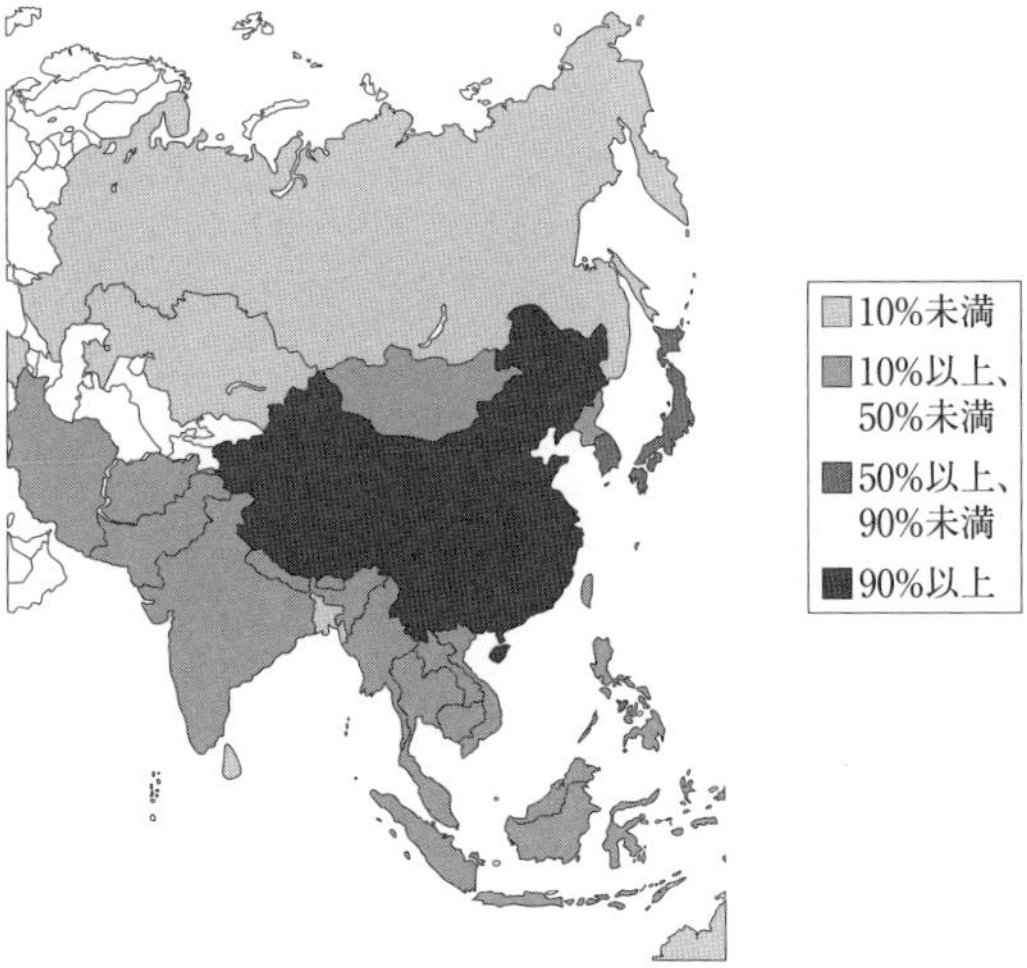

や地域が異なっていることがわかる。図0-1は日本における、図0-2は中国における、それぞれアジアとして想起される国を示したものだが（園田 2014b）、日本の場合、東南アジアも含めて広くアジアがイメージされているのに対して、中国の場合、アジアとしてイメージされる国の範囲が

狭く、日本とは対照的な広がりを示している。同じアジアという言葉に違うイメージが付与されているとすれば、その統合をイメージするといっても、異なる結果が帰結される可能性が高い。英語化するアジアは、みずからのアジア人としてのアイデンティティを強化させることになるのか、それともこうした動きに抗う効果をもたらしているのか。日本をはじめ、多くのアジア諸国が、みずからのソフト・パワーを競って利用し、他国への影響を及ぼそうとしている現在にあって、果たしてアジアの人びとの「心の国境」は変容しているといえるか。岩渕功一（2007）が示唆するように、逆にこれが、アジアの分断とナショナリズムを強化しているのだろうか。

一体化する経済と、これと離反しているように見える政治を結びつける、アジアの社会心理の分析は急務の課題であり、これこそ本書の刊行を急いだ最大の理由である。

本書の構成と主な論点

本書は、以上で指摘した課題に挑戦した論文を収録したものである。第1部に「中国の台頭」、第2部に「流動性の高まり」、第3部は「地域統合の社会心理」にかかわる論文を集めている。個々の章の論点は、こうした簡易な分類を許さない豊かなものとなっているが、そのそれぞれが、アジア域内の流動性の高まりがどのように内部の連携と離反を促しているかを分析しているといってよい。

第1章は、アジア学生調査第二波調査のデータをもちい、周辺地域が中国の台頭をどう見ているか、中国の台頭を発展と見ているのか、脅威と見ているのか、そして、これらの認識が留学や就労といった行為とどのようにつながっているかについて検討を加えたものである。周辺国も、中国との関係によってずいぶんと異なる視線を中国に向けているが、興味深いのが、多くの項目について、中国国内での認識と周辺地域での認識とが大きく異なる点である。アジアの地域統合を考える際には、中国の台頭という大きな歴史的趨勢を射程に入れずに議論をすることはできないが、そもそも、中国の台頭について、中国の内外で異なるイメージが抱かれているという点は、きわめて重要なポイントである。

日本が中国に対して警戒の眼差しを向けているのは、第1章からも確認できるが、第2章は、日本では、「東南アジアは一枚岩」で「日本との連携による中国への対抗を望んでいる」といった認識が見られる点を確認したうえで、そうした認識が正しいかどうかを、アジア学生調査第二波調査やアジア・バロメーターの二〇〇四年データをもとに確認する。その結果、これら二つの認識は明らかに誤り（ファラシー）であること、そしてその誤りが、戦前のアジア主義と構造的に似た特徴を示している点を指摘する。

中国の台頭は、単に国際政治における中国のプレゼンスの大きさを帰結するだけではない。これが大きな人口移動のプッシュ要因となり、アジア各地に中国人が増えるといった状況を生み出している。では、アジアの人びとは、越境する中国人の受け入れに肯定的なのか、否定的なのか。第3章は、こうした大きな問題意識を受け、アジア学生調査のデータを利用しつつ、知人の有無、友人の有無によって中国人への排斥感情が緩和するかどうかを検証している。その結果、日本や韓国では中国人の友人を持つ者が多いのに対して、ベトナムやタイではさほど多くないこと、友人を持つことで中国人の受け入れに対して肯定的になりやすいことなど、興味深い知見が得られている。もっとも、これにも例外が存在しており、これをどう理解するかが今後の課題となっている。

第4章は、アジア域内の流動性を高める原因でもあり結果でもある、英語という「普遍言語」の誕生を真正面に据えている。アジア学生調査によれば、アジアのトップ大学で学ぶ学生たちは相当に高い英語能力を備えているものの、日本語や中国語などのアジア言語についての習得は芳しくない。そればかりか、将来、自分の子どもに学習を薦める言語も英語が圧倒的であるという。日本語や中国語については、それぞれ文化的魅力や国の経済成長が誘因となって、子どもに薦める傾向が見られるというが、これも、こうした条件が維持される限りであって、当面は英語化が進んでいくだろうと予想する。

英語化の進展は、学生の留学先の選択にも強い影響を与えている。第5章は、アジア学生調査の第一波、第二波調査のデータを利用し、学生の留学志向や留学希望先、および留学動機に変化があったかどうかに焦点を当てる。その結果、留学志向はこの五年の間に着実に強まっており、欧米志向が強い点では大きな変化は見られないものの、アジア域内で多様な留学先が選ばれる傾向にあり、その動機も私的なものへとシフトしているという。こうした趨勢は、今後ともアジア域内の大学で学生を誘致しあう競争が継続することを示唆しており、きわめて興味深い。

学生の留学志向の強まりは、自国以外の企業への就職希望が強い現実と無関係ではない。第6章は、そうした趨勢にあって、日系企業への就職を希望するアジアの学生には、どのような特徴があるのかといった、きわめて実践的な問いに答えようとする。世界の多国籍企業が台頭するアジアをターゲットに企業進出を加速化させる中で、敢えて日系企業を選ぶ背後にどのようなメカニズムが見られるのか。通常の経営学的アプローチだと、企業特性に注目しがちだが、第6章の分析によれば、こうしたアプローチは大学生の企業選好の説明変数としては有効ではなく、むしろソフト・パワーや自己肯定感といった企業特性とは独立の変数が強く効いているという。だとすれば、企業がコントロールできることは意外と少ないことになるが、これも面白い発見である。

ソフト・パワーといった操作的定義がしにくい変数を取り上げ、その効果について吟味したのが第7章である。筆者は日本の事例を取り上げ、韓国人や中国人の学生による日本の映像コンテンツの視聴頻度が、日本が韓国や中国に与えている影響に、果たして有意な効果を与えているかを吟味する。その結果、映像コンテンツの視聴頻度は限定的な効果しか持たず、しかも日本人の友人がいる場合に限って、こうした効果が見られるといった知見を導出する。ともすればソフト・パワーは「万能薬」のようなものと見なされがちだが、この章は、こうした楽観的な視点に警鐘を鳴らす。と同時に、第3章が中国人を対象に考察したように、友人関係をもつことが、部分的であれ、日本のイメージ改善につながっている点を指摘している。

第8章は、アジア・バロメーターのデータを利用し、アジア人意識がどのような変数と共変関係にあるかを探り、これが将来、どのように変化していくかを展望したものである。同章の知見によれば、グローバリゼーションへの接触度が高まり、英語ができる者ほどアジア人意識が強まる傾向が見られるという。また、アジアと欧米を対置する「アジア的価値観」をめぐる議論とは異なり、アジア人意識を強く持つ者の方で、英米が自国に及ぼす影響を高く評価する傾向が見られるが、だとすれば、英語化の最前線におり、英米への留学・就労希望を強く持つ、多くのアジア人エリート学生は、逆説的にも、アジア人意識を強くもつ前衛となるかもしれない。ただ、同章の最後で、日本人のアジア人意識が高まる傾向が見られない点が指摘されているが、これは日本におけるアジア地域統合に対する関心の低さと符合している。

では、アジアの地域統合の将来は明るいのだろうか、それとも暗いのだろうか？　本書の最終章にあたる第9章は、アジア学生調査第二波調査のデータを用い、アジア人意識がどのような要素によって規定されているのか、アジアの地域統合を支える「共通の脅威認識」が存在しているかどうかを問う。分析の結果、経済統合の進展がアジア人意識の生成にポジティブな影響を及ぼしているものの、政治的対立がこれにネガティブな影響を与えていること、アジア各国に共通する政治的・経済的・社会的脅威が存在していないことを確認する。国際政治学を中心に、制度的枠組み作りをめぐる議論が先行しているが、現時点では必ずしも明るい将来を思い描くことができない、というのが同章の暫定的な結論である。

今後の研究の深化に向けて

これらすべての章が言及しているように、本書が扱う対象の拡がりを考えると、得られた結論には多くの留保条件を付けなければならない。またアジア域内で大きな多様性が存在しており、これが一般的な議論をむずかしくしている現実も存在している。にもかかわらず、本書に寄稿してくれた諸君は、最大限の努力をしてくれた。

アジア・バロメーター規模の調査を実施することがむずかしい状況にあって、今後、アジア学生調査を継続的に実施していくことは、新たなアジア研究の開拓ばかりか、アジアの大学間・研究機関間での連携を促進することにつながる。

すでにアジア学生調査第二波調査では、二〇一四年二月に最初の成果報告を行ったが、その際、高麗大学、台湾大学、北京大学、香港大学、フィリピン大学ディリマン校といった、調査対象となった大学の教員や学生が参加し、議論に参加してくれた。二〇一五年には、マレーシアやインドネシア、ミヤンマーでの学生調査の実施が計画されているが、新しい統合データが完成することで、新しい研究アジェンダが出てくることになるだろう。事実、東京大学東洋文化研究所とフィリピン大学アジアセンターは、アジア学生調査の分析をめぐる共同研究を現在、計画している。

本書の成立は、アジア学生調査第二波調査の実施抜きに考えられない。論文執筆に参加することはできなかったが、張継元、寺田寛、林意仁（東京大学大学院）、赤木聡之、高艸賢、鈴木鷹志、長濱幸大（東京大学）、高橋かおり（早稲田大学大学院）、森居康晃、萩原あゆ美、井上文、柳澤あかり（早稲田大学）といった諸君も、質問票の設計や調査の実施、データの入力と解析に参加してくれた。[6] 本書に寄稿した多くの諸君は現役の学部生だが、彼らにもこれだけのことができることを——そして彼らの後輩が彼らと同じ力を発揮してくれれば、第三次、第四次学生調査も可能となることを——、読者に感じていただければありがたい。

今回も本書の刊行にあたり、東京大学東洋文化研究所の事務スタッフから全面的な支援を得た。また勁草書房にも、手厚いサポート体制を敷いていただいた。とくに記して感謝申し上げたい。

注

（1）そのため、多くの留学生を集まることができる大学を持つ国・地域が総合国力を大きく引き上げ、留学生の誘致合戦が国家間競争の様相を呈すことになる。この点についてはFlorida（2007: 147–8）参照。

（2）英語が日常的に用いられていない中国や韓国、ベトナムでも、エリート大学の学生となると「英語を不自由なく話すことができる」とする回答率が高くなっている。この点については、本書第4章を参照されたい。

（3）もっとも、英語化の進展にも負の側面がある。マレーシアにおける英語教育の隆盛が国民統合に及ぼす負の効果については、杉村（2007: 188）を参照されたい。

（4）同調査は、早稲田大学大学院アジア太平洋研究科の園田ゼミの「海外ゼミ」の一環として実施された。調査の実施にあたっては、延世大学の韓準教授と、復旦大学の李双龍教授の協力を得、「魅力ある大学院教育」イニシアティブの財政支援を頂いた。感謝したい。

（5）もっとも、北東アジアと東南アジアでは若干パターンが異なっている。韓国、中国のエリート大学では日系企業での勤務希望が少ないのに対して、タイ、シンガポール、ベトナムといった東南アジアのエリート大学では、日系企業での勤務を希望する者が一〇〜一五％近く存在している。もっとも、東南アジアの国ぐにで日本語をよく話せると回答した者は全体の〇・三％前後しかいなかったことから考えると、高い言語能力による企業選択であるとは考えにくい。二〇一三年のデータも用いた詳細な分析結果については、本書第6章を参照されたい。

（6）本書の刊行を待たず、赤木聡之君が急逝してしまった。中国・北京での調査は、彼なくしては考えられなかった。冥福を祈りたい。

第1部　中国の台頭がもたらすインパクト

第1章　中国の台頭はアジアにどう認知されているか(1)

園田茂人

二〇一四年の八月、筆者はほとんど日本にいなかった。香港大学や台湾大学と合同サマープログラムを実施するため、学生を引率して香港と台湾に行っていたからである。

本章執筆時点で香港の民主化運動は収まる気配を示していないが、サマースクール実施時点でも、「佔中違法（セントラルを占拠するのは違法だ）」と書かれた張り紙が至るところに張られていた。また台湾でも、今年三月の立法院占拠にかかわった学生たちから直接話を聞く機会があったことから、プログラムに参加した学生たちは「政治の季節」を迎えている香港や台湾の実情を理解することができただろう。

事実、今年に入ってから香港・台湾における学生たちの政治的な動きが活発しているが、これも中国との関係が、それだけ重要なイッシューとなっているからである。

ところがプログラムで訪問した企業では、学生たちとは異なる対中認識を聞くことが多かった。

香港の財界人たちは、中国との関係抜きに香港の将来はありえず、いかに発展する中国に寄り添っていくかが香港の将来につながっていることを繰り返し指摘していた。台湾のある食品関係者は、中国市場がいかに潜在的な成長力をもっているか強調し、金融関係者は、中国でのビジネスが今後の成長のカギを握るだろうと述べていた。

香港でも台湾でも、訪問先企業の経営者が異口同音に指摘していたのが、日系企業が中国に直接乗り込むのはむずかしいだろうという点。中国市場は独特で、何より日中関係が悪化し、反日感情が強まっている状況にあって、徒手空拳で中国市場に入るのは無謀だというのである。香港や台湾でビジネスパートナーを見つけ、リスクヘッジすべきだと主張する商魂たくましい発言を耳にして、学生たちも当惑したに違いない。

1　台頭中国への異なる視線？

三国志的メンタリティー

中国商務部は七月一五日、二〇一四年上半期の海外からの対中直接投資で、日本からの投資が前年同期比四八・八％減の二四億ドルだったと発表した。人件費の高騰や円安など、経済環境が悪化しているばかりか、香港や台湾のビジネスマンが指摘するように、日中関係の悪化が少なからぬ影響を与えた結果と考えるべきだろう。

人件費の高騰は、おおよそすべての外資系企業に影響を与えるはずだが、中国商務省の発表によると、韓国からの投資は四五・六％増の二八億ドルとなり、日本からの投資の規模を上回ったという。中国における反日感情が外国への敵対的な感情の表れにすぎないとすれば、韓国系企業も中国投資に二の足を踏むと思われるが、実際にはそうなっていない。なぜか。

筆者は海外のパートナーと共同で、中国に進出した企業で働く韓国、日本、台湾のビジネスマンが中国の政治リスクをどのように見積もってきたかを比較研究してきたが(2)、その結果を援用すれば、上記の謎はほぼ解くことができる。

台湾では、中国との経済関係を深めること自身が、政治問題であり続けた。経済的には中国への依存を深めつつも、これが政治的にどのような帰結をもたらすことになるのか、一般市民ばかりか「台商」（海外に出て行った台湾人ビジネスマンのことをこういう）も強い関心を持ち続けてきた。他方で、中国大陸に投資した後、台湾企業は中国における法の支配の欠如や、個別的な人間関係による案件処理、自由度の高い法解釈に悩まされ、中国進出の政治リスクを強く意識してきた。

同種の心情は日本の企業にも見られ、日系企業は、経営現地化と現地人管理職層の育成によって、これに対応しようとしてきた。また最近では、反日リスクが強く意識されるようになり、「チャイナ・プラスワン」戦略へと移行しつつある。とはいえ、日本の政治が対中関係をめぐって分裂している状況にあるとはいえず、総じて対中関係構築と国内政治は別個のものと理解されている。

面白いのは韓国で、韓国のビジネスマンは、中国の政治リスクをあまり意識しておらず、台湾企業が感じる法の支配の欠如や個別的な人間関係による案件処理を、海外進出にともなう一般的な困難の一つとして捉えている。途上国で法整備が遅れているように、中国がそうであっても特段問題にすべきだとは思わない、というわけだ。

また、中国市場における日系企業の苦境を、自分たちにとってのチャンスと見る向きもある。韓国の研究パートナーは、こうした心理を「三国志的メンタリティー」と表現したが、何とも的確な表現である。

対中認識の比較という重要な課題

韓国系企業は、中国の政治状況を所与のものとし、できるだけこれに合わせるよう努力する。日系企業のように現地人管理職に過度な期待・依存をすることなく、自分たちが中国語を習得し、地方幹部との個人的な人間関係を作ってみずから中国市場に深く入り込もうとしている。

筆者たちの研究グループによる発見は、ざっとこんなところだが、これほどまでに中国の政治リスクをめぐる認識が異なっていれば、対中投資に対する姿勢が異なるのも当然だろう。

総じていうと、中国研究者は中国の中、中に目を向けがちである。内部の事情を理解することが中国研究者の重要な任務とみなされ、そのための訓練を受ける必要があるとされてきたからだ。中国の内部を理解するのが重要だという点は現在も変わりないが、日韓台のビジネスマンに見られる中国政治リスク認識の事例は、中国に対する認識を理解することが中国の内部を理解することと同じか、それ以上に重要な課題であることを示している。

台湾の研究パートナーは韓国人ビジネスマンに見られる中国の政治リスク認識の「弱さ」に、一様に驚いていた。ある者は、「韓国人ビジネスマンは、まだ痛い目にあっていないだけだ」と論評し、ある者は「独立した国家である韓国とそうではない台湾で、中国との関係が異なるのは当然だ」とコメントした。

他方で、韓国の研究パートナーは、中国の政治リスク認識の「弱さ」を、「韓国人にとって最大の脅威が北朝鮮であることから、中国を味方につけたいという心理が強く働いた結果ではないか」と解釈しているが、だとすれば、地政学的要因が中国の政治リスク認識に関係していることになる。

Pan Chengxin の *Knowledge, Desire and Power in Global Politics: Western Representations of China's Rise*（2012）は、英語圏の中国研究がみずからの中国に対するまなざしに無自覚だとして自省を求めている興味深い著作だが、中国の周辺地域や非英語圏が射程に入っていないなど、議論の拡がりに限界がある。(3)

そこで本章では、アジア学生調査第二波調査の結果をもとに、学生たちに見られる中国への眼差しを検討することで、中国脅威論がどの地域でもあてはまるか、あるいは中国脅威論と違背する現実は見られないか、データを概観して見ることにしたい。

2　調査結果に見る「中国の脅威」

中国の台頭をめぐる現状認識

第二波調査では、中国の台頭をめぐる一〇の言明を用意し、調査対象者がそう思うか、思わないかについて質問している。これらの言明のうち、一部は現状に関わる認識、一部は将来の変化に関する予想に関係しているが、まずは、現状認識について、調査対象者の国・地域ごとに見ていくことにしよう。

図1-1は、「中国の台頭は中国人の努力の結果である」とする文言への賛否の分布を示したものである。中国（九四・九％）とタイ（九一・六％）では、「大いに賛成」「賛成」と回答した割合が全体の九割を超え、台湾（五九・二％）や韓国（六〇・五％）、日本（六一・二％）では、その数値が低いものの、すべての国・地域で賛意を示した者が過半数を超えている。中国の発展が国民一人一人の努力の賜物であるという認識は、アジア各地で比較的広く見られるといってよい。

もっとも、中国の台頭がもたらす効果や副産物に対しては、国・地域によって、その評価が大きく異なっている。

図1-2は、「中国の台頭は私たちに多くのチャンスをもたらしている」とする文言へ評価を示し

図1-1　中国の台頭は中国人の努力の結果である

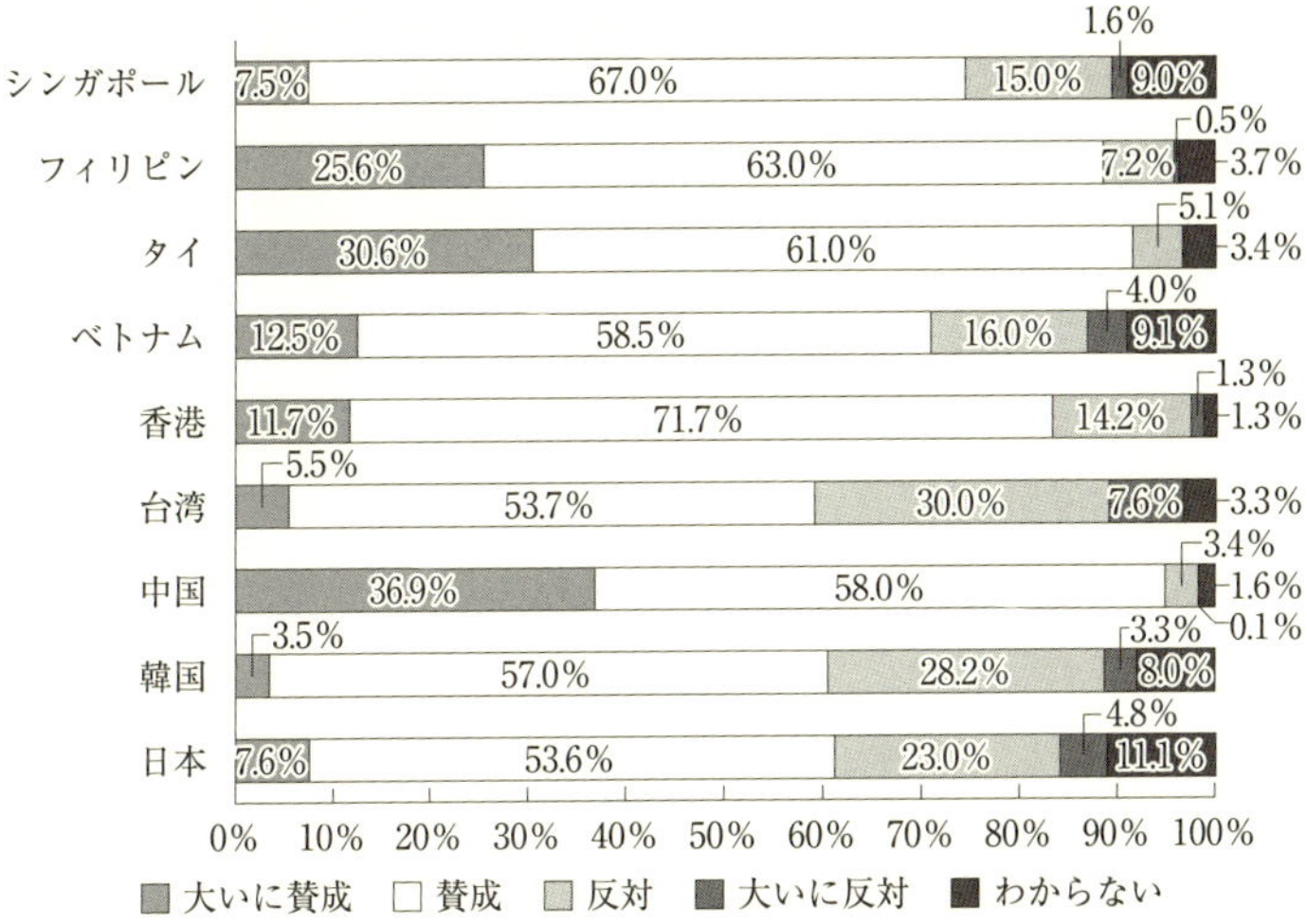

たものである。中国で「大いに賛成」「賛成」が九六・八%と圧倒的に多いのは、彼らの多くが経済成長の受益者であることを考えると、大いに首肯できる。中国人観光客が大量の観光マネーを落とす香港（八四・一%）やシンガポール（八二・四%）で、同種の回答が多いのも理解できる。

これに対して、日本とベトナムでは、「大いに賛成」「「賛成」と回答するグループと、「大いに反対」「反対」と回答するグループとが拮抗しており、他の国・地域に比べて、そのトーンは相対的に否定的である。Pan Chengxin は上記の書物で、中国の台頭がもたらす利益に着目する議論を「中国機会論（China Opportunity Paradigm）」と表現しているが、この「中国機会論」が支持される地域にも偏りがある、ということだろう。

図1-2　中国の台頭は私たちに多くのチャンスをもたらしている

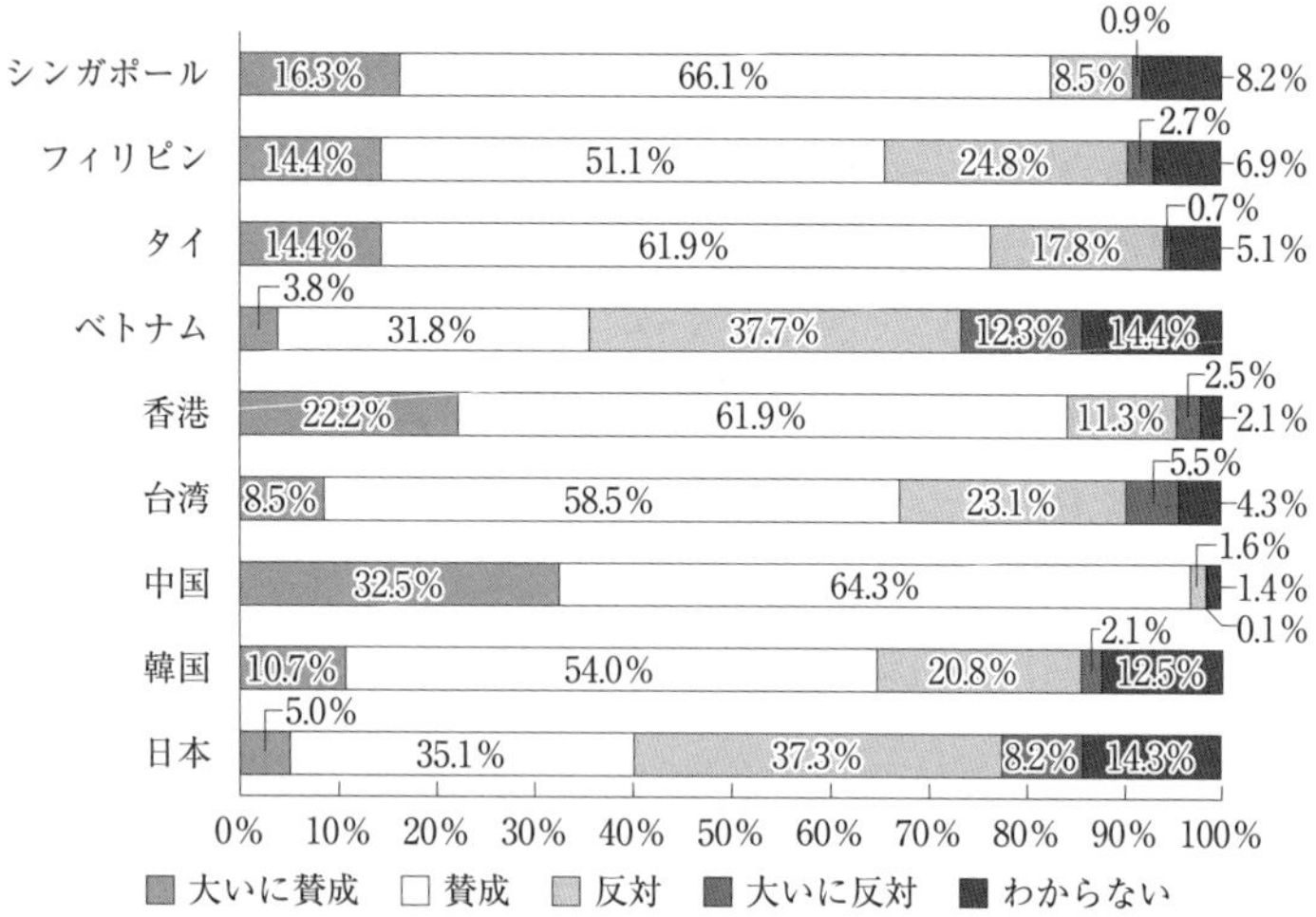

中国と、それ以外の国・地域と間で意見が大きく異なる質問もある。

図1-3は、「経済的には急速に成長しているものの、中国は政治的に不安定である」とする文言に対する反応を示したものである。中国の政治的安定性をどのように理解するかは、学術的にはむずかしい課題であるが、その直感的理解という点では、中国とそれ以外とで温度差が見られる。中国では、「大いに賛成」「賛成」と「大いに反対」「反対」とする回答が拮抗しているのに対して、それ以外の国・地域では、回答者の三分の二以上が賛成しているのである。

注目すべきは、日本の学生の九四・一%が賛成しており、台湾（八五・九%）や韓国（八四・七%）を凌駕し、もっとも否定的に評価している点である。日本国内では、少数民族による暴動や共産党による言論弾圧など、中国政治

図1-3　経済的には急速に成長しているものの、中国は政治的に不安定である

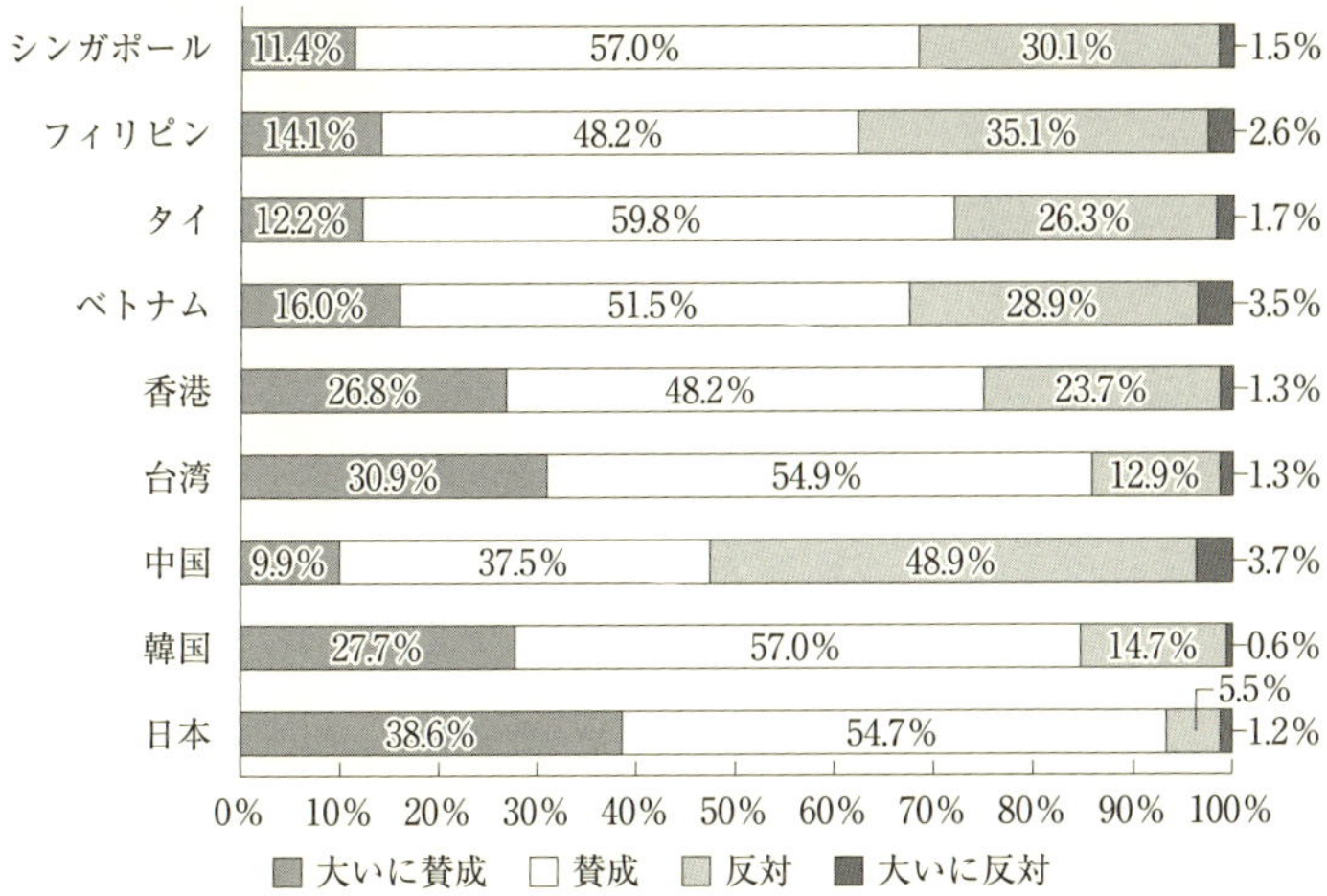

の脆弱性を強調するようなニュースが多く報道されているが、今回の調査でも、こうしたメディア報道の影響が垣間見られる結果が得られている[4]。

その極端な例が、こうした脆弱性が体制崩壊を導くとする中国崩壊論である。その主張には多くの疑義が寄せられているにもかかわらず（園田 2012）、日本のマスメディアでは中国崩壊論が取り上げられるケースがきわめて多い。いずれにせよ、中国の政治的安定性をめぐっては、日中間で大きな認識ギャップが存在している点は強調しておく必要があるだろう。

外交をめぐっても、中国とその他の国・地域とでは温度差が見られる。

図1-4は、「中国の台頭は世界の秩序を脅かしている」とする文言に対する反応を示したものだが、中国で「大いに賛成」と回答した者は

図1-4　中国の台頭は世界の秩序を脅かしている

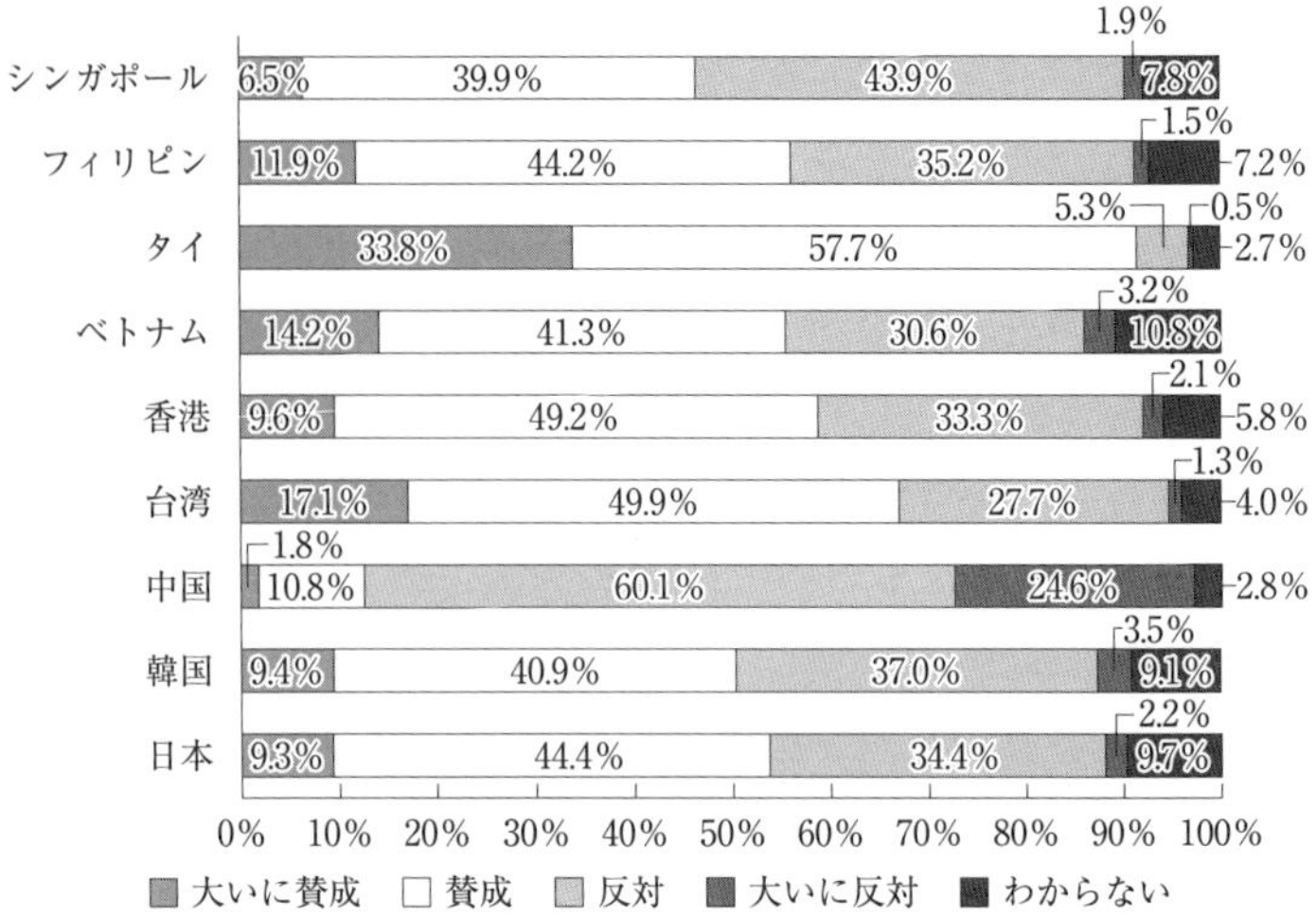

一・八％、「賛成」と回答した者も一〇・八％しかおらず、両方で全体の六分の一に満たない。ところが、それ以外の国・地域では、回答者の半数以上が「大いに賛成」「賛成」と回答しており、この数値が少ない韓国でも五〇・三％、もっとも多いタイでは九一・五％もの回答者が賛成している。

　興味深いのが香港の回答である。

　一九九七年以降、中華人民共和国へと編入され、一国二制度のもとで独自の発展を遂げている香港では、大陸中国の動き、とくに外交的な姿勢に対する懐疑・警戒が、今回の調査で顕著に現れている。[5] 図1-2で見たように、中国の台頭がもたらすチャンスは肯定的に評価しつつも、その国際秩序に及ぼす影響については、憂慮する傾向が見られるのである。

図1-5　中国はアジアにおける影響力の点で、アメリカに取って代わるだろう

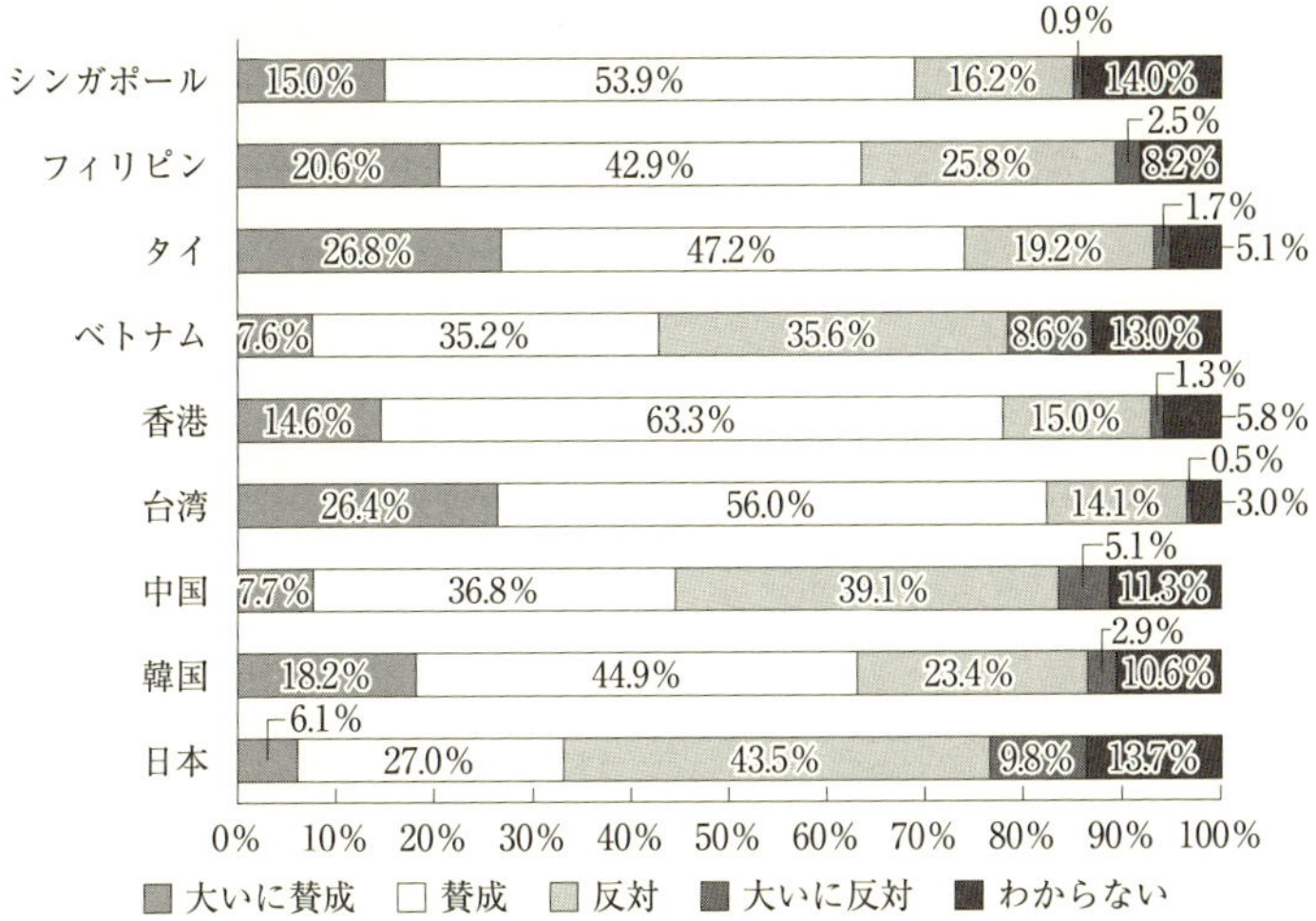

中国の台頭がもたらす変化は？

では、中国の台頭がもたらす変化に対して、アジアのトップ大学で学ぶ大学生たちは、どのような予想・評価をしているだろうか。

図1-5は、「中国はアジアにおける影響力の点で、アメリカに取って代わるだろう」とする文言に対する評価を示したものだが、国・地域によって反応が異なっている。

中国人学生の場合、賛成と反対とが、それぞれ四四％前後と、賛否が拮抗している。同様のパターンを示しているのがベトナムで、同様に賛否がほぼ半々に割れている。唯一反対している者の割合が凌駕しているのが日本で、三三・一％が賛成、五三・四％が反対している。日本ではアメリカの力を高く評価する傾向が相対的に強いのである。

それ以外の国・地域では中国の潜在力を評価

図1-6　中国は興隆しているがアジア各国との関係を平和的に保つだろう

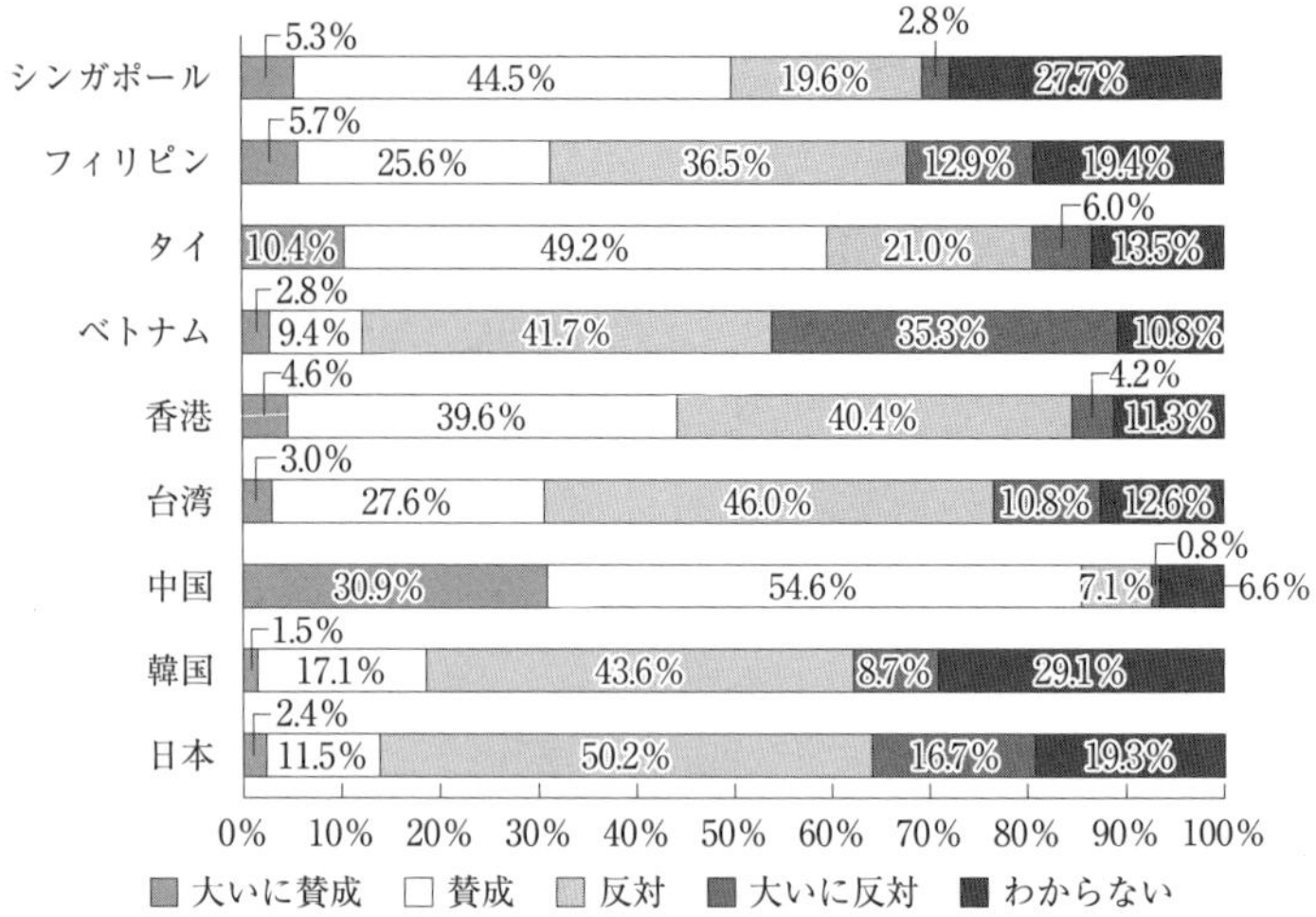

する傾向が強く、台湾と香港で、これが顕著である。中国のプレゼンスを強く感じる立場に置かれているからだろうが、こうした中国への高評価は、その外交姿勢に対する懐疑的姿勢と表裏一体の関係にある。

他方で、「中国は興隆しているがアジア各国との関係を平和的に保つだろう」とする文言に対しては、香港と台湾では、賛成と反対の意見が拮抗している（図1-6参照）。

中国と直接的な領土紛争を持っていないタイ（五九・八％）とシンガポール（四九・八％）では賛成する者が多く、中国との領土紛争を抱えるベトナム（一二・二％）やフィリピン（三一・三％）、韓国（一八・八％）、日本（一三・九％）では、賛意を示す者が相対的に少ない。そしてその点で、八五％を超える学生が賛成している中国とは、決定的に異なっている。

図1-7　中国の台頭によって中国との関係は変化するだろう

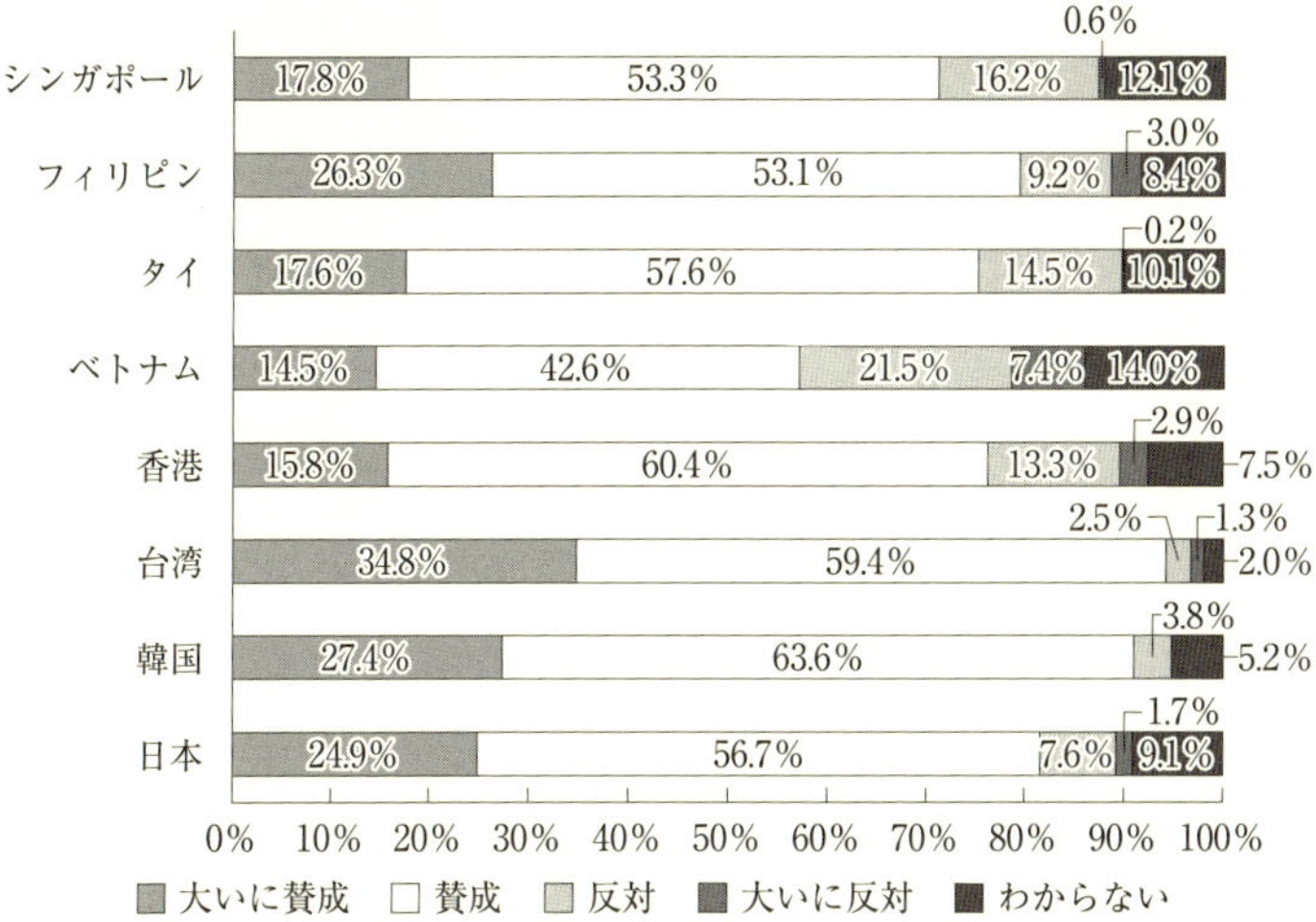

もっとも、領土紛争が生じるのも中国が大国化しつつあるからで、こうした中国側の要因によって対中関係が変化していくだろうとする意見は、近隣のアジア地域で広く見られる。

図1-7は、「中国の台頭によって中国との関係は変化するだろう」とする文言に対する回答者の反応を示したものだが、中国への嫌悪感が比較的強く表出されているベトナムでも、全体の三分の二ほどが賛意を示している。

中国の台頭が、対中関係の変化をもたらすことになる——こうした意識は、アジアのエリート大学生に広く共有されているといってよい。

自国に及ぼす中国の影響は？——日本との対比

では、中国以外の国・地域は、中国が自国に及ぼす影響をどのように見積もっているのだろうか。中国の台頭が世界の秩序を脅かしていると警戒感を示した中国の周辺地域は、やはり中国の影響を否定的に見積もっているのだろうか。

図1-8は、中国の自国に対する影響を、「悪い」から「よい」までの五つの段階で評価した結果を、二〇〇八年と二〇一三年で比較したものである（香港と台湾は、今回の調査で初めて調査対象地域となったため、二〇〇八年のデータは存在しない。また、中国では中国の影響を聞くことができないことから、中国のデータもない）。

この図から、以下の二つの知見を得ることができる。

第一に、国・地域によって、中国が及ぼす影響に対する評価が異なっている。タイやシンガポールでは肯定的な評価が目立ち、フィリピンや韓国では肯定的評価と否定的評価が拮抗、残りの日本、台湾、香港、ベトナムでは、総じて否定的な評価が強い。この点では、図1-6の回答パターンに似ている。

第二に、タイを除く国・地域では、相対的に中国の自国に及ぼす影響への評価は悪化しており、とくにベトナムと日本では、その傾向が強い。日本では、尖閣列島をめぐる日中関係の緊張化が取り上げられるケースが多いことから理解しやすいが、ベトナムでも中国への評価が極端に低いのは驚きでさえある。

もっとも、中国に対する評価は、外国全般に対する評価を反映した可能性もある。そこで、比較の対象として日本を取り上げ、調査対象地域の学生たちが、日本の自国に対する影響をどう評価し

図1-8　中国の自国に対する影響：2008–2013年

	日本 (2008)	日本 (2013)	韓国 (2008)	韓国 (2013)	台湾 (2013)	香港 (2013)	ベトナム (2008)	ベトナム (2013)	タイ (2008)	タイ (2013)	フィリピン (2008)	フィリピン (2013)	シンガポール (2008)	シンガポール (2013)
悪い	13.5%	18.5%	5.9%	5.8%	22.4%	16.1%	11.8%	33.3%	0.5%	0.7%	4.3%	9.6%	4.7%	3.9%
どちらかというと悪い	28.0%	40.6%	25.6%	33.7%	28.6%	34.3%	23.3%	35.0%	9.0%	5.3%	15.0%	25.3%	15.1%	23.9%
どちらともいえない	26.4%	19.4%	16.3%	18.8%	12.4%	12.7%	28.1%	17.9%	11.3%	14.5%	24.5%	24.8%	28.3%	23.9%
どちらかといえばよい	26.2%	18.5%	45.6%	38.3%	26.5%	28.8%	25.6%	11.8%	55.5%	51.3%	35.8%	32.0%	40.2%	42.3%
よい	6.0%	3.0%	6.7%	3.4%	10.1%	8.1%	11.3%	2.0%	23.8%	28.2%	20.5%	8.3%	11.7%	6.1%

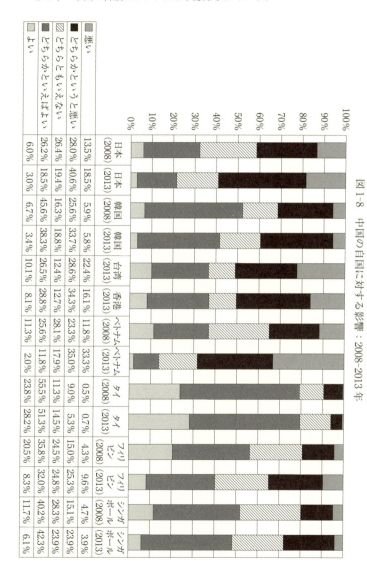

ているかを見てみたい。

図1-9は、図1-8同様に、日本の自国に対する影響を示したものだが、予想通り、韓国と中国で、日本の影響に対する評価が低く、しかもこの五年間で評価は悪化している。他方で、東南アジアでは総じて日本の影響に対する評価が高く、とくにベトナムでは、中国の影響に対する評価とは対照的に、評価の上昇が著しい。これからも、中国に対する評価が外国全般に対する評価を反映したものと考えることはできない。

では、アジア各地では、日本と中国の影響のどちらが好意的に受け止められているのだろうか。近年、日本の対東南アジア外交が活発化しており、国際交流基金によるアジアセンター構想をはじめ、東南アジアを「自陣に引きとめる」工作が積極的に行われているが、東南アジアの学生から見れば、日本と中国の、どちらの影響を肯定的に評価しているのか。「よい」とする評価を5点、「どちらかといえばよい」とする評価を4点……とスコア化し、日本に対する評価スコアから中国に対する評価スコアを引いた値を示したものが、図1-10に掲げられている。値がプラスであれば、日本の影響の方が高く評価されていることを示す。

韓国では、二〇〇八年段階では、日本の影響を肯定的に評価する声が強かったものの、二〇一三年では、これが逆転している。これに対して、東南アジア諸国では、総じて日本の影響の方を高く評価する傾向が強く、ベトナムでは、その傾向が顕著である。

興味深いのが香港と台湾で、とくに香港の場合、中国の領土の一部となっていながら、大陸中国

図1-9　日本の自国に対する影響：2008-2013年

	韓国 (2008)	韓国 (2013)	中国 (2008)	中国 (2013)	台湾 (2013)	香港 (2013)	ベトナム (2008)	ベトナム (2013)	タイ (2008)	タイ (2013)	フィリピン (2008)	フィリピン (2013)	シンガポール (2008)	シンガポール (2013)
悪い	2.5%	19.5%	19.9%	20.3%	1.0%	3.0%	0.3%		0.8%		1.8%	0.8%		0.7%
どちらかというと悪い	21.0%	40.3%	26.0%	40.5%	5.5%	13.1%	1.5%	0.6%	9.0%	1.0%	6.3%	2.8%	1.6%	1.0%
どちらともいえない	21.0%	15.0%	35.8%	22.9%	8.9%	22.9%	17.8%	4.4%	10.0%	11.0%	11.0%	12.8%	17.0%	19.3%
どちらかといえばよい	49.8%	22.1%	14.6%	14.0%	51.3%	48.3%	37.1%	40.6%	53.5%	48.3%	39.5%	49.7%	54.5%	61.0%
よい	5.7%	3.1%	3.7%	2.3%	33.3%	12.7%	43.4%	54.4%	26.8%	39.8%	41.5%	33.9%	26.9%	18.0%

図 1-10　自国に与える影響にみる日中格差：2008-2013 年

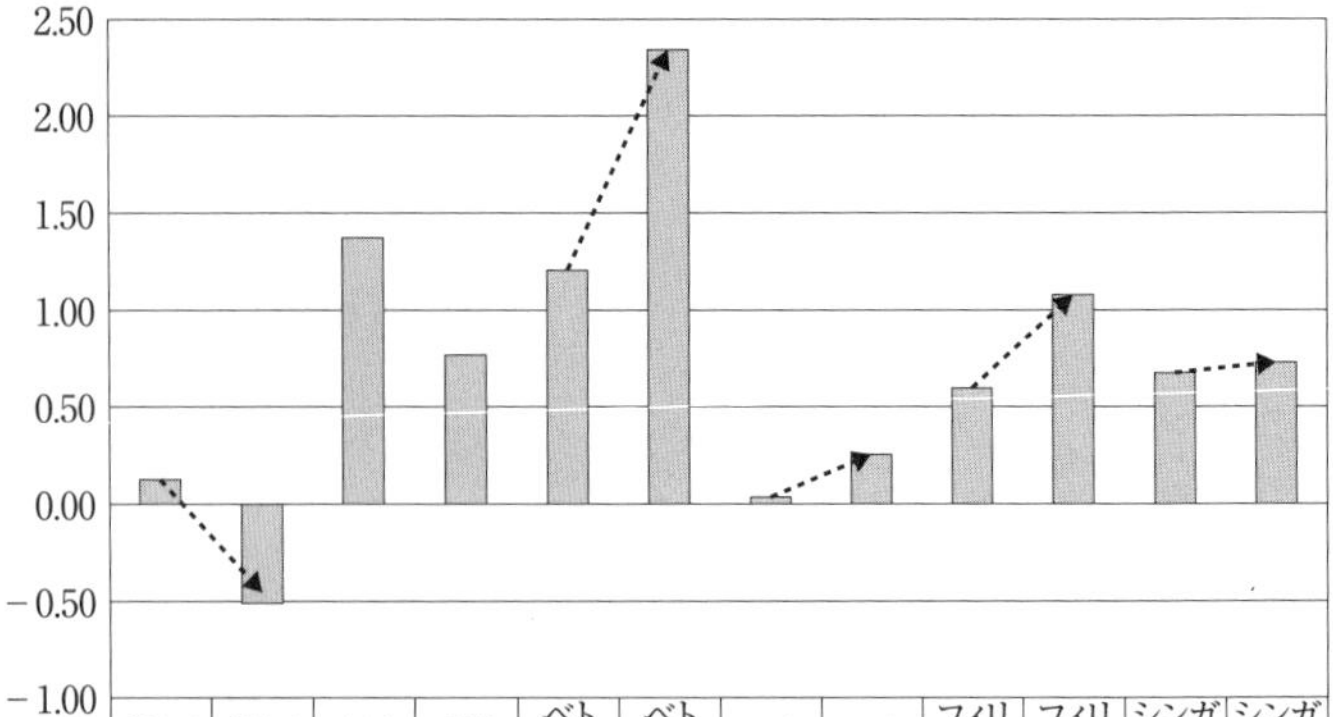

	韓国(2008)	韓国(2013)	台湾(2013)	香港(2013)	ベトナム(2008)	ベトナム(2013)	タイ(2008)	タイ(2013)	フィリピン(2008)	フィリピン(2013)	シンガポール(2008)	シンガポール(2013)
平均値の差	0.13	－0.51	1.37	0.77	1.21	2.34	0.04	0.25	0.60	1.08	0.67	0.73

注）ポイントは＋4から－4まで。＋は日本の影響の方がよいことを示す。

の影響を日本の影響に比べて低く見積もる傾向がある。中国の経済成長が与える経済的チャンスは評価していながらも、中国の影響に対して厳しい目を向けている様子が、ここからもうかがえる。

自身のキャリアにとっての「中国」

こうしたマクロなレベルでの評価とは別に、私たちは日常的な生活を営む際に、漠然と、時に明確に、その背後にある国家や地域を評価することがある。どのような国・地域の料理を好み、どのような国・地域の映画や音楽を楽しむか。どのような国・地域のスポーツを好み、どのような国・地域に観光したいと思うか。こうした意識を分析することによって、アジア域内の心理的結びつきを測定することができる。

大学生にとっての大きな選択として、留学や就職があるのに異論はないだろう。では、彼らは、留学先としてどの国・地域を考え、どのような国・地域の企業や組織で働きたいと考えているか。そして、その選択に、中国の台頭がインパクトを与えているといえるかどうか。

アジア学生調査第二波調査では、留学と就職について時系列の、比較的詳細なデータを得ているが、データを眺めてみる限り、学生個人のキャリアにとって、中国の台頭がインパクトを与えているようには思えない。

図１-11は、留学先としての中国に対する関心を、「大変関心がある」から「関心がない」までの四段階で評価してもらった結果を示したものである。

二〇〇八年の時点で、中国への留学に「大変関心がある」「まあ関心がある」と回答した割合がもっとも高かったのが日本（三八・二％）で、その他の地域でも、おおよそ三割前後の学生が中国への留学に関心を示していたにすぎない。第二波調査では、どの地域でも関心があると回答した割合が微減しており、中国の台頭がアジアのトップ大学の学生を吸引する力を発揮するようになったとはいいがたい。

興味深いのが、第二波調査の結果に見る、香港大学と国立シンガポール大学の学生の反応である。これら二つの大学は、大学世界ランキングでも、東京大学や北京大学、清華大学などとならび、上位にランクされている大学で、中国系の留学生にとって人気が高い大学となっている。ところが、この二つの大学で、中国大陸の大学に関心を持っている学生は一五％弱しかおらず、香港大学では、

図 1-11　中国留学に対する関心：2008-2013 年

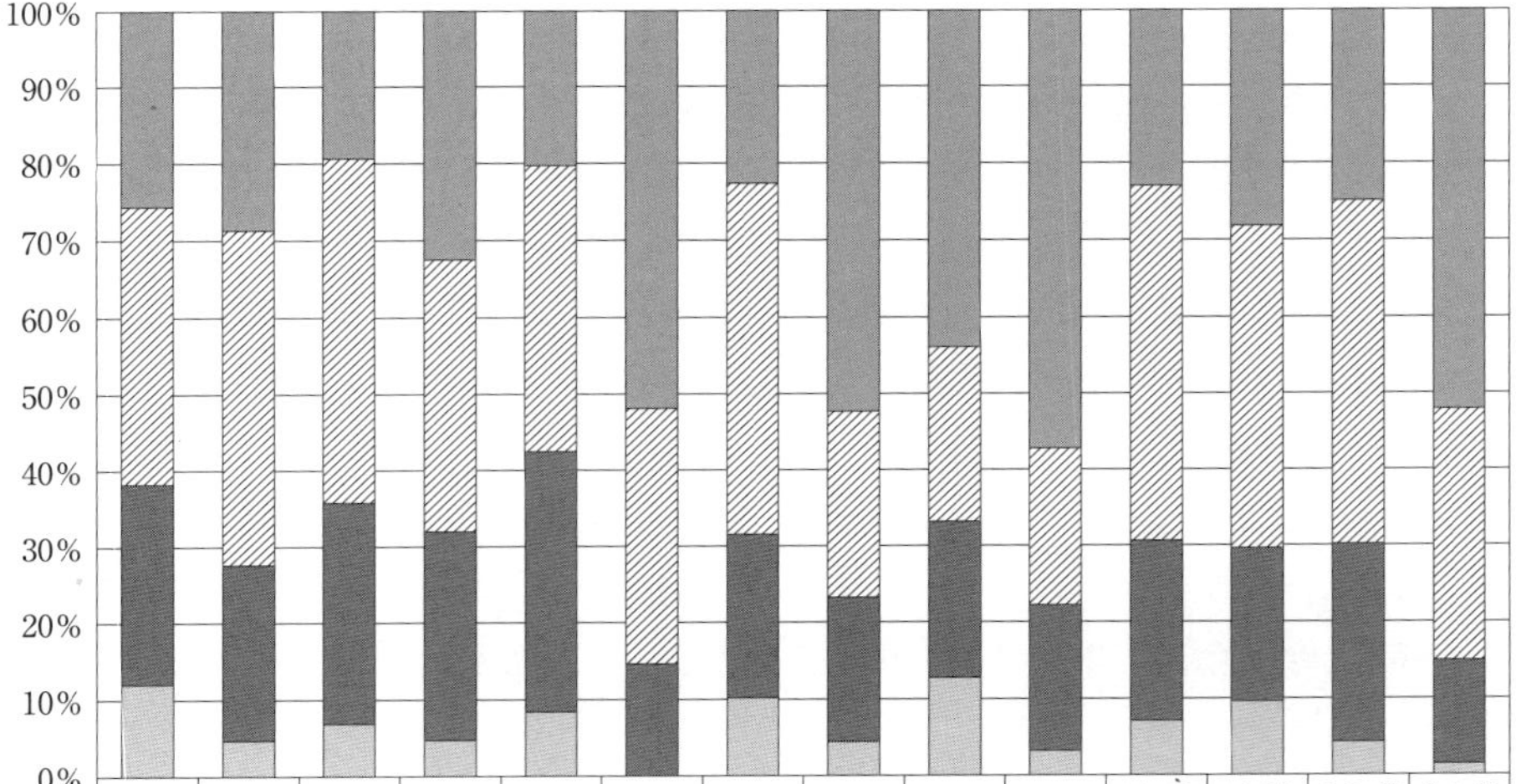

	日本(2008)	日本(2013)	韓国(2008)	韓国(2013)	台湾(2013)	香港(2013)	ベトナム(2008)	ベトナム(2013)	タイ(2008)	タイ(2013)	フィリピン(2008)	フィリピン(2013)	シンガポール(2008)	シンガポール(2013)
関心がない	25.6%	28.7%	19.4%	32.5%	20.3%	51.9%	22.6%	52.3%	43.9%	57.3%	23.0%	28.2%	24.9%	52.2%
あまり関心がない	36.1%	43.7%	44.9%	35.5%	37.2%	33.5%	45.8%	24.4%	22.9%	20.6%	46.4%	42.2%	44.9%	32.9%
まあ関心がある	26.2%	22.9%	28.9%	27.3%	34.0%	14.6%	21.3%	18.8%	20.4%	19.0%	23.5%	20.0%	25.8%	13.6%
大変関心がある	12.0%	4.7%	6.9%	4.7%	8.4%		10.2%	4.4%	12.8%	3.2%	7.1%	9.6%	4.3%	1.4%

「大変関心がある」という選択肢を選んだ学生がまったくいない。中国系学生が多いとはいえ、すべての授業が英語で行われていることもあるが、学生たちはアメリカやイギリス、オーストラリアなどの英語圏への留学を指向し、中国語圏への留学には、きわめて消極的である。

こうした傾向は、香港やシンガポールに限った話ではない。アジアのエリート学生にとって人気の留学先は圧倒的にアメリカで、アジアではシンガポールと日本が、例外的に人気を得ているものの、これもアメリカやイギリスに敵うものではない。

同様の傾向は、就職先の選好についても当てはまる。

図1-12は、「あなたは以下の企業や組織のうち、どこでもっとも働きたいですか」とする質問に対する回答をまとめてみたものである。

すべての国・地域で、「自国の企業」を選んでいる者がもっとも多い点では、二〇〇八年も二〇一三年も変わらない。もっとも、細かく見てみると、いくつか興味深い知見を得ることができる。

第一に、日本の学生は、他のアジアの学生に比べて「自国の企業」を選ぶ傾向が強く、この点では、この五年間、変化が見られない。筆者は以前、第一波調査の結果を利用して、こうした傾向が日本人学生の留学志向を弱める効果があることを指摘したが（『日本経済新聞』二〇一一年二月二八日朝刊「日本人学生、留学生との競争　萎縮」）、自国企業選好の強さは、この五年間で変わっていない。

第二に、タイやベトナムでは、「自国の企業」を選ぶ学生が相対的に少なく、東アジアの学生た

図 1-12　働きたい企業：2008-2013 年

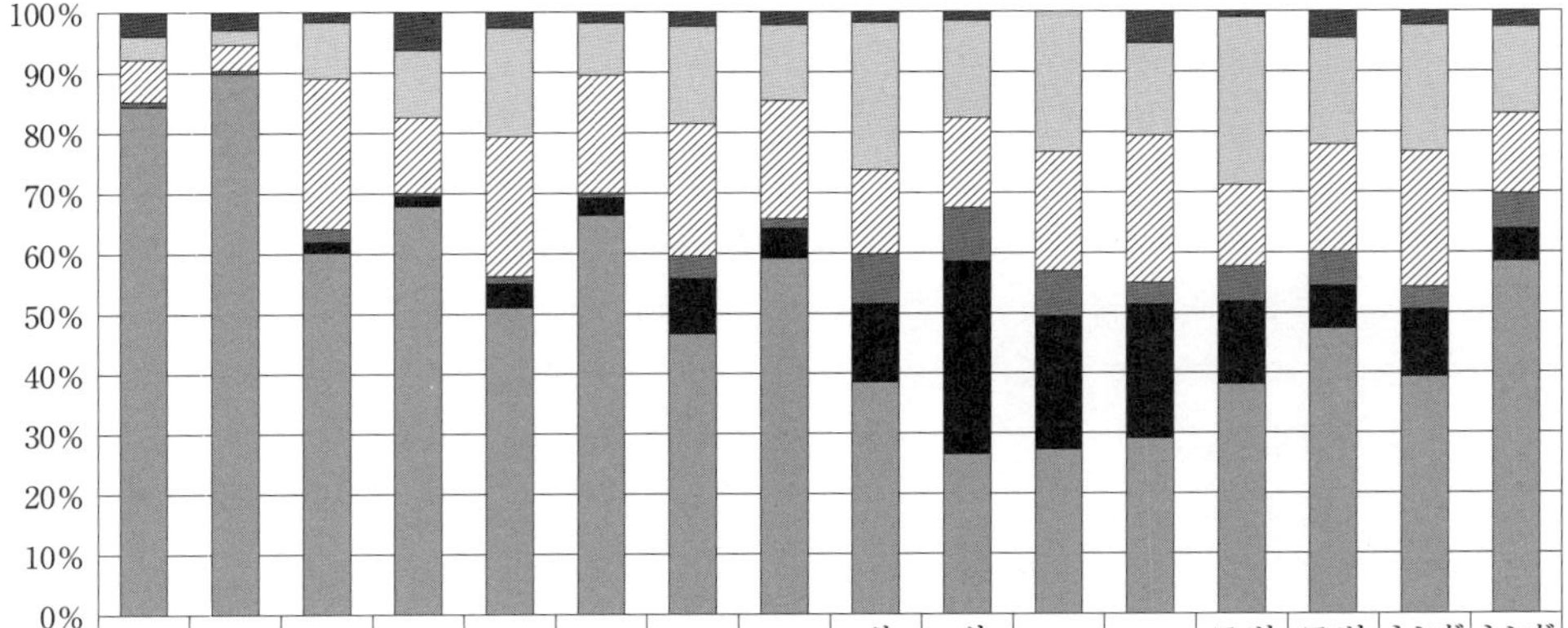

	日本(2008)	日本(2013)	韓国(2008)	韓国(2013)	中国(2008)	中国(2013)	台湾(2013)	香港(2013)	ベトナム(2008)	ベトナム(2013)	タイ(2008)	タイ(2013)	フィリピン(2008)	フィリピン(2013)	シンガポール(2008)	シンガポール(2013)
その他	3.9%	2.9%	1.6%	6.3%	2.6%	1.8%	2.4%	2.2%	1.8%	1.50%		5.3%	1.0%	4.5%	2.4%	2.7%
ヨーロッパ系企業	3.9%	2.4%	9.4%	11.1%	18.0%	8.7%	16.1%	12.5%	24.4%	16.1%	23.3%	15.3%	27.8%	17.6%	20.9%	14.5%
アメリカ系企業	7.0%	4.3%	24.9%	12.5%	23.1%	19.5%	21.9%	19.6%	13.9%	14.9%	19.8%	24.4%	13.5%	17.8%	22.5%	13.4%
他のアジア系企業	0.8%	0.4%	2.1%	0.5%	1.2%	0.8%	3.7%	1.6%	8.3%	8.9%	7.5%	3.6%	5.8%	5.6%	3.7%	5.9%
日系企業			1.8%	1.7%	4.0%	2.9%	9.2%	4.9%	13.1%	32.1%	22.3%	22.4%	13.8%	7.1%	11.3%	5.4%
自国の企業	84.3%	89.9%	60.2%	67.8%	51.0%	66.4%	46.6%	59.2%	38.5%	26.5%	27.3%	29.1%	38.1%	47.3%	39.3%	59.1%

注）2013年調査では、「韓国系企業」を選択肢に設けたが、回答率が少ないため2008年同様に「他のアジア系企業」に含めている。

ちとは異なる特徴を示している。タイやベトナムでは、ヨーロッパ系企業やアメリカ系企業、日系企業を選好する傾向が相対的に強く、総じて外資系企業への選好が強い。

第三に、日系企業への選好は、総じて東南アジアで強く、とくにベトナムでは、この五年間で日系企業選好が顕著に高まっている。これに対して、韓国や中国では日系企業選好が弱く、外資系企業を選好する者の多くが、アメリカ系かヨーロッパ系を指向する傾向が強く、この傾向に変化はない。

肝心の「中国の台頭」効果だが、「他のアジア系企業」を選好している者がさほど多くなく、第二波調査時点で、「他のアジア系企業」を選んだ者がもっとも多いベトナムでも八・九％しかないことからも――しかもそのうち、韓国系企業を選択した者が五・八％に達していることからも――、中国系企業で働きたいと思っている学生が、この五年間のうちに増えたとはいえない。

中国がアメリカを凌駕する影響力を持つだろうと多くの学生が考えている香港や台湾でも、中国系企業への就職を希望している者はごくわずかである。中国の台頭を機会や脅威とみなす学生は少なくないが、彼らのキャリアにとっての中国は、欧米に比べ、依然大きな存在にはなりえてないのである。

中国語がアジアを席巻する？――その潜在力をめぐる矛盾した現実

中国の台頭を意識するようになったものの、その存在感が必ずしも日常的な生活感覚とマッチし

図1-13　中国の台頭によって中国語を話す人が増えるだろう

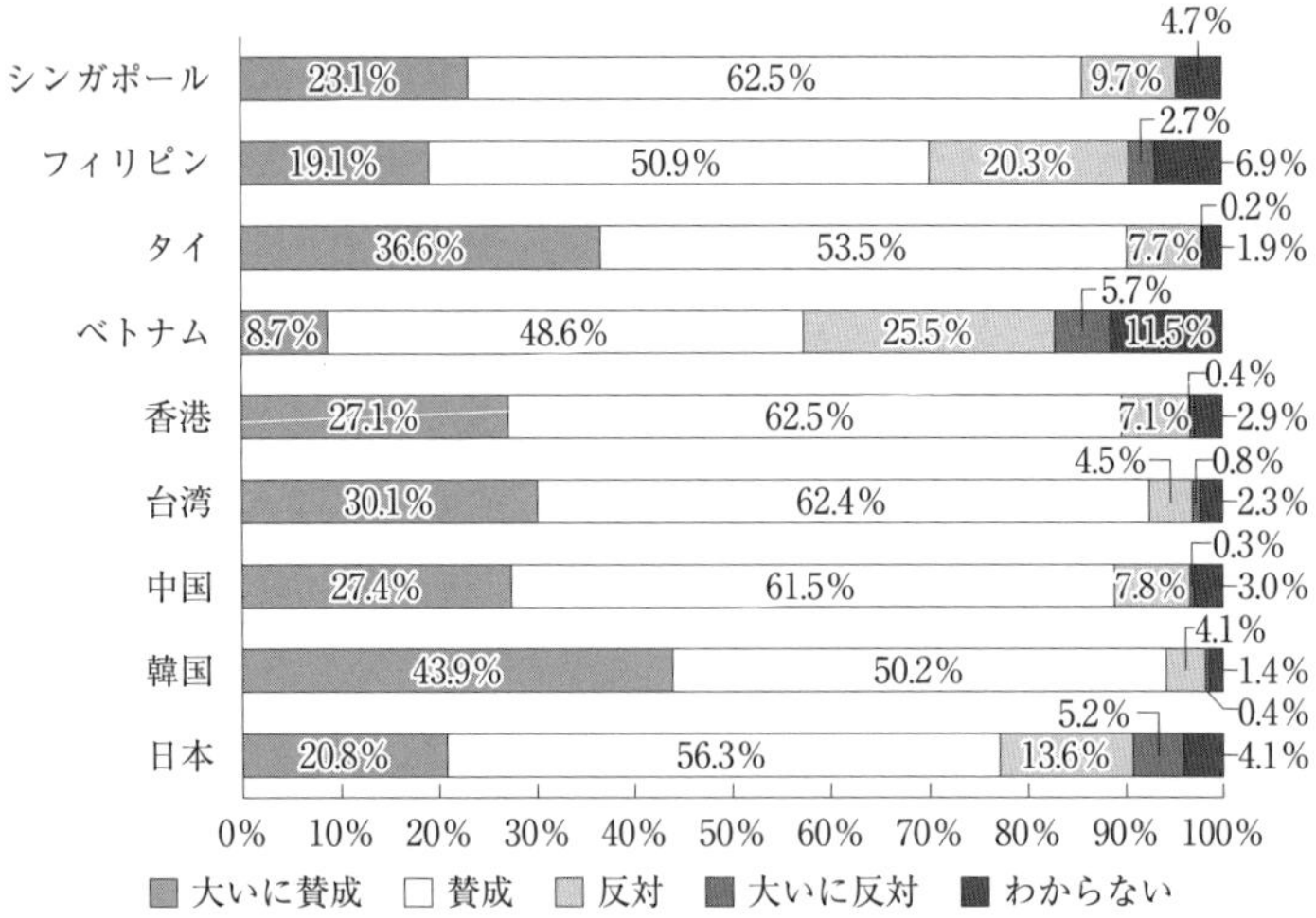

ていないことを示す、もう一つの事例として、言語習得をめぐる問題がある。

地域統合を考える際に、どの言語を使用するかといった問題を避けて通ることはできない。言語は、コミュニケーション・ツールであるばかりか、利用する人間の文化的アイデンティティや世界観とも深く関わっているからである。

第二波調査では、将来の言語習得をめぐって、二つの微妙に異なる質問を用意している。

図1-13は、「中国の台頭によって中国語を話す人が増えるだろう」とする文言に対する賛否を示したものであるが、アジアのどの国・地域でも「大いに賛成」「賛成」と回答した割合が過半数を超えている。ベトナムでは五七・三％しか賛成していないが、韓国や台湾、香港では九割以上の学生が賛成しており、アジアにおける事実上の共通言語としての、中国語の拡がり

図1-14　中国語を子どもに奨励するか

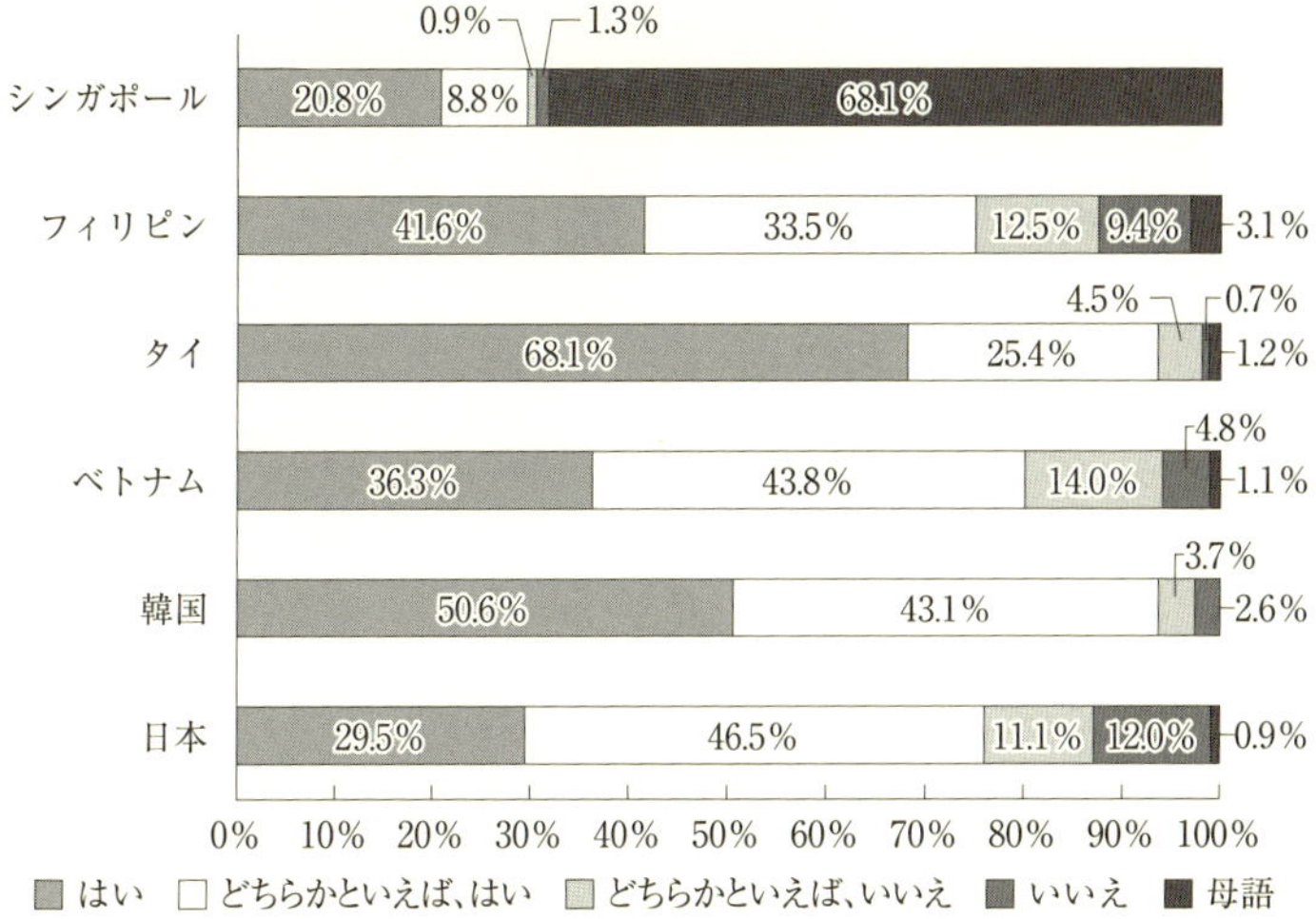

を示唆する結果となっている。

また、図1-14には、「いまから二〇年後、あなたに大学の入学試験を通過したばかりの子どもがいると想像してみてください。もし子どもから『将来の為にどの言語を学ぶべきか』と訊かれたら、あなたは以下の言語を学ぶことを薦めますか。もっともよく当てはまるものを一つずつお選びください。ただし、子どもが外国語を習得するために使えるお金と時間は限られているということに留意してください。以下の言語があなたの母語である場合には、『母語』を選択してください」とする質問で、中国語に対する回答者の反応を示した結果が示されている。中国語（普通語）を母語としている中国、台湾、香港を除いているが、どの国・地域でも、「中国語を子供に奨励する」と回答した者の割合が、全体の四分の三を超えている。そして、この数値は、日本語や韓国・朝鮮語など、他のアジア言語に比べて圧倒的に高い。

とはいえ、子どもにもっとも習得させたいと思っている外国語は、中国を含め、圧倒的に英語である。回答者自身の留学希望先がそうであるように、アジアでは圧倒的に英語ニーズが高く、将来とも、こうした傾向が続くと考えている学生がほとんどである。

中国語は、英語に次ぐ言語になる可能性はあるものの、実際に回答者がどの程度中国語を習得しているかといえば、実際には心もとない状況にある。

図1-15は、回答者の中国語能力を時系列的に示したものだが、中国系住民が多いシンガポールを除き、「中国語を流暢に話せる」と回答した学生は、全体の四%に満たない。しかも、その数値はこの五年の間に増えておらず、中国語をマスターした学生がアジアのトップ大学で拡がっているようには思えない。

将来的には中国語の需要が増えるだろうという予想がなされるものの、まだ中国語の習得が喫緊の課題だとは思われていない。中国の台頭は、頭では理解されているものの、留学先や就職先の選抜、言語習得の点で、アジアのトップ大学で学ぶ学生たちの行動の変化を引き起こすまでには至っていないのである。

図1-15　回答者の中国語能力：2008–2013年

	日本（2008）	日本（2013）	韓国（2008）	韓国（2013）	ベトナム（2008）	ベトナム（2013）	タイ（2008）	タイ（2013）	フィリピン（2008）	フィリピン（2013）	シンガポール（2008）	シンガポール（2013）
まったくできない	66.4%	71.6%	71.6%	72.7%	72.3%	57.5%	70.8%	63.3%	80.9%	49.7%	0.2%	3.9%
あまりできない	28.3%	22.6%	24.2%	22.0%	20.2%	33.3%	22.8%	31.2%	15.6%	38.0%	6.9%	20.6%
日常会話レベル	4.4%	3.8%	3.6%	5.1%	4.0%	5.7%	6.3%	4.3%	3.0%	8.9%	34.0%	41.3%
流暢	0.9%	2.0%	0.5%	0.3%	3.5%	3.4%	0.3%	1.1%	0.5%	3.4%	58.9%	34.2%

3　おわりに——中国脅威論を超えて

本章では、中国の台頭に関わる質問項目を取り上げ、その結果をめぐって解釈を施してきた。そして、アジアのエリート大学で学ぶ学生たちが、中国の台頭を機会や脅威とみなしているかについて、多面的に検討してきた。

これ以外にも多くの調査項目が設けられ、いくつか興味深い知見が得られている。二〇〇八年時点に比べ、総じて地域統合に対する肯定的な意見が後退していること（本書第9章参照）、ベトナムなどでは、中国人を追い出したいとする「中国人嫌い」的特徴が見られることなど（本書第3章参照）、枚挙にいとまがない。

本章で指摘したように、中国の台頭がもたらす対外的な関係の変化に対して、中国国内の大学生と海外の大学生とでは、大きな認識ギャップが存在する。とくに、中国の台頭がもたらす脅威認識については、内外の温度差が大きく、中国国内の学生は、海外の学生が中国を脅威視している現実に、びっくりするに違いない。

では、なぜこうしたギャップが存在しているのか。なぜ海外の大学生は中国の外交姿勢を警戒し、なぜ中国国内の学生は、こうした周辺諸国の警戒感に鈍感なのか。こうした点を明らかにするには、それぞれの国・地域におけるメディアにおける中国の扱われ方などを分析しなければならないだろうが、こうした点をめぐる議論は、アジアの将来を考える上で、重要な知的作業といえる。(6)今後、第三波、第四波と調査データが蓄積されれば、時系列的な分析がより高い精度で行えるようになる。プロジェクトに参加する学生諸君は大変だろうが、学生主体の国際比較プロジェクトとしてのアジア学生調査を継続していく意義は大きい。

アジア域内における人びとの結びつきをめぐる社会心理学的研究は、端緒に就いたばかりである。

注

(1) 本書は、筆者の以前の原稿（園田 2014a, 2014c）をもとに、本書用にリライトされたものである。

(2) 平成二六年度東京大学東洋文化研究所東洋学研究情報センター共同研究課題「政治的リスクと人の移動：中国大国化をめぐる国際共同研究」で、韓国、台湾、日本の企業がどのように中国の政治的リスクを見積もってきたかを比較している。その成果については、アジア政経学会の学会誌での特集や、論文集の出版といった形で発表する予定となっている。

(3) 中国の台頭をめぐる周辺地域の認知・認識を対象に行われた研究も少なくない。とくに Kang et. al. (2012) は、アジアン・バロメーターの第三波調査データを利用して、周辺地域における中国への異なる視点を分析しているが、利用していている質問はさほど多岐にわたっておらず、自国への影響など限られた質問を用いているにすぎない。その点、本章が利用しているアジア学生調査第二波調査は、幅広い質問を設けている。なお、現在中国の四都市で実施している第三次四都市調査の質問票には、学生調査で利用されたのと同じ質問文が利用されているため、中国国内の意識を広い範囲で分析することが可能となるはずである。

(4) メディアによる対外イメージの形成については、今後とも多くの研究が必要とされる領域となっている。この点の詳細な議論については、本書の第2章を参照されたい。

（5）こうした特徴が香港における民主化運動を引き起こす原因になったであろうことは、想像にかたくない。

（6）こうした点を明らかにしようと、二〇一四年からサントリー文化財団の財政的支援を受けて「中国脅威論を超えて：『中国の台頭』をめぐる海外中国研究者との対話」プロジェクトを立ち上げた。同プロジェクトでは、アメリカやマレーシア、フィリピン、台湾、オーストラリアの中国研究者と共同で、これらの地域の論壇でどのように中国の台頭が扱われ、人びとがどのような理由から、どのような角度で、中国の台頭をどのように理解しているかについて比較のメスを入れることにしている。こうした試みを通じて、中国の台頭をめぐる人びとの認知の「作られ方」が部分的にでも明らかになることだろう。

第2章　東南アジアの対日・対中認識
――日本社会に潜む二つのファラシー

向山直佑・打越文弥

1　はじめに

中国の台頭著しいアジアの国際関係において、近年とくに緊張が高まっている。尖閣諸島をめぐる日中間の対立は二〇一〇年の漁船衝突事件を機に先鋭化し、現在も十分に沈静化していない。また、日本と同じく中国との間に海洋問題を抱えるベトナムにおいては、反中デモが繰り返されている。報道の内容を見聞きする限り、フィリピンに軍を再展開するなどのアメリカの「アジア回帰」を、日本や東南アジア諸国が歓迎しているように思える。

こうした状況にあって、中国と緊張関係にある日本では、東南アジア諸国を共通の利害認識を持つ主体と捉える論調や、利害関係を共有する東南アジアとの連携によって中国に対抗すべきとする論調がしばしば観察される。たとえば、「日本政府はアメリカや東南アジア諸国と連携し、中国の威圧的な行動への警戒を怠ってはならない」（『読売新聞』二〇一四年六月四日朝刊三面「[社説]天安門事件二十五年　政治改革に背を向ける習政権」）という一文には、この両方が含まれている。

こうした論調はいつから前面に出るようになったのであろうか。そしてこうした認識は当の東南アジア諸国における認識と、一致しているのであろうか。

本章ではこうした、中国との関係に関しての、日本における東南アジア認識の二つの傾向を指摘し、それらがファラシー（誤認）であることを、アジア学生調査とアジア・バロメーターのデータに表れた、東南アジア諸国における実際の認識と対照することで検証する。さらに、そうしたファラシーが持つ危険性を指摘する。

以下ではまず、東南アジアの中国認識を一枚岩とする捉え方の存在を指摘し、調査データによってこれを検証する。次に、「中国対日本・東南アジア」という図式の存在を示して、それが当の東南アジア諸国における認識とは乖離していることを、統計的手法を用いつつ指摘する。その際、日本社会におけるそれぞれのファラシーの存在の確認は、国内の新聞の論調を分析することによって行う(1)。

なお、第2節で検討するファラシーと、第3節で検討するファラシーは、前者が後者の前提に立つ、という関係にある。東南アジアが日本と連携して中国と対抗することを望んでいるという考えは、東南アジアが共通の利害認識を共有しているということを前提にしているためである。

具体的な分析に入る前に、ここで用いるデータについて説明したい。

本章では、異なる二つのデータを用いて分析をする。一つ目がアジア学生調査である。これについては序章でも解説がなされているが、本章では二〇一三年に実施された第二波調査のデータのみを使用する。分析対象となっているのは東南アジアの国ぐにのうち、ベトナム、フィリピン、シンガポール、タイの四カ国となる。

二つ目がアジア・バロメーターである。アジア・バロメーターは、猪口孝が中心となって実施された、アジア比較のための大規模社会調査プロジェクトである。二〇〇三年から二〇〇八年まで、対象国を変えて毎年実施されてきており、学生調査とは異なり無作為抽出法を採用している。今回は、ASEAN原加盟国であるマレーシア、フィリピン、インドネシア、シンガポール、タイにベトナムを加えた六カ国を対象とし、これらすべての国を対象国としている二〇〇四年のデータを用いて分析を行っていく。

2　第一のファラシー

日本の新聞に見る一枚岩の東南アジア像

私たちが中国・東南アジアをめぐる外交・安全保障上の問題を議論する際、東南アジア諸国は、「東南アジア諸国」ないし「ASEAN諸国」として扱われているのだろうか、それとも個別の国家として扱われているのだろうか。そしてそのイメージは、実際の東南アジア諸国の認識と、どの程度一致しているのだろうか。本節では、次節で検討する問題の前提ともなる、これらの問題を論じる。

日本を代表する新聞である、読売新聞・朝日新聞の二紙の記事を参照してみると、東南アジアは互いに共通の認識や利害を持つ主体として議論されることが多いことがわかる。

いくつか例を挙げよう。

たとえば、「中国の『力による現状変更』の試みを阻止するためには、日本は、アメリカやＡＳＥＡＮ各国と緊密に連携し、中国に粘り強く自制を促すことが欠かせない」（『読売新聞』二〇一四年六月一日朝刊三面「〔社説〕首相アジア演説　積極平和主義の実行が重要だ」）、「圧倒的な軍事力を持つ中国には、行動宣言の精神を尊重し他国への挑発を慎むよう求めなければならない。ＡＳＥＡＮ各国には、軍拡はいたずらに緊張を高めると指摘したい」（『朝日新聞』二〇一一年六月二七日「（社説）南シナ海　多国間の枠組み支援を」）といった表現が、これら二紙に限らず一般的となっている。

具体的な国名が出される場合には、中国と海洋権益や領土をめぐって緊張関係にあるベトナムやフィリピンが持ち出されることが多い。この朝日新聞の記事でも、記事の前半では「ベトナムで反中国デモが繰り返されている」、「フィリピンもスプラトリー（南沙）諸島の自国領に中国が建造物を構築したと抗議した」など、これら二国に関する事実の指摘が行われているが、最終的に記事の結びでは「ASEAN各国は、尖閣諸島や日本近海での日中のせめぎ合いを注意深く見ている。日本としても南シナ海情勢により大きな関心を寄せる必要がある。圧倒的な軍事力を持つ……（以下既に引用）」と、ASEAN全体の話へと帰着させている。このように、ベトナムやフィリピンと中国との緊張はあくまでも事例として用いられ、二国間関係よりもASEAN対中国という文脈で議論がなされているケースが多い。

もちろん、ASEANがASEANとして中国との交渉に臨んだり、規範を設定しようと働きかけたりしていることは紛れもない事実であるが、問題は、ベトナムやフィリピンにおいて中国に対して抱かれているとされる脅威認識を、ASEANの他の国ぐにも同じように抱いていると考えてしまいかねない点である。それでは一体、東南アジア各国における中国に関する外交・安全保障上の認識は、どのような共通性を持ち、どのように異なっているのだろうか。

データから見る東南アジア各国の中国認識

そこで、外交認識をめぐる東南アジア諸国の共通性と多様性を確認するために、アジア学生調査第二波調査のデータにある、中国の台頭に関連する質問の回答傾向を見てみよう。中国の台頭にまつわる一連の質問のうち、外交関係に該当する四つの質問（「中国の台頭は世界秩序の脅威となる」、「中国はアジアへの影響力においてアメリカに取って代わる」、「中国の台頭は多くの機会をもたらす」、「中国はアジアの国ぐにと平和的な関係を維持する」）の回答分布を載せたのが、図2-1であ

図2-1　中国の台頭に対する東南アジア4カ国の意識

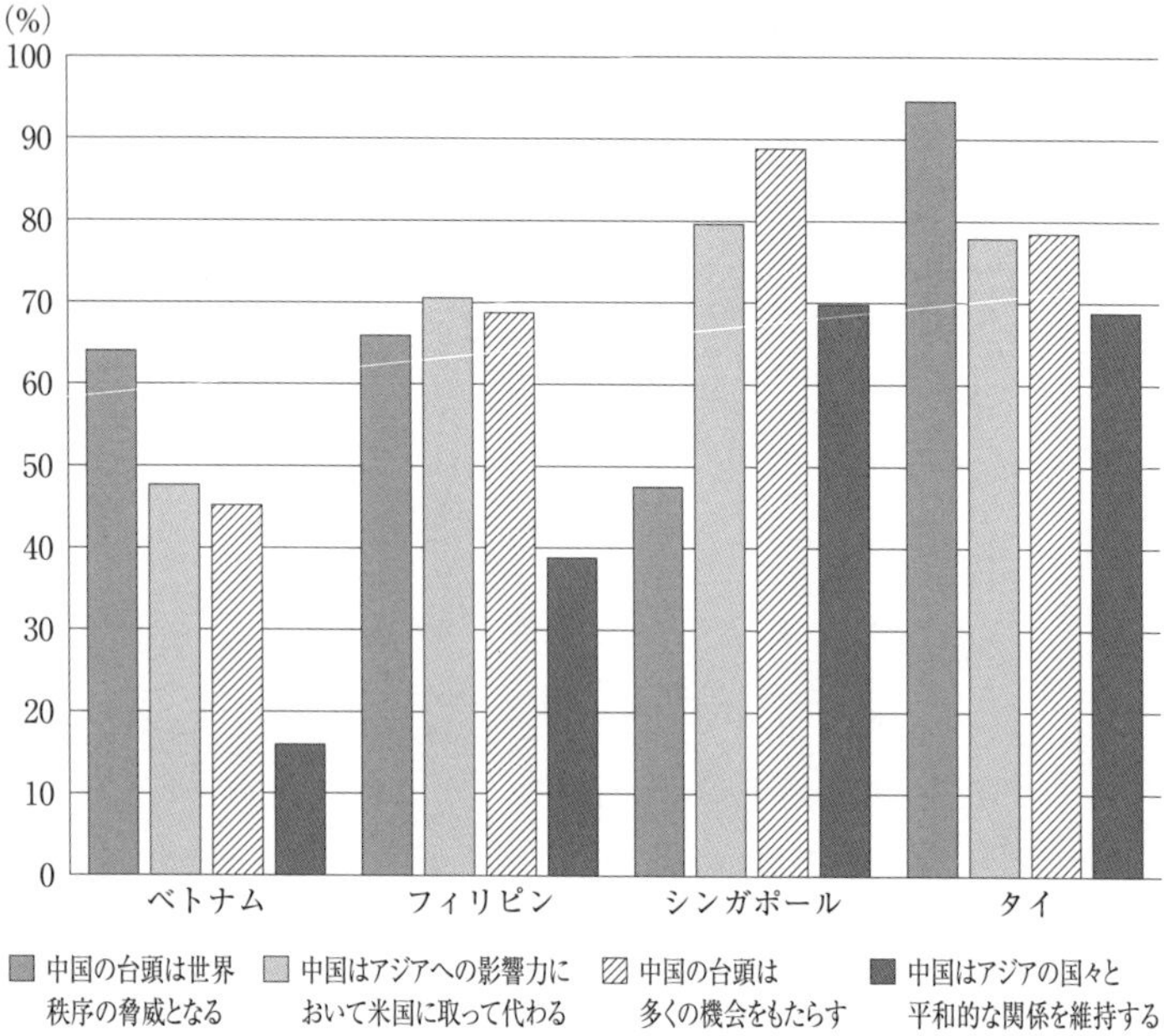

注）値は「強く賛成」と「賛成」を合わせた数値。

る。これらは「そう思う」「ややそう思う」「どちらでもない」「やや思わない」「そう思う」の五件法で質問されており、この図では「そう思う」と「ややそう思う」の二つをあわせた値の分布を示している。

　これらの結果から、以下のようなことがわかる。まず、いずれの国においても、中国の台頭が世界秩序にとって脅威となると、一定程度認識されている。加えて、ベトナムを除く三カ国で、七割以上の人がアジアへの影響力についても、アメリカに代わる中国の台頭を認めている。このように、半分近くから、タイのように国によっては九割以上の人が、中国の影響力が伸張していると認めていることがわかる。
しかしながら、回答の分布は四カ国の間で差が大きく、これだけでは、一定程度の人が脅威を認識していること以上の知見を導きだせない。そこで、この質問を三・四番目の質問と比較してみると、興味深いことがわかる。

中国への脅威について四カ国の中で最も低い割合を示しているシンガポールでは、九割近くの人が、中国の台頭が多くの機会をもたらすと答えており、七割程度の人が、中国はアジアの国ぐにと平和的な関係を維持すると考えている。しかし、他の国ぐにでは、これらの質問に対する支持は、中国の台頭が世界秩序にとって脅威になると考えている人の割合と比べてほとんど同じか、それよりも低い。とくに、中国との間に領土問題を抱えるベトナムとフィリピンでは、アジアの国ぐにが中国と平和的な関係を築けると考えている人の割合が、四割を下回っている。

このように、東南アジア四カ国のうち、どの国においても一定程度の割合で、中国の台頭が脅威になることが認識されているものの、シンガポールではそれを上回る割合の人が、中国の台頭に機会の増加を認め、アジアとの友好関係の維持を期待している。他方で、ベトナムとフィリピンは、こうした肯定的な面について懐疑的である。

こうした多様性は、領土問題の有無・歴史的経緯・人口に占める華人の割合など、さまざまな要因によって生まれているものと考えられるが、ここで確かなことは、東南アジア諸国は、中国に対する認識、ひいては東アジア・東南アジア秩序に対する認識において、決して一枚岩ではないということである。日本の新聞は――そしておそらく多くの日本人の認識においては――、東南アジア各国を、政治・外交的な文脈においてASEANと翻訳して考え、日本との連携に期待感を持っていることが多い。

しかし、実際には中国の台頭や、今後のアジア各国との友好関係に関する評価については、国によって大きなばらつきがあり、その多様性を見落として、東南アジア各国に、利害を共有した一つの主体としての姿を見ることは誤解を招きかねない。これが本節で参照したデータによってその存在が示唆される、第一のファラシーである。

3　第二のファラシー

日本の新聞社説に見る「東南アジアの対日、対中認識」認識

本節では、前節での議論を前提として、東南アジアにおける対日・対中認識について、日本国内においてはどのような想定がなされているのか、新聞の社説を、計量テキスト分析によって分析することで明らかにし、そこで見られた想定が果たして実情に沿うものなのかを、調査データを分析することによって検証する。

論調の分析にあたっては、樋口耕一らが開発したフリーソフトウェア、KH Coder(2)を用い、読売新聞「ヨミダス歴史館」と朝日新聞「聞蔵Ⅱビジュアル」の二つのオンラインデータベースを使っ

図2-2　「東南アジア」・「日本」・「中国」を含む記事数の推移

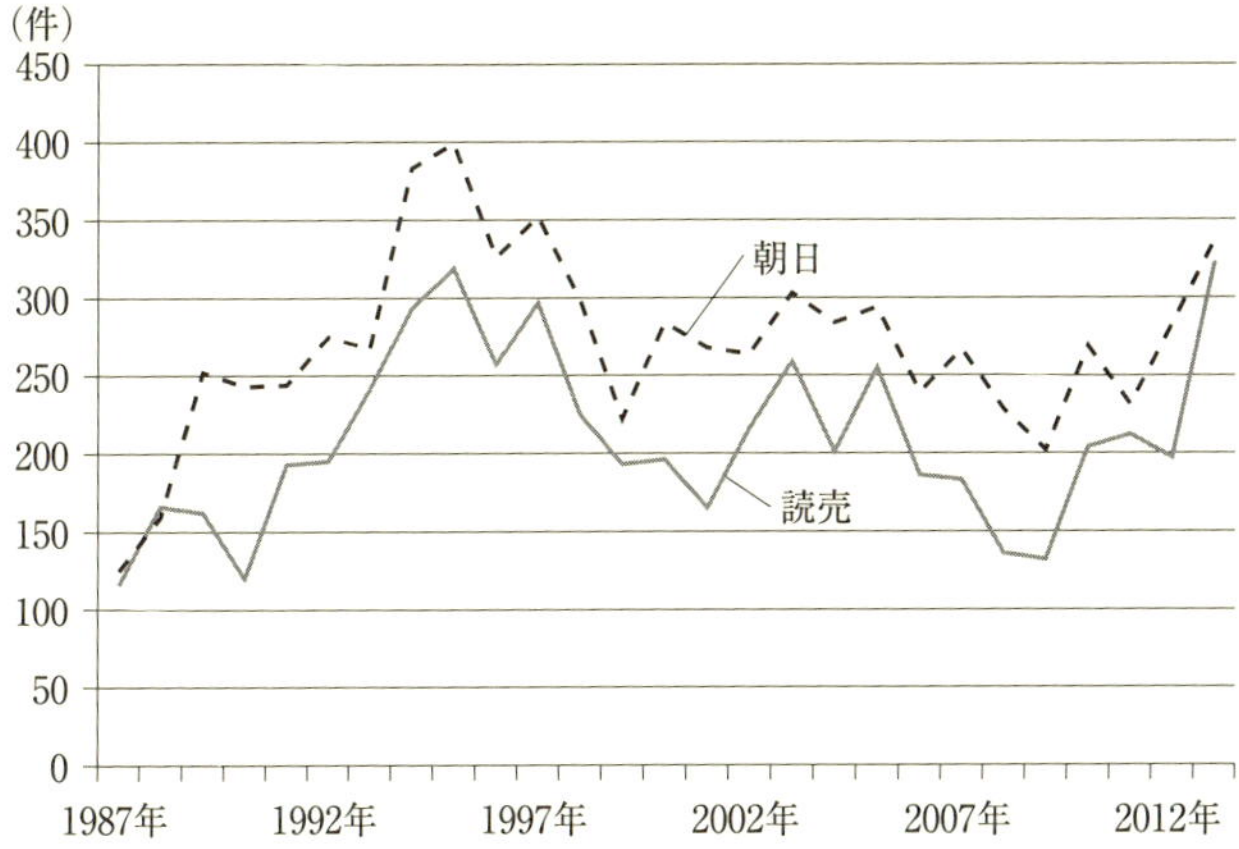

て、前者では「平成」（一九八六年九月以降の記事を収録）、後者では「朝日新聞1985～」（一九八五年以降の記事を収録）に含まれる全国版の社説のうち、全文の中に「東南アジア（またはＡＳＥＡＮ）」「中国」「日本」のすべての語を含むもの（読売新聞：二六七記事、朝日新聞：二九二記事）を対象とした(3)。

まず各年度における記事数の変遷を見てみると、前述のキーワードから「社説」を抜いて検索した場合の記事数の推移は、読売・朝日ともにきわめて似通っている（図2-2）。一九九〇年代半ばに一度増加してから、二〇〇〇年代半ばにかけて減少し、そこから現在にかけて再び上昇に転じている。一方、社説に限定して推移を調べてみると、グラフは二〇〇〇年代前半までは似た傾向を示しながらも、それ以後、明らかに違った推移を見せている。朝日新聞では該当社説数が減少傾向にあるのに対し、読売新

図2-3 「東南アジア」・「日本」・「中国」を含む社説数の推移

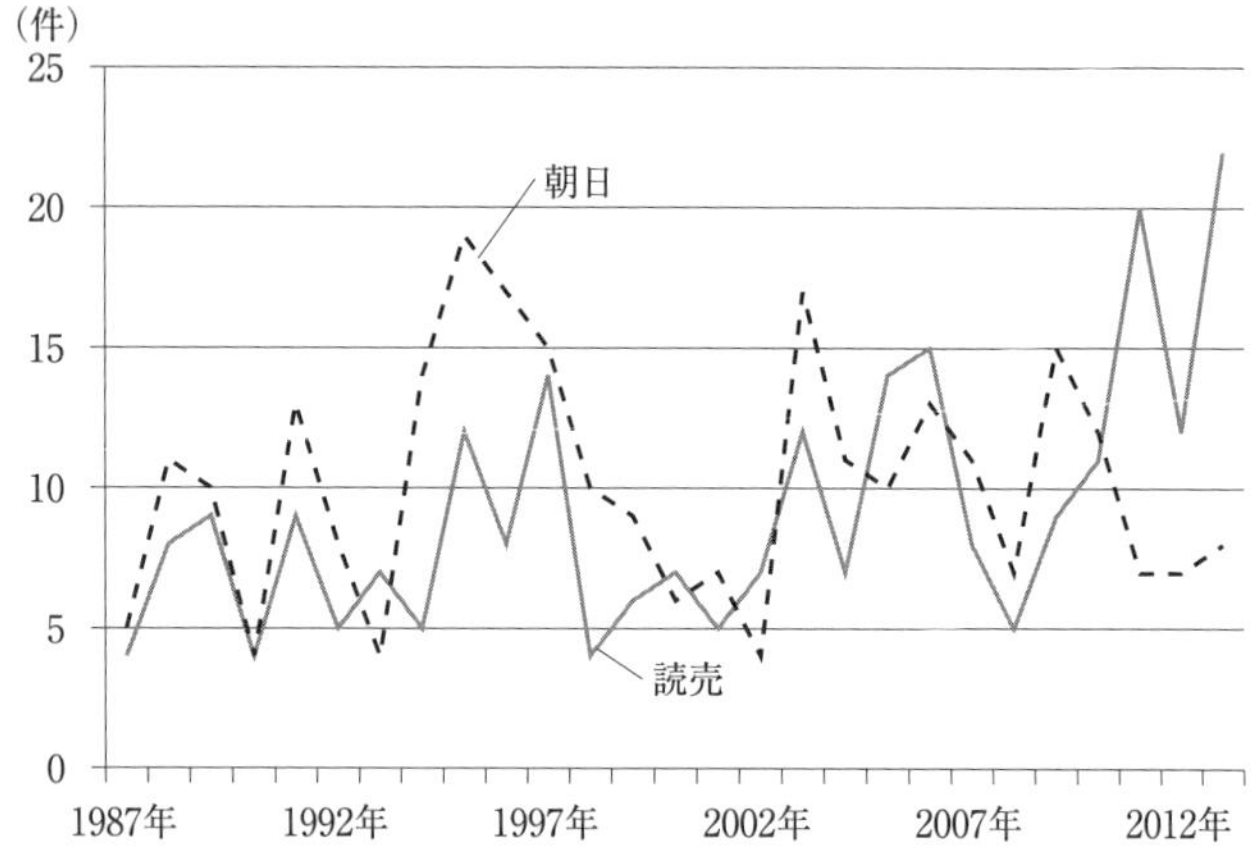

聞では、この数年で顕著に増加しているのである(図2-3)。

次に、各新聞の記事を年代ごとに「八〇年代」「九〇年代」「〇〇年代」「一〇年代」の四つに分け、それぞれにおいて、「中国」と「ASEAN」という単語が、それぞれどのような語と一緒に用いられているかを調べる関連語検索[4]を行った。新聞ごとにJaccard係数による上位十語をまとめたものが表2-1、表2-2である。

分析結果の解釈――読売新聞の場合

最初に読売新聞の結果を解釈する。

八〇年代の一〇語から読み取れるのは、八〇年代から九〇年代前半にかけてのアジアにおける最大の懸案であったカンボジア問題[5]に関連して、中国が言及される回数が多いということである。各単語が使用された文脈を参照してみると、カンボジア問題に

表2-1　各年代における「中国」・「ASEAN」それぞれの関連語（読売新聞）

中国					ASEAN				
	1980年代	1990年代	2000年代	2010年代		1980年代	1990年代	2000年代	2010年代
1	西側	実験	経済	行動	1	域内	諸国	会議	規範
2	交流	諸国	台頭	海洋	2	工業	外相	協定	連携
3	援助	大国	地域	領有	3	グループ	加入	首脳	行動
4	正常	加盟	軍事	国際	4	原則	加盟	締結	拘束
5	障害	関係	協定	連携	5	諸国	対話	連携	法的
6	工業	国交	会談	主張	6	新興	加える	合意	議長
7	文化	核	関係	規範	7	西側	時代	自由	宣言
8	新興	正常	影響	軍事	8	事実	会議	貿易	会議
9	供与	会議	貿易	周辺	9	活性	フォーラム	プラス	各国
10	関係	国	成長	海軍	10	先進	場	経済	格上げ

表2-2　年代における「中国」・「ASEAN」それぞれの関連語（朝日新聞）

中国					ASEAN				
	1980年代	1990年代	2000年代	2010年代		1980年代	1990年代	2000年代	2010年代
1	正常	諸国	貿易	領有	1	外相	外相	首脳	プラス
2	国交	実験	経済	牽制	2	諸国	会議	プラス	領有
3	以来	問題	関係	行動	3	7月	加盟	連携	行動
4	わが国	核	成長	台頭	4	工業	諸国	会議	一連
5	主義	関係	首脳	強める	5	拡大	地域	共同	外相
6	諸国	軍事	首相	空母	6	会議	フォーラム	枠組み	サミット
7	対立	経済	会談	強硬	7	開く	対話	協定	価値
8	会談	発展	脅威	周辺	8	NIES	開く	開く	1月
9	伝える	加盟	加盟	警戒	9	環太平洋	安全	交渉	今年
10	政策	改革	自由	軍事	10	攻勢	安保	地域	普遍

関して同じ立場に立つ中国と「西側」諸国が同時に登場したり(6)、中国とカンボジアを支援するベトナムとの国交「正常」化、さらにそのベトナムを支援するソ連との国交正常化の問題が論じられたり、その正常化に対する「障害」としてカンボジア問題の存在が指摘されたりする例が多く見られる(7)。

一方で、中国は日本のアジアに対する「援助」戦略の一環として、あるいは「新興」工業国・地域群(NIES)を中心に、成長するアジアの中で工業化を遂げつつある国家として言及されることもあった。天安門事件など、摩擦が生まれることもあったが、米中接近、日中国交正常化以降、八〇年代においてアメリカや日本、ASEAN諸国と中国の国際政治上の利害は一致する部分が多く、カンボジア問題に関しても、基本的に共同歩調を取っていた。また日本から多額の援助を受けている中国が、日本に対する脅威として強く認識されることはあまりなかったといってよい。

九〇年代に目を移すと、ここでも依然として「正常」「国交」などの語が八〇年代と類似した文脈で登場する。九〇年代に特有の語として「実験」「核」「加盟」などがあるが、これらの言葉は、この時期の中国をめぐる重大な出来事(核実験、WTO加盟)が多く言及されていることを表している。

八〇年代と比べて、中国に対する捉え方が変化しつつある兆しが見て取れるのが、「援助」などの言葉が上位から消え、代わりに「大国」という言葉が挙がっていることである(8)。ここから、アジアにおいて、徐々にプレゼンスを増す中国に対する関心が高まっていることが窺える。しかしながら、この時点では脅威や警戒といった言葉は上位に挙がっておらず、中国はそのように認識されるには至っていないようである。

二〇〇〇年代に入ると、中国「経済」の「成長」、政治的な「台頭」、「軍事」力の増強、「影響」力の拡大が、アジアにおける一大事として重要性を増していく。中国に対して中立的あるいは好意的な描き方も少なくないが、(9) 他方で、中国がアジアに対する潜在的な脅威であることを指摘する記事も、見られるようになっている。(10)

二〇一〇年代に入って、この傾向はいっそう著しいものとなる。一〇年代の上位十語の中に、「中国の軍事的脅威」というトピックと無関係に用いられる語は存在しない。「領有」権問題をめぐる「海洋」での中国「海軍」の「軍事」「行動」は、「周辺」国にとってゆゆしき問題であり、それに対して日本は「国際」社会、具体的にはアメリカや東南アジア諸国と「連携」して、中国に無理な「主張」をやめさせ、「規範」を守るように働きかけるべきだ、という論調が明確に見て取れる。

この時期の読売新聞社説において、中国との経済関係がもたらす利益は、第二義的なものでしかなく、何よりも日本や東南アジアにとって脅威である中国に対し、圧力をかけて国際社会のルールに従わせるべきだ、との考えが前面に出ている。(11)

このような中国認識の推移を前提に、同紙では東南アジア（ＡＳＥＡＮ）をめぐる国際関係に対して、どのような認識が持たれてきたのか。

八〇年代に関しては、そもそもＡＳＥＡＮへの言及数自体が少なく、関連語検索もあまり意義のある結果にはなっていない。「域内」経済の「活性」化、「新興」「工業」国を中心としたアジアの著しい成長といった文脈で、ASEANが捉えられていたことを指摘するにとどまっている。

九〇年代になって東西冷戦が終焉を迎え、カンボジア問題が一九九一年のパリ和平協定をもって一応の解決をみる中で、その後の東南アジア国際関係がどのような新しい展開を迎えるのか、という問題に関連した言葉が並んでいる。すなわち、一九九五年にベトナム、九七年にミャンマーとラオス、そして九九年にカンボジアがASEANに「加盟」し、これと前後して、地域内の平和や安定の原則を定める東南アジア友好協力条約に「加入」する一方、拡大「外相」「会議」やASEAN地域「フォーラム」などを通して、ASEANが、アジア太平洋の平和と安定のための「対話」の「場」として機能する新「時代」に入ったことがわかる。(12)

二〇〇〇年代に入っても、依然としてASEANの「会議外交」(佐藤 2012)に関連する、「会議」「首脳」などの言葉が上位に残り、アジアでも締結が本格化し始めたFTA(自由貿易協定)やEPA(経済連携協定)に関連する「自由」「貿易」「協定」「締結」「経済」などの語が、上位に挙がっている。政治的な安定を背景に、経済的利益が前面に表れたのが、この時代の東南アジア(ASEAN)に対する読売新聞の捉え方の特徴といえる。

こうした八〇年代から二〇〇〇年代にかけての連続性は、二〇一〇年代に至って変化を迎えることになる。経済に関係する言葉は上位から姿を消し、代わりに描かれるようになったのが、「膨張する中国への対処」といった図式下での東南アジア像である。中国の問題「行動」に対して、「法的」な「拘束」力を持った「規範」を設定し、それに従わせようとする動きを取り上げ、かつては専ら経済連携協定の文脈で使用されていた「連携」の語も、「(ＡＳＥＡＮ、日本、アメリカなどの) 中国に対する連携」という文脈で用いられるようになっている。こうした論調の社説は、二〇一一年六月一〇日朝刊三面「[社説] 南シナ海紛糾　膨張中国に自制を求めたい」、二〇一三年一月一九日朝刊三面「[社説] 東南アジア歴訪　連携して台頭中国と向き合え」など、枚挙に暇がない。

ここで注目したいのは、二〇一〇年代のこうした社説においては、東南アジア諸国は、日本にとって戦略的な利害を共有した連携相手として見なされ、東南アジア諸国にとっての脅威は中国であって日本は味方だ、といった暗黙の前提に立っていることである。

ところが一九九〇年代初めまで、「日本の過去と存在感の高まりに由来する脅威観」(一九九四年七月二八日朝刊三面「[社説] アジア安保対話の歴史的一歩」)、「日本の政治的役割の拡大に応じ、軍事的分野にまで広がるのかといった不安や懸念が生まれている事実」(一九九一年七月二五日)など、日本が東南アジア諸国にとって脅威となりうることを、読売新聞も認識している。これがいつしか触れられなくなり、二〇一〇年代には、日本は専ら東南アジア諸国の連携相手として描かれるようになっているのである。

分析結果の解釈 —— 朝日新聞の場合

次に、朝日新聞の論調を検討することで、読売新聞と何が共通で、何が異なるのかを明らかにしたい。

まず中国に関しては、カンボジア問題が紆余曲折しつつも、解決に近づく中で、「正常」「国交」「対立」などの語が中心となっている八〇年代、核実験やWTO加盟のような出来事とともに、中国の大国化が意識され始めた九〇年代、中国をめぐる経済関係がアジアにおいてますます重要性を増していく一方で、中国脅威論が議論されるようになった二〇〇〇年代、そして領有権問題等をめぐる東南アジア諸国や日本、アメリカとの対立が中心的なテーマとなった二〇一〇年代と、関連語から窺える論調の推移は、読売新聞と共通する部分が多い。

しかしながら、具体的な文脈を参照すると、二〇〇〇年代から二〇一〇年代にかけての「中国の脅威」をめぐる論調には、大きな隔たりが見えてくる。たとえば、二〇〇〇年代に上位に挙がった「脅威」という言葉がどのように使用されているかを参照してみると、中国が日本やASEANにとって脅威であると断定する文脈で用いられているわけではないことに気づく(13)。

二〇一〇年代に目立つ「領有」「牽制」「行動」などの言葉も、中国の強硬な態度や無理な主張への対する批判として言明されることはあるものの、その論調は読売新聞の場合と比べると抑制的で、非難というより憂慮という表現がぴったりする(14)。加えて、中国側のみならず日本側やASEAN側にも、朝日新聞社説はたびたび自制を求めており、この点でも読売新聞と異なっている(15)。

東南アジアについても、二〇〇〇年代までの推移は読売新聞の場合と多くの部分で一致する。しかしながら、その後二〇一〇年代に読売新聞が、「中国を牽制するための東南アジアとの連携」という方向性に論調を変化させたのに対して、朝日新聞においては、中国対日本・東南アジアといった図式は見られない。この点に関しても両新聞の捉え方には隔たりがある。

両新聞を用いた計量テキスト分析

以上のように、読売新聞には二〇〇〇年代から二〇一〇年代にかけて、中国を明確に脅威とみなし、東南アジア諸国を日本と共通の脅威認識を持つ国ぐにとして、中国に対して共同で対抗すべきだとする論調が目立つ一方、朝日新聞においては、そのような図式は見られない。この点をさらに掘り下げるため、より客観性を担保すべく、次のようなコーディング・ルールに基づいてクロス集計を行った。

＊衝突／警戒／脅威／牽制／けん制／対立／挑発／示威／緊張／対抗／懸念／圧力／反発のいずれかが、同一文内で「中国」という語の後ろ一〇語以内に用いられていれば、その文には「中国との対立」というコードが付与される。

＊大切／連携／緊密／協力／強化／協調のいずれかが、同一文内で「東南アジア」もしくは「ASEAN」という語の後ろ一〇語以内に用いられていれば、その文には「東南アジアとの連携」というコードが付与される。

表2-3　クロス集計結果（読売新聞）

	中国との対立	東南アジアとの連携	ケース数
1980年代	6（1.04%）	2（0.35%）	575
1990年代	8（0.32%）	16（0.65%）	2,478
2000年代	29（1.18%）	29（1.18%）	2,453
2010年代	85（3.79%）	42（1.87%）	2,245
合計	128（1.65%）	89（1.15%）	7,751
カイ2乗値	94.559**	19.111**	

注）**は1%水準で有意。

表2-4　クロス集計結果（朝日新聞）

	中国との対立	東南アジアとの連携	ケース数
1980年代	4（0.30%）	4（0.30%）	1,342
1990年代	27（0.65%）	12（0.29%）	4,174
2000年代	20（0.60%）	20（0.60%）	3,357
2010年代	21（1.88%）	6（0.54%）	1,115
合計	72（0.72%）	42（0.42%）	9,988
カイ2乗値	25.462**	5.075	

注）**は1%水準で有意。

クロス集計の結果をまとめた表2-3、表2-4を見ると、読売新聞・朝日新聞ともに、二〇一〇年代に「中国との対立」のコードを付与された文の出現率が増加することが統計的に確かめられた。一方で、「東南アジアとの連携」については、読売新聞では一%水準で有意であるのに対し、朝日新聞では有意な差が見られなかった。以上の結果からも、読売新聞においては、東南アジアを日本と同じ陣営に置き、中国と対抗するような図式が見られるのに対し、朝日新聞においては、そのような図式が見られないことが確かめられる。

図2-3で見られた社説数の推移の差も、読売新聞と朝日新聞の間の、中国・東南アジア・日本をめぐる情勢に対する問題意識の差を反映したものと解釈することができる。

以上の結果は、両新聞の間に目立った差が見られなかった第2節の「一枚岩としての東南アジア像」とは対照的である。新聞が国内の社会意識を代表し、また形成していることを前提に考えると、日本社会全体にこのような図式が共有されているとはいえなさそうである。日中関係をめぐる「強硬派」と「穏健派」の二つの立場が、これら二つの新聞の分析によって、ある程度浮き彫りになったとも考えられる。

一般に、緊張する二国間関係において、その緊張度が高まると、往々にして両国において穏健な意見が説得力を失い、強硬な意見が力を持つことは、経験的事実として確認されている。相手が強硬な態度を取ることによって、国内でもこれに厳格に対処すべきとの声が上がり、結果的に強硬な意見が幅広い支持を集め、これが相手国をさらに刺激するのである。このようなスパイラルによって、一種の「自己充足予言」として軍事紛争が発生するのは、国際政治上の典型的なパターンである。こうして考えてみると、読売新聞に代表されるような主張は、現在において決して無視できない影響力を持っているのみならず、日中関係の緊張度の高まりとともに力を持つ可能性がある。

東南アジア諸国における対日認識と対中意識の関係

ここまでその存在を確認してきた、いわゆる「保守系」と呼ばれる新聞で前提とされている「中国対日本・東南アジア」という図式は、当の東南アジア諸国における対日・対中認識と一致しているのであろうか。このような現状認識は、客観的な根拠を持つものなのであろうか。

図 2-4　東南アジア諸国における自国への中国の影響力に対する評価

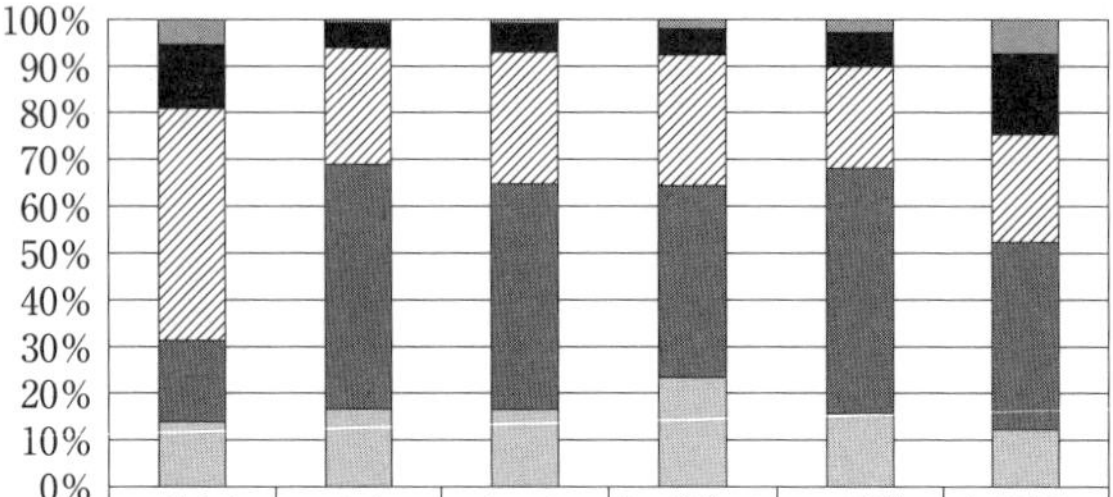

	ベトナム (772)	タイ (729)	マレーシア (722)	シンガポール (689)	フィリピン (770)	インドネシア (774)
悪い	5.31	0.69	0.8	2	2.77	7.3
どちらかというと悪い	13.86	5.35	6.17	5.58	7.31	17.38
どちらでもない	49.48	25.03	28.28	28.04	21.87	22.98
どちらかというとよい	17.49	52.34	48.26	41.06	52.41	40.12
よい	13.86	16.59	16.49	23.32	15.64	12.22

注）括弧内はサンプル数を示す。

アジア・バロメーターでは、毎年自国に対する他国の影響を、国別に尋ねる質問が用いられている。今回の分析では東南アジア諸国における日中への認識を測定する指標として、この設問を採用する。質問文は、「あなたは、次の各国が○○（自国名）によい影響を与えていると思いますか、悪い影響を与えていると思いますか。それぞれの国についてお答えください」となっており、選択肢はそれぞれ、1 よい影響を与えている、2 どちらかというとよい影響を与えている、3 どちらでもない、4 どちらかというと悪い影響を与えている、5 悪い影響を与えている、の五件法で尋ねられている。

図2-4および図2-5は、東南アジア六カ国における、自国への中国と日本の影響をどのように評価しているかを示したものである。二つの図から、以下の三つの点が指摘できる。

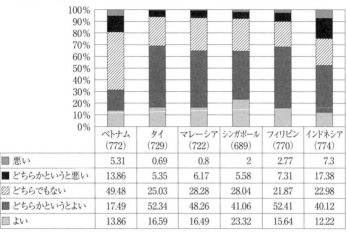

図 2-5　東南アジア諸国における自国への日本の影響力に対する評価

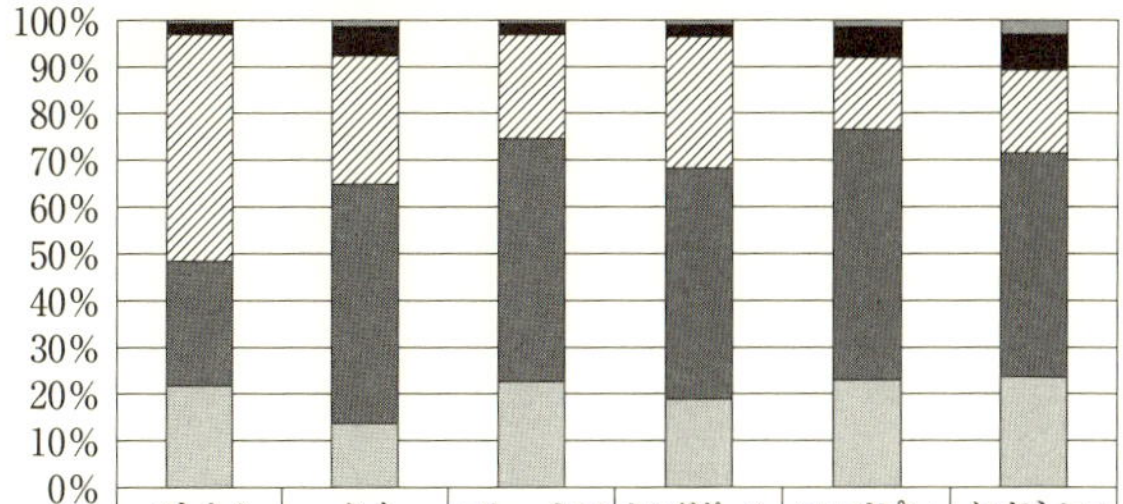

	ベトナム (752)	タイ (720)	マレーシア (709)	シンガポール (674)	フィリピン (776)	インドネシア (770)
悪い	0.66	1.39	0.54	1.04	1.45	3.02
どちらかというと悪い	2.39	6.25	2.59	2.52	6.56	7.64
どちらでもない	48.54	27.52	22.31	28.19	15.48	17.89
どちらかというとよい	26.73	51.2	51.97	49.41	53.62	47.8
よい	21.68	13.64	22.59	18.84	22.9	23.65

注）括弧内はサンプル数を示す。

第一に、ベトナム以外のタイ（六四・八％）、マレーシア（七四・六％）、シンガポール（六八・三％）、フィリピン（七六・五％）、インドネシア（七一・五％）で、日本の影響を、「よい」「どちらかというとよい」と回答している者が、全体の七割程度に達している。

第二に、ベトナムの分布は、どちらの国の影響力の評価においても、他のＡＳＥＡＮ諸国とは大きく異なる。日中両国に対しては一貫して中立的な意見が大半を占めているのである。中国に関して、よい影響と悪い影響がほぼ二分される形になっており、日本は半分が中立に回る一方で、残り半分はよい影響に回答している。

第三に、日本と中国の東南アジアにおける評価の分布は、驚くほど似ている。全体的に日本の影響の方が肯定的な評価を得ているものの、いずれの場合においても「どちらかというとよ

図 2-6　東南アジア諸国における自国へのアメリカの影響力に対する評価

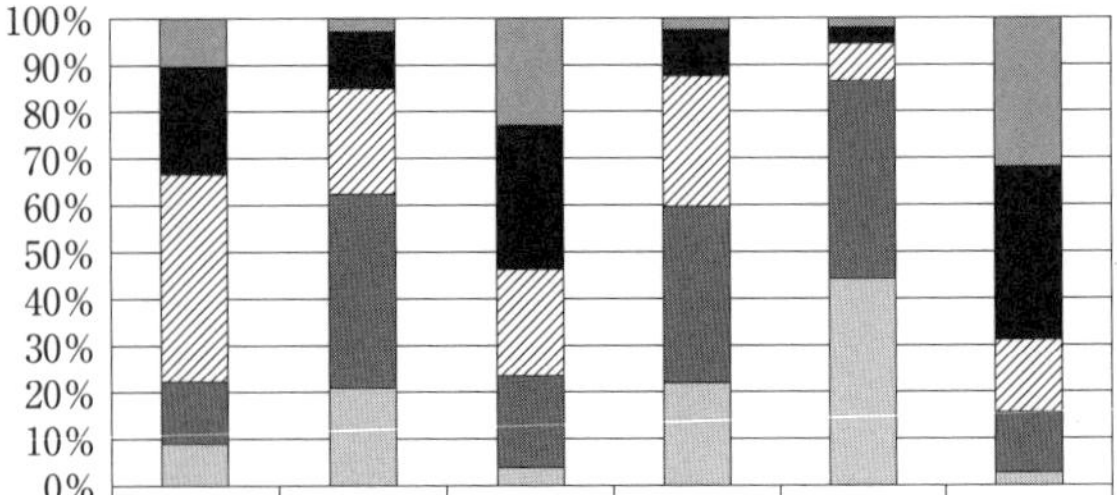

	ベトナム（760）	タイ（731）	マレーシア（734）	シンガポール（689）	フィリピン（787）	インドネシア（781）
悪い	10.26	2.87	23.02	2.47	2.02	31.92
どちらかというと悪い	23.16	12.08	30.69	9.87	3.4	36.92
どちらでもない	44.34	22.7	22.88	28.01	8.06	15.63
どちらかというとよい	13.29	41.5	19.58	37.74	42.28	12.86
よい	8.95	20.84	3.84	21.92	44.25	2.68

注）括弧内はサンプル数を示す。

い影響」がモードとなる回答の分布を示している。

以上から、ASEAN諸国における日中の影響に対する評価は、少なくとも二〇〇四年の時点では、ともに肯定的なものであって、両者は対立していないことがわかる。日中の分布が酷似しているのが、このデータの特徴の一つであり、他の国の影響の評価は必ずしも日中のような分布になっていない。

それを示す例として、アメリカの影響に対する評価を各国別にしたものを見てみよう（図2-6）。ここからは、アメリカの影響に対する評価をめぐっては、国によって分布が大きく異なっていることを観察できるだろう。タイやシンガポールのアメリカへの評価は日中のそれと似ているが、インドネシアやマレーシアの評価は悪い方に傾いており、日中のそれとまったく

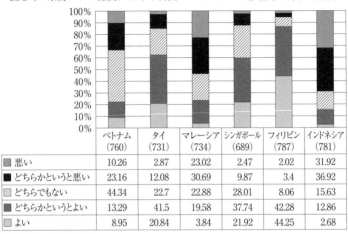

異なるといってよい。日中に対する評価の共通の分布は、単に他の国にも見られる一般的な分布にすぎないわけではないのである。

最後に、日中の影響に対する認識がどのような関係にあるかを、統計的に確認したい。

表2‒5　各国別に見た日中米の影響力評価の相関係数（2004年）

	日本×中国	日本×アメリカ	中国×アメリカ
マレーシア（2004年）	0.6698（699）	0.2589（701）	0.2769（710）
タイ（2004年）	0.4052（705）	0.367（711）	0.3（711）
ベトナム（2004年）	0.2903（740）	0.2418（738）	0.1381（747）
インドネシア（2004年）	0.5278（738）	0.2651（746）	0.3534（749）
シンガポール（2004年）	0.3735（668）	0.356（668）	0.3953（677）
フィリピン（2004年）	0.3994（762）	0.2589（770）	0.2246（766）

注）全て1％水準で有意、下段はサンプル数。

表2‒5はアジア・バロメーターの二〇〇四年データを用いて、各国別に日中米三カ国の影響力評価同士の相関をとったものである。すべての相関が一％水準で有意であったものの、関係性の強さには違いがある。日本と中国、日本とアメリカ、中国とアメリカ、それぞれの影響力評価の相関を見てみると、もっとも高い相関を示しているのはシンガポールを除けば、すべての国で日本と中国の組み合わせとなる。とくに、マレーシアやインドネシアでは、両者の相関係数は〇・五以上であり、強い相関関係にある。このことからも、日本の影響を肯定的に見る人たちは、中国の影響も同様に肯定的に見る傾向にあることがわかる。

こうした関係は日本とアメリカ、中国とアメリカのペアでも見られるが、日本と中国の関係に比べると、その

表2-6　各国別にみた日中米の影響力評価の相関係数（2013年）

	日本×中国	日本×アメリカ	中国×アメリカ
タイ（2013年）	0.5241（423）	0.5259（423）	0.4340（422）
ベトナム（2013年）	0.3949（527）	0.4988（528）	0.3490（525）
シンガポール（2013年）	0.3184（319）	0.3695（319）	0.4208（320）
フィリピン（2013年）	0.3051（400）	0.2689（400）	0.3852（398）

注）全て1％水準で有意、下段はサンプル数。

相関は相対的に弱い。シンガポールのみ中国とアメリカの相関係数が最も高いが、それ以外の国では日本と中国のペアが、三つの中で最も強い相関を示している。このように、ＡＳＥＡＮ諸国では、日本と中国の影響力の評価は深く関係しているものの、両者は日本を支持すれば中国の影響に対して否定的になるという負の相関を示すものではなく、日本の影響を肯定的に評価する人は中国のそれも同様に評価する傾向が強い。

もっとも、一部新聞がＡＳＥＡＮとの連携を強化するよう主張するようになったのは、二〇一〇年代になってからのことである。そこで、アジア学生調査のデータを用いて、最新の動向を確認しよう。この調査はアジア各国のエリート大学の学生を対象にして行われたものであり、サンプリングが割当法のため、統計的一般化をすることはできないが、最新の動向を確認するには適していると考えられる。

表2-6は、タイ、ベトナム、シンガポール、そしてフィリピンの四カ国について、アジア・バロメーターと同じく、各国の自国への影響力の評価を尋ねた結果の相関を表している。これを見ても、一貫して三カ国の評価は正の相関にあることがわかる。シンガポール以外の国では、その関係

はアジア・バロメーターよりも強いものとなっており、中国の脅威を前に日本との連携の可能性を探っているという日本の一部の新聞の想定は、データから支持することはできない。

4　ファラシーの淵源はどこに

前節までに確認してきた、日本の社会意識における二つのファラシーは、わが国の歴史の中で一体いつ頃、生を享けたのだろうか。二〇〇〇年代・二〇一〇年代に東南アジアとの連携を強調する論調が目立ち始めたことを捉え、こうした考え方は近年に特有のものだと主張することもできるかもしれない。しかし、「威圧的な大国に対抗して連帯すべき」や、「各国は日本との連携に期待している」といった表現に、既視感を覚えることはないだろうか。

アジア主義に関する代表的な文献である竹内（1963）によれば、アジア主義は「特殊的であり、おそろしく多義的でもある」（前掲書：7）が、「アジア諸国の連帯（侵略を手段とすると否とを問わず）の指向を内包している点だけには共通性」（前掲書：14）を認めることができ、それによって漠然とした定義が可能だという。同書によれば、アジア主義が即ち膨張主義や侵略主義というわけではないが、民主主義やファシズムなどとは異なり、それ自体に価値を持たないアジア主義は、他の思想に依拠して現れざるを得ず、その中で膨張主義と密接に関わるようになった。

竹内好のこの論文を参考に、アジア主義の歴史を詳細に論じた中島（2014）によると、竹内はアジア主義を三つに分類している。すなわち、パワーポリティクス的な利害関心からアジアに目を向ける「政略としてのアジア主義」、国家的な利欲ではなく民衆に対する共感や義憤によって、アジア各国の国内における封建主義や帝国主義などの問題の解決に協力しようとする「抵抗としてのアジア主義」、そして西洋近代の思想を批判し、東洋的な世界観をもってこれを超克しようとする「思想としてのアジア主義」である。このうち、初期の玄洋社や宮崎滔天に代表される「抵抗としてのアジア主義」は、岡倉天心以来の「思想としてのアジア主義」とは十分に結びつかず、それどころか、逆に西洋的な帝国主義の論理に取り込まれたため、「大東亜共栄圏」思想に代表される「政略としてのアジア主義」に道を譲ることになり、結果的にアジア主義は日本の侵略を支える思想に転化してしまったとする。

いうまでもなく、今日の日本の社会意識との共通性を見出せるのは、「抵抗としてのアジア主義」でも「思想としてのアジア主義」でもなく、「政略としてのアジア主義」である。「日本は東南アジア諸国と連帯しなければならない」と言うとき、多くの場合、そこに西洋近代を克服し、アジア的な価値を実現するという明確な思想は存在せず、専ら中国との対抗関係を前提に、パワーポリティクス的な利害関係の観点から、それが主張されているにすぎない。

もちろん今日の日本が、かつてのように東南アジア諸国に対して盟主然とした態度をとったり、侵略を行ったりすることを、本章はまったく想定していない。そうした安全保障上の議論を意図しているのではなく、むしろ本章で問題にしているのは、「外部」からの脅威に対抗するために、「内部」が連帯すべきとする、その考え方自体である。

かつてのアジア主義、とくに末期の侵略主義と化したアジア主義においては、「欧米列強の侵略に対抗するために、アジアは日本を盟主として団結すべき」とされた。今日の日本では、一部において、「中国の膨張に対抗するために、日本と東南アジアは連携すべき」との主張が聞かれる。中国が、日本を盟主とする連帯の一翼から、対抗すべき相手へと変化している点を除けば、これら二つの考え方には明確な類似性が見られる。

こうした思考様式には二つの問題があると考えられる。第一に、一方的かつ一様に他のアクターをみずからの陣営に含めている点。第二に、積極的な価値の実現のためではなく、あくまで仮想敵を作った上での、消極的な意味での連帯にすぎない点である。

過去のアジア主義に関していえば、そもそも日本が盟主として待望されていたわけではない。それどころか、日本の他のアジア諸国に対する優越意識や高圧的な態度は、アジアの知識人からたびたび批判されてきた。欧米列強という仮想敵の存在を前提にした「連帯」は、互いの関係のあり方について積極的な合意を有しておらず、最終的に日本をアジアの「公敵」にしてしまった（中島2014）。

こうした「歴史の教訓」（メイ2004）を参考にする限り、もし日本が真に東南アジア諸国を重視するのならば、そこには積極的な意味が必要で、しかも相手の関心や思惑の正当な評価が前提となるはずである。誰かを嫌いだという理由で接近した「友人」が、果たして竹馬の友となり得るだろうか。

5　おわりに

ネイションという「想像の政治的共同体」（アンダーソン 2007）の中に生きる私たちは、往々にして、みずからが属する国家に都合のよい認識を、他の国家との関係性において相対化することができずに、外交的な摩擦を生んでしまう。「正しい」歴史をめぐる論争や、「わが国固有の」領土をめぐる争い。そうした対立の奥底には、みずからを取り巻く状況を、いかに客観的に眺めることができるかという根源的な問題が横たわっているように思える。もちろん「自虐的」であることが、「客観的」であるわけではない。しかしそれと同じくらい、みずからの認識を絶対的なものとして議論する行為には、危うさがつきまとう。

本章はその一例として、「中国の台頭」をめぐり、日本と東南アジアのそれぞれが状況をどのように認識し、他の当事者としての互いをどのように認識しているのかについて分析することで、日本社会における東南アジア像に潜む二つのファラシー（誤認）を描き出した。

もっとも本章には、いくつかの課題が残っている。

第一に、東南アジア諸国における中国認識の多様性について言及したものの、その多様性がいかなる要因によって生み出されているのかについては、とくに議論しなかった。さまざまな要因が存在することから、因果推論的に明確な要因を明らかにすることはむずかしいであろうが、各国が有する歴史的な経緯については、議論すべき余地があるように思われる。対外認識一般が、多分に歴史的な要素によって左右されることは、直感的にも理解しやすいが、現在のアジアを取り巻く外交・安全保障上の状況が、どのような歴史的経緯に端を発したものなのか、そして現在の認識は、どのような変化を受けて形成されたものなのかを知ることは、アジアの未来を考える上でも重要である。

第二に、本章では東南アジア諸国の間の多様性を指摘したものの、各国内の多様性については十分に議論できていない。東南アジア各国において、どのような政治的態度・年齢・学歴の人間が、日本や中国の影響力を高く評価するのか。そうした国内における傾向の把握も、今後検討していく必要があるだろう。

二一世紀に入ってダイナミックさを増すアジアにおいて、「認識」の外交・安全保障に果たす役割を意識することの必要性は、今後ますます増大していくことであろう。研究を継続する意義は大きい。

注

（1）本章では、新聞の社説における意見や価値観を、社会意識と結びつけることに関して、以下のように考えている。すなわち、新聞をその代表とするマスメディアは「報道機能（reporting function）」と「世論調査機能（poll-taking function）」、すなわち出来事を描写して人びとに伝える機能と、ある問題に関する人びとの反応の傾向を示す機能を持つものとされ、これらに関連して議題設定効果・フレーミング効果など、メディアが人びとに与える影響に関して、さまざまな仮説が設定され、説明されてきた。これらはいずれもメディアが、その活動を通じて、一般大衆の意見形成に強い影響を与えていることを示している。メディアが伝えたこと、あるいはそもそも何を伝え、何を伝えないかの選択そのものが、人びとの考えに影響を与え、そうして形成された「世論」が、メディアによって事実として示され、それがまた人びとに影響を与えて世論を形成し……という無限の連鎖が続いていく。このように、メディアの報道傾向を追うことは、社会に広く共有されている考えを追うことであり、これから社会に共有されるであろう考えを把握することでもある（蒲島他 2007）。この点に関する実証研究としては、小泉内閣期の社説論調と内閣支持率世論調査の結果の相関関係を調べ、社説の論調によってそれ以後の内閣支持率を予測することが、高精度で可能であることを示した吉田（2006）や、それを対外感情の予測に応用することを試みた吉田（2014）の第三章などが参考になる。

（2）KH Coder Index Page（http://khc.sourceforge.net/）。開発経緯や使用方法に関しては樋口（2014）を参照。

（3）キーワードに東南アジア・中国・日本すべてを含めたのは、日本と中国との関わりにから東南アジアを論じた記事を抽出したからである。また、社説を対象としたのは、単なる事実の報道よりも、新聞社の意見の表明である社説にこそ、当該社会の価値観や意識が色濃く投影されていると考えたためである。

（4）集計単位は文、検索対象は既定値から、地名・人名・組織名・固有名詞・未知語・感動詞・タグを除外したもの。最低出現数は一〇に設定した。

（5）ベトナムの直接的な支援を受けたヘン・サムリンらによってポル・ポト政権が崩壊させられた後の、ポル・ポト派、シアヌーク派、ソン・サン派と政権の間の内戦をめぐる問題。中国やタイなどは、ポル・ポト政権の崩壊をベトナムの侵攻とみなし、ベトナムの勢力伸長への危惧から反政権派を支援し、これに西洋諸国や日本も同調した。カンボジア問題は国際化し、ソ連と中国・アメリカの大国間対立に発展した。

（6）（ベトナムのカンボジア侵攻に対して）「近隣の東南アジア諸国連合（ＡＳＥＡＮ）諸国や西側諸国が原則

の問題として、中国とともに、反発したのは当然だった」（一九八九年九月三〇日朝刊三面「[社説]　カンボジア問題　包括和平を断念するな」）など。

（7）「中国が中ソ関係正常化、首脳会談開催の残る障害としてきたカンボジア問題」（一九八八年一〇月一五日朝刊三面「[社説]　中ソ首脳会談を取り巻く環境」）など。

（8）「中国が『責任ある大国』として行動することが不可欠」（一九九七年四月一一日朝刊三面「[社説]　言うべきことを言う日中関係に」）、「アメリカは中国に対し、国際社会で責任ある大国としての役割を果たさせることをめざしている」（一九九五年一一月二七日朝刊三面「[社説]　戦後五十年を超えて　近隣とどう共生していくか」）など。

（9）「巨額の直接投資を海外から引き込み、自国経済の革新と成長の力にする中国のたくましさ」（二〇〇一年五月一九日「[社説]　通商白書　中国経済の台頭に注目したい」）、「急速な経済成長を見せる中国との関係などの戦略構築も急務だ」（二〇〇二年一月一五日朝刊三面「[社説]　東南ア外交　「構想」具体化へ問われる実行力」）など。

（10）「経済のみならず政治、軍事面での中国の台頭に警戒感を抱くＡＳＥＡＮ」（二〇〇三年六月二一日朝刊三面「[社説]　ＡＳＥＡＮ　関係強化へ長期的戦略を立てよ」）、「政治・軍事面では、中国に国際ルールを守らせるよう、絶えず抑制していかなくてはならない」（二〇〇六年一月一日朝刊三面「[社説]　人口減少時代へ国家的対応を　市場原理主義への歯止めも必要だ」）など。

（11）「日本政府はアメリカや東南アジア諸国と連携し、中国の威圧的な行動への警戒を怠ってはならない」（二〇一四年六月四日朝刊三面「[社説]　天安門事件二十五年　政治改革に背を向ける習政権」）、「中国が南沙諸島の領有権を巡り、軍艦を使った威圧的な外交を続けていることが念頭にあろう。中国は尖閣諸島についても領有権を主張して示威行動を展開し、日本の主権を脅かしている」（二〇一三年一月一九日朝刊三面「[社説]　東南アジア歴訪　連携して台頭中国と向き合え」）などの表現が、こうした論調を象徴している。

（12）「二十四日終わった東南アジア諸国連合（ＡＳＥＡＮ）と日米など域外諸国参加の拡大外相会議とこれに先立つＡＳＥＡＮ外相会議は、東南アジアがまさに新時代の戸口に立ったことを浮き彫りにした」（一九九一年七月二五日朝刊三面「〔社説〕冷戦後に取り組むＡＳＥＡＮ」）という表現が、この時代の東南アジア（ＡＳＥＡＮ）がどのように捉えられていたかを象徴している。

(13)「六十七年に親米反共連合として発足して以来、長い間、ＡＳＥＡＮの国々は中国を何より巨大な脅威とみなしてきた。だが、この十年間で空気は大きく変わった」（二〇〇三年一〇月五日朝刊二面「大きすぎる忘れ物　アジア外交（社説）」）、（中国は）「ＡＳＥＡＮが長い間抱いてきた中国に対する脅威感をぬぐおうと活発な外交努力を重ねてきた」（二〇〇三年一二月一一日朝刊二面「関係立て直しの条件　日・アセアン（社説）」）など。

(14)「中国の振る舞いは、一つ間違えば周辺国に脅威と映りかねないことを自覚すべきだ。『大国』を自任するのであれば、冷静に行動できることを示して欲しい」（二〇一二年七月一三日朝刊一六面「〔社説〕領海侵入　中国は冷静に振る舞え」）、「海洋への膨張志向に対する警戒感が広がっていることを、中国の指導者は真剣に受け止めるべきだ」（二〇一〇年一〇月三〇日朝刊三面「〔社説〕東アジア会議　米ロ参加を安定への風に」）といった表現を、先に挙げた読売新聞のものと比較すれば明らかであろう。

(15)「東南アジア各国にも冷静な行動が求められる」（二〇一四年二月二四日朝刊一一面「〔社説〕南シナ海問題　中国は合意を忘れるな」）、「南シナ海への攻勢を強める中国への牽制（けんせい）が念頭にあるならば、『力には力』の悪循環を招きはしないか」（二〇一四年六月二九日朝刊一〇面「〔社説〕ＯＤＡ見直し　危うい軍への支援解禁」）など。

第3章　越境する中国への受容と反発
——アジア六カ国のデータから問い直す接触仮説

木原　盾・上野雅哉・川添真友

1　越境する中国

グローバル化の流れの中で、国境を越えた人の移動がますます進んでいる。とくにアジアに目を向ければ、遥か昔から世界に華僑・華人[1]を移民として送り出し続けてきた中国からの越境が目立っている。表3-1は二〇一二年の世界各地域における華人の人口推計上位二〇カ国を示したものであるが（中華民國僑務委員會 2014）、世界のさまざまな国で、いかに多くの中国系の人びとが生活しているかがわかる。

また、近年では世界各国への中国人留学生の増加が著しい。図3-1は、一九九〇年から二〇一二年までの中国を出国した学生数の推移を示したもので、中国人留学生の顕著な増加が容易に読み

表 3-1　華人人口推計[2] 上位 20 カ国（2012 年）

順位	国名	人口（単位：万人）
1	インドネシア	812
2	タイ	751
3	マレーシア	678
4	アメリカ	424
5	シンガポール	283
6	カナダ	156
7	フィリピン	141
8	ミャンマー	106
9	ベトナム	100
10	ペルー	99
11	オーストラリア	87
12	日本	68
13	ロシア	47
14	フランス	46
15	イギリス	42
16	ブラジル	28
17	イタリア	20
18	韓国	18
19	ラオス	15
19	ニュージーランド	15

出典：中華民國僑務委員會（2014）

取れる（中华人民共和国国家统计局编 2013）。この増加の背景には、二〇〇一年の中国の世界貿易機関への加盟によって私費留学が完全に自由化されたことがあると考えられている（寺倉 2011：187–190）。

日本の大学でも、中国人留学生は大きな存在感を持っている。たとえば、本章で分析するアジア学生調査第二波調査の日本の調査対象校である、東京大学と早稲田大学における中国人留学生の割合は、前者で留学生全体の約四〇％、後者でも約五〇％を占めており、どちらも留学生の出身国の中で最大の割合を占めている[3]（東京大学 2014：早稲田大学留学生センター 2014）。

しかし、中国からの越境は受容だけでなく、時に越境先から反発を招いている。一部の東南アジア諸国では、中国系の人びとに対する差別は根強い（Armstrong & Armstrong 2001: 4）。

近年の中国政府の強硬な政策により、ベトナム、日本、フィリピンといった近隣諸国との間で領

図3-1　中国からの留学のための出国者数

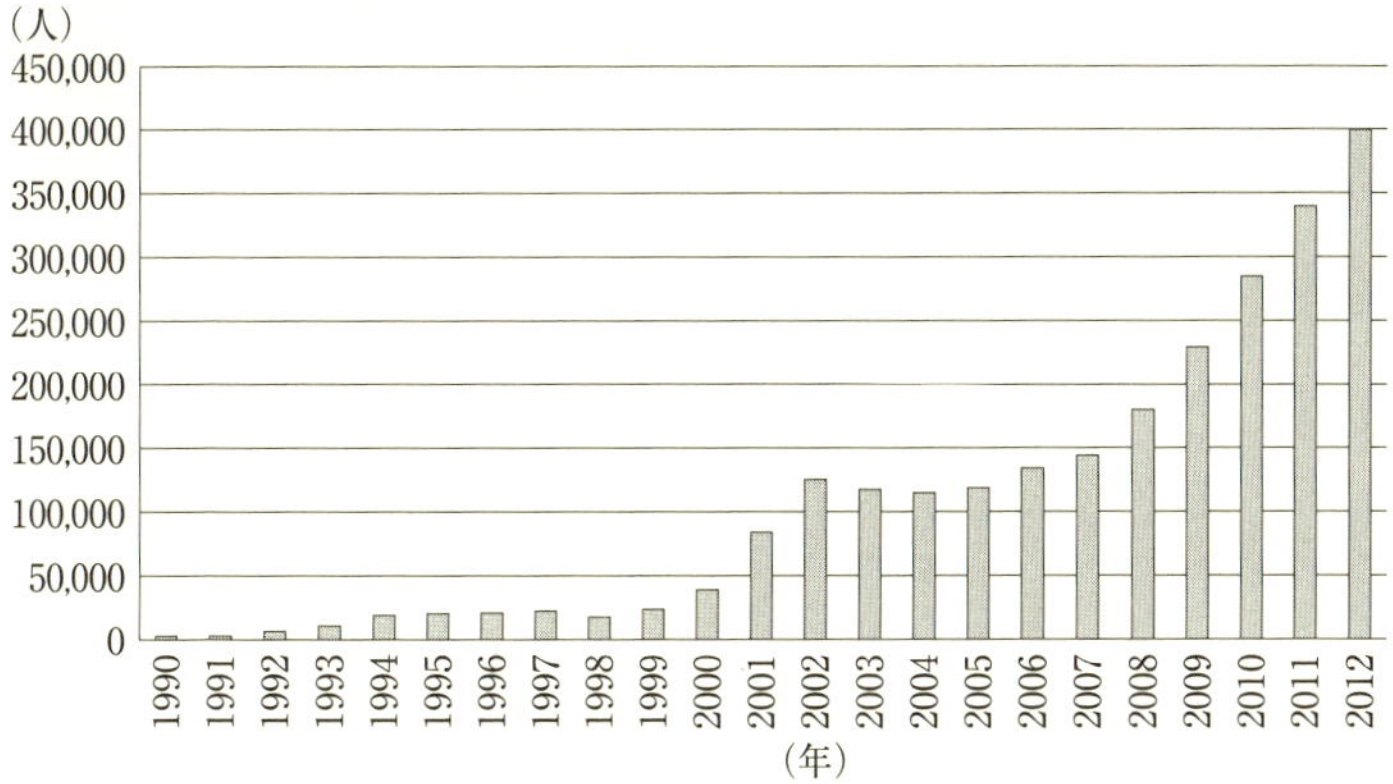

出典：中华人民共和国国家统计局编（2013）

土や領海をめぐる争いが生じ、その争いが各国のメディアを通して報じられることで、周辺諸国の国民から大きな反発を招いている。そして、外交的な問題に呼応するかのように、中国政府とは直接関係のない中国人にまで、排外的な感情を表出させる事態が各地で起きている。

二〇一四年五月にベトナムで起きた事件が、その象徴的なケースである。中越の国境問題をめぐってベトナムで大規模な反中デモが発生し、ベトナム国内の中国企業が襲撃された。その結果、多数の中国人死傷者が出るといった悲惨な結果を招いてしまった（『朝日新聞』二〇一四年五月一八日朝刊）。

中国からの越境は、必然的に各国の人びとと中国人との接触を増大させるだろう。これは人びとの中国人に対する意識を受容的なものとするだろうか、それとも排外的なものとするだろうか。本章ではこの問題の検討を、ゴードン・オルポート（Allport

1961＝1968）によって提唱された「接触仮説」を通して検証する。接触仮説とは、自分とは異なる社会集団の構成員との直接的な接触によって、その社会集団に対する偏見や排外意識が低減されるとする理論仮説である（Allport 1961＝1968）。接触仮説は、欧米を中心に検証されてきたが、本章はそれをアジアへ国際比較的な視点を持って広げることを試みる。

本章で分析対象とするデータは、アジア学生調査第二波調査のデータである。(4)

2　中国からの越境への受容と反発

中国人への態度

第1章の図1-8では、中国が自国に与える影響に対する回答の分布が示されている。(5)分布は国ごとに大きく異なり、「よい影響」と「どちらかというとよい影響」を足し合わせると、タイでは、中国の影響を肯定的に捉えている者の割合が七九・一％と突出して高い。韓国、フィリピン、シンガポールでは中国の自国への影響を肯定的に捉えている者の割合は五〇％前後で同程度であり、「どちらでもない」という中立的な態度を示している者の割合も二〇％前後と同程度である。肯定的な評価を下している者の割合がとりわけ低いのが、ベトナムの一三・八％と日本の二一・五％であり、両国においては「どちらかというと悪い影響」と「悪い影響」という中国に対する否定的評価が、それぞれ六八・三％、六九・一％と高い割合を占めている。

国家レベルの中国への認識はタイが強く肯定的、フィリピンとシンガポールが中立的、ベトナムが非常に否定的という構図が見いだせるが、果たして中国から越境してくる人びとへの認識も同じなのであろうか。

アジア学生調査第二波調査では、中国人に対する考えでもっとも近いものを、（１）結婚によって近しい親戚になっても構わない、（２）近しい友人になっても構わない、（３）ご近所になっても構わない、（４）職場で一緒に働いても構わない。（５）自国の永住者となっても構わない、（６）自国を訪問するだけであれば構わない、（７）自国から排除したい、の七つの選択肢の中のいずれかから選択する質問がある。(6)

図３‐２は各国別の回答の分布を示したものである。日本、韓国、フィリピンでは「配偶者・親戚」、「近しい友人」、「近隣の住民」、「職場の同僚」になってもよいと考えている者がそれぞれ七〇％以上おり、中国から来た人びとと日常的に接してもよいと考えている者が非常に多いことがわかる。反対に「排除したい」と考えている学生は、日本で四・六％、韓国で四・一％、フィリピンで五・八％と非常に低い割合である。

シンガポールとタイにおいては、「配偶者・親戚」、「近しい友人」、「近隣の住民」、「職場の同僚」になってもよいと考えている者の割合は、それぞれ約六〇％から約六五％と中程度であるが、「排除したい」と考えている学生もそれぞれ約一〇％、「訪問のみ」してよいと考える学生も、それぞれ一六・六％、一六％と比較的高い割合でいる。

図 3-2　各国別に見た中国人への態度

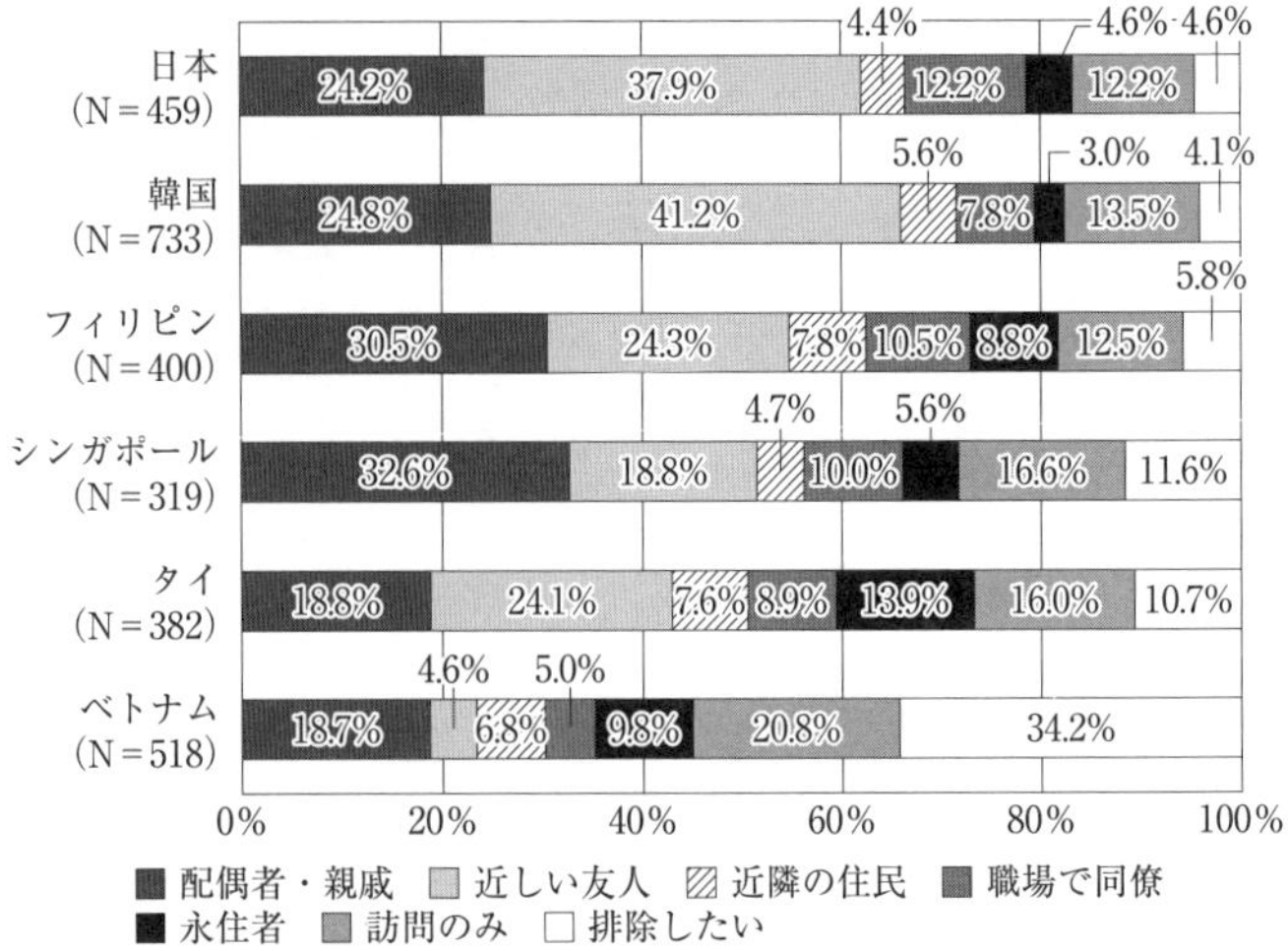

ベトナムでは、中国人と近しい関係になってもよいと考えている者は他国に比べて相対的に少なく、「訪問のみ」してよいと考えている学生が二〇・八％。また三四・二％の学生が中国人を自国から「排除したい」と考えている。ベトナムは中国人に対する排外意識がきわめて強いといえる。

同時に目をひくのはタイの結果である。タイでは中国の自国への影響に対する肯定的評価が六カ国の中で突出して高いにもかかわらず、中国人への態度が他の国と比べて友好的であるとはいえない。

次に興味深いのが、日本とベトナムの違いである。日本とベトナムでは、中国の自国への影響を否定的に捉える者の割合は高かったが、中国人に対する態度では正反対の関係にあり、日本では中国人に対して友好的な見方をしている

図3-3　各国別に見た中国人の友人・知人の有無

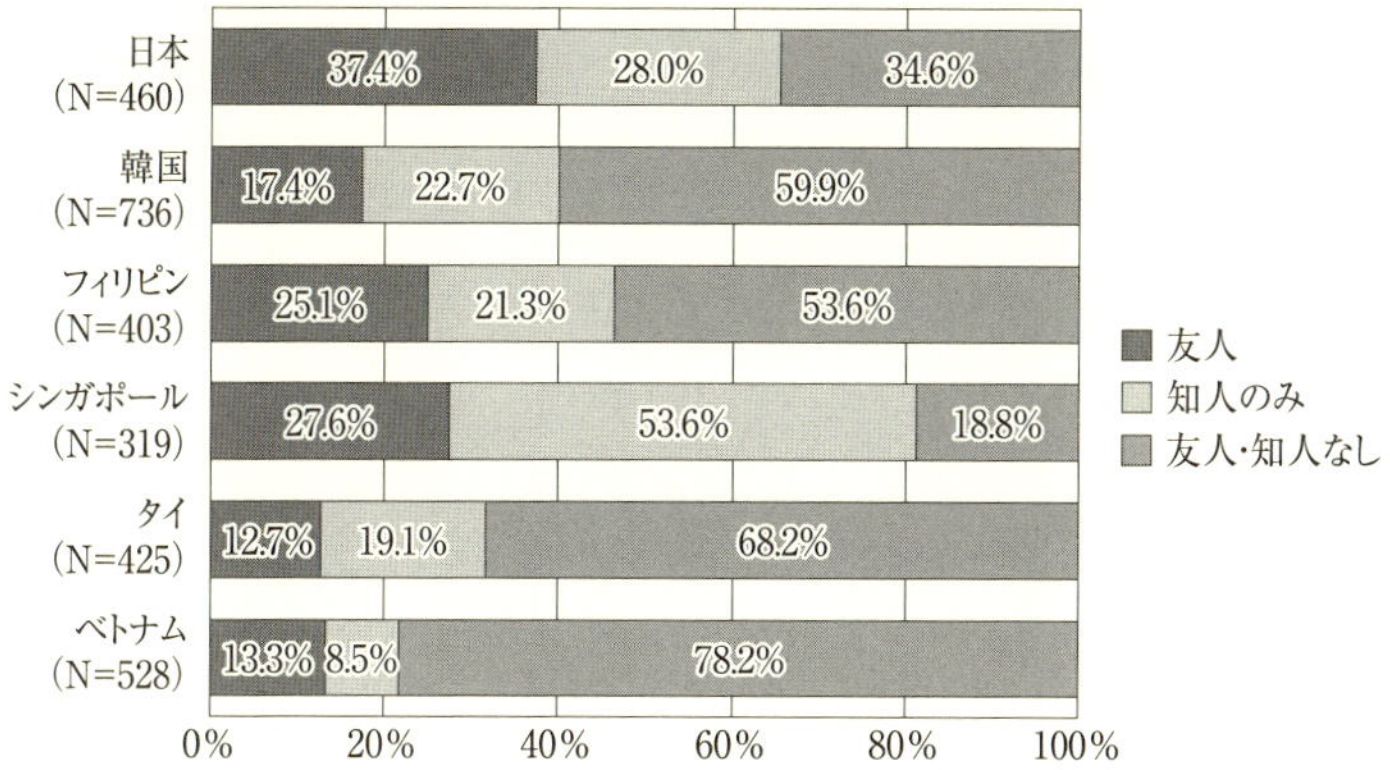

学生の割合が六ヵ国の中でも最高の水準にある一方、ベトナムでは最低の水準にある。ベトナムでは、中国人を排除したいという強い排外意識を持っている学生がかなり高い割合でいるのである。

中国人との交友関係

ここまで中国人に対する意識を見てきたが、アジアの大学生は、実際にどの程度、中国人との接触があるのだろうか。アジア学生調査の質問項目の中には、台湾出身の者を除く中国人の友人・知人の有無について尋ねた質問[7]があり、中国人との交友関係をその質問項目から見ることができる。

図3-3は、その各国別の回答の分布を示したものである。中国人の「友人」が一番多いのは日本の三七・四%、次いでシンガポールの二七・六%、フィリピンの二五・一%、韓国の一七・四%、ベトナムの一三・三%、タイの一二・七%と続く。「友人」と「知人のみ」を合

計するとシンガポールで最も中国人との交友関係がある者が多く、その割合は八一・二%。日本が六五・四%、フィリピンが四六・四%、韓国が四〇・一%、タイが三一・八%、ベトナムが二一・八%と続く。

図3-3と図3-2を比較してみると、中国人との交友関係を持つ者の割合の高低と、中国人に対して友好的な態度を持つ者の割合の高低が関連しているように思える。とくに、各国の学生の国としての中国に対する認識を示す第1章の図1-8もあわせて見ると、興味深い事実が見えてくる。中国の自国への影響に対して否定的な態度を持っていても、中国人との交友関係を持っている者の割合が高い日本や韓国には、中国人に対して「配偶者・親戚」、「近しい友人」、「近隣の住民」、「職場の同僚」になっても構わないとする友好的な態度を示す者が多いことがわかる。一方タイでは、中国の自国への影響について好意的な態度を持つ者が多いものの、中国人に対する友好的な態度を持つ者は少なく、中国人との交友関係を持っている者も少ないことがわかる。

3　接触仮説をめぐるデータの検証

接触仮説とは

外国人の受容に対する意識をめぐって、いかなる要因が排外意識を抑制するのかが研究されてきた。中でも重要な理論として、オルポート（Allport 1961=1968）が提唱したとされる接触仮説がある。接触仮説とは、自分が所属する社会集団とは異なる社会集団の構成員との接触によって、その構成員に対する偏見や排外意識が低減されるとする仮説である。オルポートは具体的な接触の例として、第二次世界大戦後の連合国による占領下のドイツでドイツ市民と比較的長時間にわたって接するアメリカ兵の例や、アメリカで黒人と白人が同じ公営団地に居住することによって知り合う例など、幅広い事例を当時の資料にもとづいて提示している（Allport 1961＝1968: 229–236）。

もっともオルポート自身、接触仮説を提示するにあたり、単なる表面的な接触だけで偏見が低減されるとは考えていなかった。異なる社会集団同士の対等な地位関係や、接触の際の制度的支援、接触の際に共通の目標や利害関係が共有されていることが偏見の低減を促進する、と考えたのである（Allport 1961＝1968: 227–241）。

オルポートの接触仮説は多様な人種・エスニシティが混在する二〇世紀のアメリカ社会を背景に提唱されたが、今日までに多くの研究で検証が行われてきた。接触仮説に関する五〇〇以上の論文を対象にメタ分析を行ったトーマス・F・ペティグルーとリンダ・R・トロップによれば、程度の差はあれ、自分とは異なるグループに属する人との接触によって偏見が低減するという仮説がほとんどの接触の形態で支持されているという（Pettigrew and Tropp 2006）。またペティグルーとトロップの研究では、オルポートがあげた対等な地位関係、制度的支援や共通の目標などの条件下にあって、接触の効果が増加することが示されており（Pettigrew and Tropp 2006）、接触仮説の妥当性は広く確認されている。

接触仮説の検討は日本でも行われている。たとえば、ＪＧＳＳ（日本版総合的社会調査）の二〇〇三年データを用いて、接触の排外意識低減の効果の有無を検討した大槻（2006）によれば、外国人とあいさつを交わしたり、外国人を見かける程度でも接触のある者のほうが、接触のない者に比べて外国人の受け入れに肯定的になることが示されており、接触の効果は日本でも確認されている。

このように接触仮説の検証はさまざまな地域で進んでいるが、一部の地域での研究に偏っており、すべての地域で研究が十分に進んでいるとはいいがたい。とくにアジア内を国際比較の視点から論じる研究は、管見の限りきわめて少ない。数少ない研究で中国にも関連するものとして、二〇〇六年から二〇〇八年の間に収集されたアジア・バロメーターの一三の国・地域分のデータを分析したLinley et al.（2012）がある。しかし、この研究の対象は中国人に対する意識ではなく、中国という国家が自国へ与える影響に対する意識の規定要因である。また、独立変数として用いられている接触経験も中国人との接触に限定されておらず、海外旅行経験、外国メディアとの接触、外国人一般との接触など幅広く、仮説の検証としては不十分なものとなっている。

仮説の提示

では、アジア学生調査のデータから、接触仮説は支持されるのであろうか。図3-2と図3-3からは、中国人に対する意識と中国人との交友関係は、確かに国レベルでは関連があるように見える。だが、果たして個人レベルで関連しあっているのだろうか。まず以下の仮説1の検証を試みる。

仮説１　知人効果仮説：中国人の知人を持つことは、どの国においても中国人に対する排外意識を低減させる。

仮説１では知人としての接触効果を検討するが、知人以上に密な関係を示唆する関係として友人がある。事実、Pettigrew（1997）は、自分とは異なる社会集団に友人を持つことの偏見や排外意識の低減に対する効果が、その他の接触に比べて強いことを示している。そのため、仮説１に続いて、以下の仮説も検証の対象としたい。

仮説２　友人効果仮説：中国人の友人を持つことは、どの国においても中国人に対する排外意識を低減させる。

４　変数の操作的定義と分析

従属変数

従属変数には図３-２で示した中国人への態度の質問に対する回答を用いる。ただし、質問には相互の関係や距離が必ずしも明確ではない七つの質的な項目が回答として用意されており、それら

図 3-4　各国別に見た中国人への排外意識の有無

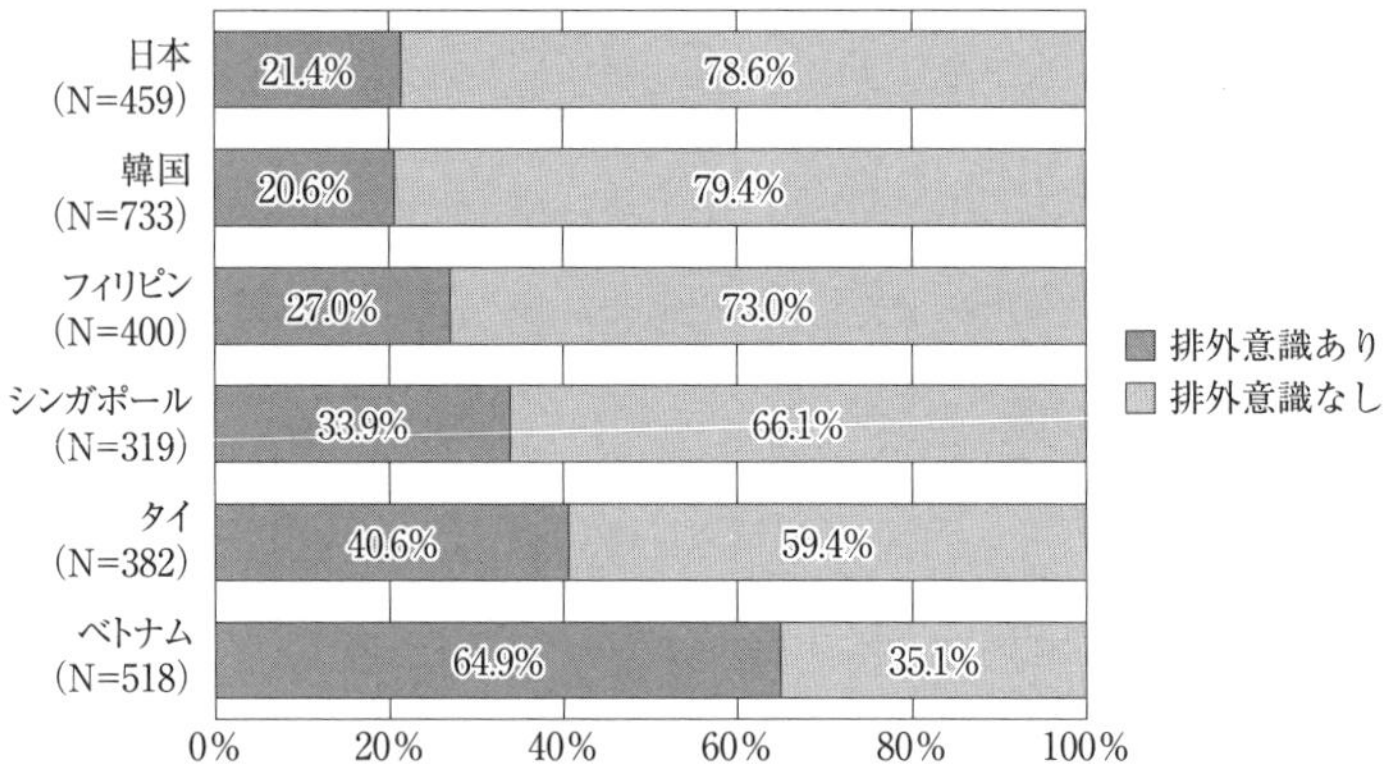

を連続的な変数とみなして統計的な分析をするのはむずかしい。そのため、中国人に対して（5）自国の永住者となっても構わない、（6）自国を訪問するだけであれば構わない、（7）自国から排除したい、のいずれかを回答した場合を「排外意識あり」とし、（1）結婚によって近しい親戚になっても構わない、（2）近しい友人になっても構わない、（3）ご近所になっても構わない、（4）職場で一緒に働いても構わない、のいずれかを回答した場合を「排外意識なし」とするダミー変数を作成した。ダミー変数は、排外意識がある場合を一とし、ない場合を〇とする。七つの項目のうち、（5）、（6）、（7）を排外意識ありとみなしたのは、（1）（2）（3）（4）に比べて（5）（6）（7）の選択肢が、日常の社会的生活空間に中国人を受け入れることへの否定的な感情を表出していると判断したからである。

図3‐4はダミー変数処理をした後の、各国における中国人に対する態度を示したものである。排外意識を持

つ回答者の割合はベトナムで最も高く、次いでタイ、シンガポール、フィリピン、日本と続き、韓国で最も低い。

独立変数

接触を測る独立変数では、図3-3で示した中国人の友人・知人の有無についての質問を用いる。「友人」と「知人のみ」と「友人・知人なし」の三つの関係を連続的な変数と考えて統計的な分析をすることはむずかしい。そのため、「友人」と回答した場合を一、「知人のみ」、「友人・知人なし」と回答した場合を〇とするダミー変数を作成し「友人ダミー」とした。また、「知人のみ」と回答した場合を一、「友人」、「友人・知人なし」と回答した場合を〇とするダミー変数を作成し、「知人のみダミー」としたうえで、以下の分析では「友人・知人なし」を参照カテゴリーとして分析を行うことにする。

また、Nagayoshi（2009）などの一部の先行研究では男性が排外意識を抱き、女性が抱かない傾向にあるという知見が得られているため[8]、男性を一、女性を〇とするダミー変数を作成した。各国における男性の割合は日本で五〇・四%、韓国で六一・九%、フィリピンで五三%、シンガポールで四九・二%、タイで四七・九%、ベトナムで五〇・五%となっている。

さらに、中国への反発が中国人に対する暴力として帰結したベトナムの事例のように、中国という国家が自国に対して悪影響を与えると考えることが、中国人に対する排外意識につながることは

図 3-5　各国別に見た中国に対する否定的認識の有無

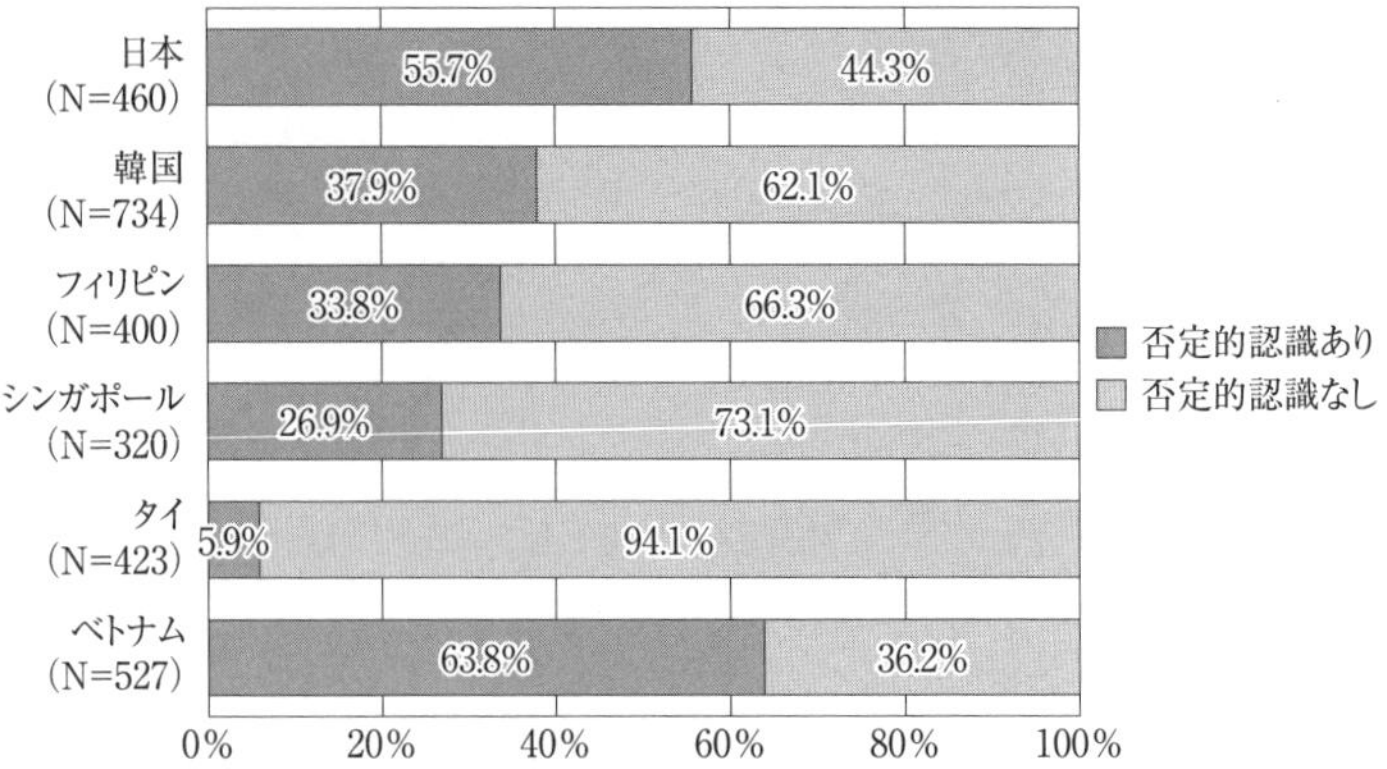

十分に考えられる。国家に対する認識と、その国の人びとに対する排外意識の関連を直接検討した研究は少ないものの、その関連の可能性は先行研究で示唆されている。[9] 第1章の図1-8で示されているように、ベトナムや日本などでは、中国が自国に対して悪影響を与えているという認識を持つ者が多く、中国という国家に対して持つ否定的な認識が、接触による排外意識の低減効果を打ち消している可能性も考えられる。そのため、中国の自国に対する影響をめぐる質問で「悪い影響」、「どちらかというと悪い影響」を選んだ場合を一、「よい影響」、「どちらかというとよい影響」、「どちらでもない」、「わからない」を選んだ場合を〇とするダミー変数を作成した。[10] 図3-5は「悪い影響」、「どちらかというと悪い影響」を選んだ者と、それ以外を選んだ者の割合を各国別に示したものである。

分析方法

分析には従属変数に中国人に対する排外意識のダミー変数を投入するロジスティック回帰分析を用いた。モデル1とモデル2をたて、モデル1には独立変数に男性ダミー、友人ダミー、知人のみダミーを投入した。モデル2には男性ダミー、友人ダミー、知人のみダミー、中国への否定的認識ダミーを投入した（友人・知人の効果については、二つのモデルとも「友人・知人なし」が参照カテゴリーとなる）。

分析結果

分析の結果は表3-2の通りである。表中には偏回帰係数が示され、カッコ内にはその標準誤差が示されている。また、モデル1におけるベトナムを除いて、モデルのカイ二乗値は一％水準から一〇％水準で有意であった。

中国人の友人を持つことの排外意識を低減する効果は日本・韓国の両モデルで一％水準、フィリピン・シンガポールの両モデルでは五％水準で支持されているが、タイでは両モデルにおいて支持されていない。またベトナムでは友人の効果はモデル1では五％水準で、モデル2では一〇％水準で支持されている。中国人の知人を持つことの効果は、日本の両モデルで一〇％水準、韓国、フィリピンの両モデルでは五％水準で支持されているが、シンガポール、タイ、ベトナムでは支持されていない。

表3-2　ロジスティック回帰分析の結果

	日本		韓国		フィリピン		シンガポール		タイ		ベトナム	
	モデル1	モデル2	モデル1	モデル2	モデル1	モデル2	モデル1	モデル2	モデル1	モデル2	モデル1	モデル2
男性ダミー	.386	.398*	−.047	−.004	−.154	−.166	−.261	−.243	−.506**	−.516**	−.052	−.035
	(.237)	(.239)	(.193)	(.196)	(.229)	(.230)	(.240)	(.242)	(.214)	(.215)	(.186)	(.190)
友人ダミー	−1.097***	−1.030***	−.937***	−.911***	−.649**	−.576**	−.792**	−.778**	−.477	−.504	−.573**	−.493*
	(.292)	(.294)	(.297)	(.300)	(.286)	(.290)	(.358)	(.360)	(.335)	(.336)	(.265)	(.272)
知人のみダミー	−.503 *	−.498 *	−.602**	−.563**	−.780**	−.745**	−.386	−.386	−.185	−.190	−.074	−.044
	(.278)	(.280)	(.243)	(.246)	(.314)	(.315)	(.308)	(.310)	(.268)	(.269)	(.338)	(.345)
中国への否定的認識ダミー	—	.647***	—	.763***	—	.452*	—	.533**	—	−.493	—	.872***
		(.249)		(.187)		(.237)		(.264)		(.447)		(.193)
定数	−1.029	−1.452	−1.058	−1.427	−.602	−.784	−.120	−.284	−.047	−.007	.720	.160
	(.226)	(.285)	(.171)	(.200)	(.191)	(.216)	(.284)	(.297)	(.163)	(.167)	(.144)	(.189)
サンプル数	454	454	731	731	397	397	317	317	377	377	513	513
NagelkerkeのR^2	0.065	0.087	0.032	0.066	0.035	0.048	0.027	0.045	0.026	0.030	0.013	0.066
モデルカイ2乗値	19.353	26.377	15.051	31.677	9.811	13.395	6.320	10.375	7.323	8.598	4.728	25.227
P値	.000	.000	.002	.000	.020	.009	.097	.035	.062	.072	.193	.000
−2対数尤度比	451.682	444.658	729.651	713.025	454.900	451.315	400.387	396.333	502.609	501.335	661.330	640.831

注）カッコ内は標準誤差を表す。　*p<0.1　**p<0.05　***p<0.01

フィリピン以外の国において、友人ダミーの偏回帰係数の方が知人のみダミーの偏回帰係数よりも小さく、友人を持つことの排外意識を低減する効果の方が、知人のみを持つ場合の効果よりも大きいことを示唆している。

また、男性ダミーは日本のモデル2では排外意識に対して一〇%水準で正に働いており、タイの両モデルにおいては五%水準で負に働いている。その他の国では統計的に有意な結果は出ていない。さらに、中国への否定的認識は、モデル2のタイを除くすべての国で、一%から一〇%水準で排外意識に対して正の効果を持っていることがわかる。

5　考察

分析結果から、仮説1（知人効果仮説）は日本、韓国、フィリピンの三カ国で支持され、シンガポール、タイ、ベトナムの三カ国では支持されないことがわかる。仮説2（友人効果仮説）は日本、韓国、フィリピン、シンガポール、ベトナムの五ヵ国において支持され、タイのみで支持されていない。ほとんどの国においては友人効果の方が知人効果よりも大きいことが示されており、友人の重要性を示した先行研究（Pettigrew 1997）の知見を追認しているといえるが、例外であったフィリピンについては、今回のデータだけで説明することはむずかしい。

また、接触が排外意識を低減させる効果の大小は国によって大きく異なる。モデル1とモデル2

では、友人ダミーと知人のみダミー間の偏回帰係数はほとんど変わらないため、モデル2に着目する。中国人の友人を持つことの効果は、タイ以外の国において統計的に有意であるが、友人を持つことが排外意識を低減する方向に強く働く順に日本（マイナス一・〇三〇）、韓国（マイナス〇・九一一）、シンガポール（マイナス〇・七七八）、フィリピン（マイナス〇・五七六）、ベトナム（マイナス〇・四九三）となり、国によって見逃せない差がある。また、中国人の知人を持つことの効果は、日本と韓国とフィリピンでのみ確認されているが、その効果の大きさはフィリピン（マイナス〇・七四五）、韓国（マイナス〇・五六三）、日本（マイナス〇・四九八）の順となっている。国によって接触の効果が支持されないことや、接触の排外意識を低減する効果が大きく異なることに関して解釈をすることはむずかしいが、先行研究では接触する際の条件等によって接触の効果が異なることが示されており（Allport 1961 = 1968; Pettigrew and Tropp 2006）、今回分析した六カ国で、国ごとに中国人との接触の際の条件が異なっていることが推測される。

さらに、中国に対する否定的認識という変数を入れても、友人ダミー、知人のみダミーの係数は多くの国でほとんど下がっていない。このため、中国に対する否定的認識は中国人との接触の効果を低減させるわけではなく、独立して排外意識に働くものと考えられる。

先行研究では男性の方が排外的な傾向にあることが示唆されていた（Nagayoshi 2009）。しかし今回の分析では、男性ダミーはほとんどの国で統計的に有意な結果が出なかったばかりか、日本においては男性の方が排外的で、タイにおいては女性の方が排外的であるとする結果が得られた。大変興味深い事実であるが、これ以上踏み込んで解釈をすることはむずかしい。

これまでの研究でほぼ自明とされてきた、知人や友人との接触が排外意識を低減させるとする仮説は、今回検討した六カ国の多くで支持はされたものの、一部の国において否定された。

知人効果が確認されなかったのは、質問文における知人の問い方が親しい知人・友人を除く知人という形で質問してあることに原因が求められるかもしれないが、ペティグルーとトロップの研究では、ほとんどの接触の形態で偏見を低減させる効果があることが示されており（Pettigrew and Tropp 2006）、今回の結果はこれを否定した形になっている。また、「親しい」とあえて質問文で尋ねているにもかかわらず、友人を持つことの排外意識の低減に対する効果がタイで確認されていないことは説明がむずかしく[11]、接触仮説が普遍的に支持されない可能性を示唆している。

6　おわりに

本章においては、中国から越境してくる人びとへの認識と接触の現状をアジアの六ヵ国、具体的には日本、韓国、フィリピン、シンガポール、タイ、ベトナムのデータを通して分析し、また排外意識を低減させる規定要因についての接触仮説を検証した。その結果、六カ国の学生の多くが中国人と交友関係にあることや、中国人に対する態度には国によって一定の違いがあることがわかった。また接触仮説は多くの国で支持されているものの、タイでは友人を持つことが排外意識を低減させていないなど、接触仮説が地域的に限定される仮説であることも証明されている。

さらに、中国に対する否定的認識が、中国人に対する排外意識を規定していることもわかった。これまで検討されてこなかった国に対する否定的認識と、その国民に対する排外意識のつながりを示唆する結果といえる。中国という国家に対する否定的認識は、近年の中国政府の強硬な政策に、その一因がある。しかし、中国政府の政策と中国人とは直接的な関係になく、中国への否定的認識が中国人排外意識につながっているとする本章の知見は、アジアの将来を考えるにあたっても遺憾なものである。

本章には大きく、三つの限界がある。

第一に、本章が分析したアジア学生調査第二波調査のデータは、各国の一部の大学[12]に在学中の学生のみを対象としており、各国の国民を代表していない。高等教育を受ける機会のあった、比較的高い階層出身の若者たちの意識に限定されている可能性が高く、結果の解釈には注意が必要である。

第二に、交友関係の定義が曖昧であり、具体的にどのような状況で交友関係を結んでいるのか、本調査だけでは読み取れない。多くの先行研究では、どの程度の頻度で会っているか、最初に出会ってからの経過年数など、交友関係が結ばれた環境やその内実までトレースしたものが多く、これも本章の限界である。

第三に、本章のデータはランダムサンプリングによって集められたデータではないため、統計的検定には限界がある。以上のような難点はあるものの、アジアの複数国を対象にした大規模な調査のデータを用いて国際比較を行った本章の意義は十分に大きい。

グローバル化が進む中、国境を越えて移動するのは中国人に限らない。本章では中国人への態度と中国人との交友関係のみを分析対象としたが、実際には、アジア学生調査第二波調査では日本人も含め、他の国の人びとへの態度や他の国の人びととの交友関係についても質問している。今後、人の越境にともなう受容と反発の諸側面を、中国からの越境に限らず、広く研究していくことが求められる。

最後に、接触仮説が国によっては成り立たない可能性があることを示唆したものの、本章はその妥当性を全面的に否定するものではない。それどころか、本章における分析から、多くの国で接触の効果が確認されている。国境を越えて移動してきた／くる人びととの接触を通じ、互いに寛容な態度が形成されることを願ってやまない。

※本章は二〇一四年二月二七日の東京大学東洋文化研究所におけるインターナショナルワークショップ"Understanding Cultural Diversity in Asia: Analysis of Second Wave of Asian Student Survey"での木原盾・上野雅哉・川添真友・萩原あゆ美による報告"Chinese-phobia, China-phobia and Chinese friends: Cross national perspectives from Asian Student Survey 2013"を大幅に改編し、執筆したものである。詳しくは、東京大学東洋文化研究所ホームページの実施報告（2014年11月17日取得、http://ricas.ioc.u-tokyo.ac.jp/news/news.php?id=SunMar51425312014）を参照されたい。

注

（1）一般的に「華僑」は「中国国籍を保持したまま、もしくは無国籍のまま海外に暮らしている人々」（陳・小林 2011: 15-16）、「華人」は「すでに外国国籍を取得し法的には中国人でない人々」（陳・小林 2011: 16）と考えられるが、本章では華僑・華人を区別せず、広義での中国人に関して議論する。

（2）引用データでは、"Overseas Chinese"と英語で記されており、ここでは華人と訳した。

（3）それぞれ二〇一四年の統計による。

（4）アジア学生調査第二波調査は日本、韓国、フィリピン、シンガポール、タイ、ベトナム、中国、香港、台湾を対象としているが、本章では中国からの越境に対する周辺諸国の反応を扱うため、中国、香港、台湾を除く日本、韓国、フィリピン、シンガポール、タイ、ベトナムの六カ国のデータのみを取り扱う。

（5）第1章では中国の国家レベルでの台頭を周辺諸国の学生がどう認識しているかが示されている。詳しくは第1章を参照されたい。

（6）具体的な質問としては、回答者が、「以下の項目は外国人の受容に関するものです。AからIの各グループについて、あなたのお考えにもっとも近いものを1つずつ選び、空欄に数字をお書きください」という質問に対して、A-中国人、B-日本人、C-韓国人、D-タイ人、E-フィリピン人、F-シンガポール人、G-ベトナム人、H-台湾人、I-アメリカ人のうち、自国以外のそれぞれの国出身の人びとについて、本文中に示した（1）から（7）のいずれかを選ぶ形式をとった。

（7）具体的には、「以下の各国出身の知人やご友人はいらっしゃいますか」という質問に対して、a-オーストラリア、b-中国（台湾を除く）、c-インド、d-インドネシア、e-日本、f-マレーシア、g-北朝鮮、h-フィリピン、i-ロシア、j-シンガポール、k-韓国、l-台湾、m-タイ、n-アメリカ合衆国、o-ベトナム、p-ミャンマーのうち、自国以外のそれぞれの国出身の人との交友関係について、1 いる（そのうち一人以上と親しい間柄だ）、2 いる（しかしそのうちの誰とも親しくはない）、3 いない、9 わからない、のうちから一つを回答者が選択する形式をとった。本章では、1 いる（そのうち一人以上と親しい間柄だ）を「友人」あり、2 いる（しかしそのうちの誰とも親しくはない）を「知人のみ」あり、3 いないと9 わからない、を「友人・知人なし」とみなして以降の分析を行う。なお「友人」ありは友人のみ、または友人も知人もいる者であり、「知人のみ」ありは知人しかいない者と定義されるため、両者は相互に排他的である。

(8) Nagayoshi（2009）では、日本における外国人に対する排外意識の規定要因をJGSS二〇〇六のデータを用いて分析した。Nagayoshiは、多くの先行研究が女性であることが排外意識を低くする傾向にあると示していることを述べた上で、JGSSのデータにおいてもその事実を確認している。

(9) たとえば、田辺（2008）は日本人が、西欧諸国に対しては高い好感度を持つ半面、アジア諸国を軽視する傾向があることを指摘し、国別の好感度の研究と、それらの国出身の外国人に対する排外意識の研究をつなぐことができる可能性を示唆している。

(10) 第1章の図1-8では、同一の質問について「わからない」を欠損値として処理し、記述統計を示したが、ここでは「わからない」を選んだ回答についても欠損値として扱わずに、ダミー変数を作成した。

(11) もっとも、タイを含む東南アジアには旧華僑と新華僑が混住しており、質問の中にある中国人が、何を想起させたのかがわかりにくいといった問題もある。この点の詳細な検討は、今後に委ねざるを得ない。

(12) アジア学生調査第二波調査の対象大学は、それぞれの国・地域における「エリート大学」が多く含まれている。詳しくは園田による序章の説明を参照されたい。

第2部　アジアにおける流動性の高まりとその帰結

第4章　英語化するアジア？
――アジアの学生に見る言語意識

井手佑翼・寶　麗格

1　はじめに

アジア統合に関する既存の研究は経済や政治面に関するものが多く、また現状を見ても経済的な統合が先行し、文化的な統合や交流はかなり限定されたものにとどまっている。だが、アジアがより深い統合を目指すのであれば、文化の要素も無視することはできない。共同体の言語をめぐる問題は、その一つの中心ともいうべき存在である。

二〇〇五年度の「日本語教育スタンダードの構築をめざす国際ラウンドテーブル」基調報告には、次のような文言が含まれている。

アジア域内の経済連携協定が各国間で進展し、アジア通貨統合も話題に上る現在、ヨーロッパに倣って、アジア域内での人の移動を支援するため、日本と日本語が率先してアジア主要言語のための統一的な外国語教育基準、能力測定基準をまず東アジア地域に導入し、日本語、中国語、韓国・朝鮮語を中心にその活用を推進することが今後の課題となってくる（国際交流基金 2007）。

海外の日本語教育において重要な役割を担っている国際交流基金が、日本語は中国語や韓国・朝鮮語とともにアジア内の主要な共通言語の一つとして活躍すると見込んでいることが、ここに示唆されている。

一方、Crystal（1997）が『地球語としての英語（English as a Global Language）』と表現したように、今日英語は世界規模で重要な情報伝達の手段として認識されている。とくに成長著しいアジアにおいて、英語の使用者人口はインドに約三億三三〇〇万人、中国に約二億人存在するなど、今やインナー・サークル(1)のそれを上回っている（Kachru 2005）。東アジア・東南アジアの中では、イギリスの植民地であったブルネイ、マレーシア、シンガポール、そしてアメリカの植民地であったフィリピンで、英語は特別な地位を獲得した。ＡＳＥＡＮは、二〇〇九年に署名されたＡＳＥＡＮ憲章の中で作業言語を英語とすることを定めており、教育においても、その加盟国のほとんどは地域の言語より自国の国語と英語を学ぶことを国民に求めている（Kirkpatrick 2012）。

地域統合の代表例とされるＥＵでは、欧米連合基本権憲章二二条によって言語の多様性を尊重することが謳われ、多言語主義や多言語教育に関する議論が盛んに行われてきた。その結果、ヨーロッパでは言語教育の充実が進み、今日ではヨーロッパ人の五四％は母語の他に少なくとも一言語、二五％は母語の他に少なくとも二言語を話すことができるとされる（European Commission 2012）。その一方で、ヨーロッパに劣らない多様性を持つアジアの言語は現在どのような状況下に置かれ、どのような未来に待ち受けられているのだろうか。また、学習する言語の選択の背景にある要因は何だろうか。

アジア学生調査の対象となった各国の上位大学生は、アジア言語の将来を形づくる重要なプレイヤーであるため、彼らの言語に対する意識を調べることは、その将来像を描くための絶好の材料となる。アジアの学生たちはどの言語を重要で、今後も重要であり続けるとみなしているのだろう。彼らの意識の内では唯一英語のみがアジアの共通語として君臨しているのか、あるいはその他の言語も加わって、多様な言語環境が想定されているのだろうか。

本章ではこうした問題意識から、アジア学生調査のデータを用いつつ日本語、中国語、韓国・朝鮮語、英語を主な議論の対象として分析を行う。

2　グラッドルの三つのシナリオ

アジア八カ国の学生を対象に、将来自分の子どもにどの外国語を学ぶよう薦めるか、という質問がなされることは、かなり新奇性の高い試みだが、アジアにおける言語に関しては、言語学などの分野から研究が蓄積されてきた。

二一世紀の到来以前、Graddol（1997: 58）は、経済活動や通信交通の活発化が予想されるアジアの国ぐにおいて、言語の未来に関して三つのシナリオが考えられると述べていた。

その一つ目は、英語に対する投資が簡単に捨て去ることができないほど大きく、エリート層も英語が使えることによる特権的地位を脅かそうとはしないことから、英語が国際コミュニケーションの手段として好まれる言語であり続けるシナリオ。二つ目は、中国語が中華圏の共通語として需要を高め、東南アジアの華僑とのビジネスを構築しつつ地域内でより重要になるシナリオ。第三のシナリオは、支配的な共通語は現れず、多くの地域言語が外国語として学ばれるというものであり、地域内の貿易が隣国同士で最大になる場合、隣接する言語を学ぶ需要が大きくなるだろうというものである。

本章では、これらのシナリオのうちどれが最も高い妥当性を持つかについて、吟味してみることにしたい。

ている。

3　調査概要と結果

冒頭の問いに答えることを目指し、アジア学生調査第二波調査では、次のような質問が設けられている。

いまから二〇年後、あなたに大学の入学試験を通過したばかりの子どもがいると想像してみてください。もし子どもから「将来のためにどの言語を学ぶべきか」と訊かれたら、あなたは以下の言語を学ぶことを薦めますか。もっともよく当てはまるものを一つずつお選びください。ただし、子どもが外国語を習得するために使える時間とお金は限られているということに留意してください。以下の言語があなたの母国語である場合には、「母国語」を選択してください。(2)
(Q19)

この質問に対し、「薦める」または「どちらかといえば薦める」と答えた学生の割合が、表4-1に示されている。この質問に対する回答から見えてくるであろうと期待されるのは、アジアの学生たちが今から二〇年後の自国、アジア、あるいは世界において、どの言語が重要であると考えているのかという問いに対する答えである。「使える時間とお金は限られている」という但し書きが付

表4-1　自分の子どもに以下のどの言語の学習を薦めるか

国	中国		日本		韓国		台湾	
1	英語	99.4%	英語	99.3%	英語	99.4%	英語	99.5%
2	フランス語	67.6%	中国語	76.7%	中国語	93.7%	日本語	89.0%
3	ドイツ語	63.5%	フランス語	51.5%	スペイン語	61.9%	スペイン語	71.8%
4	日本語	52.1%	スペイン語	44.6%	日本語	55.9%	ドイツ語	70.7%
5	スペイン語	51.1%	ドイツ語	44.4%	フランス語	51.7%	フランス語	65.3%
6	韓国・朝鮮語	31.8%	韓国・朝鮮語	29.3%	ドイツ語	48.8%	韓国・朝鮮語	46.0%
7	ロシア語	25.8%	ロシア語	20.0%	ロシア語	32.0%	ロシア語	31.5%

国	シンガポール		タイ		ベトナム		フィリピン	
1	英語	99.6%	英語	99.5%	英語	98.2%	英語	98.4%
2	中国語	93.1%	中国語	94.7%	日本語	94.0%	中国語	77.5%
3	日本語	59.8%	日本語	86.8%	フランス語	87.3%	スペイン語	71.5%
4	フランス語	52.4%	フランス語	74.3%	中国語	81.0%	フランス語	67.6%
5	韓国・朝鮮語	50.7%	ドイツ語	66.0%	韓国・朝鮮語	75.8%	日本語	67.5%
6	スペイン語	44.1%	韓国・朝鮮語	60.0%	ドイツ語	69.8%	ドイツ語	46.9%
7	ドイツ語	32.0%	スペイン語	60.0%	ロシア語	67.8%	韓国・朝鮮語	43.6%
8	ロシア語	32.0%	ロシア語	51.6%	スペイン語	62.6%	ロシア語	25.8%

け加えられていることで、回答者はより慎重に、自分の子どもにとって有益な言語を選択することが求められている。

以下では、この結果を中心とし、アジア学生調査第二波調査の他の質問との関連に言及しながら、考察を進めていく。なお本章で議論する「アジア」は、この調査の対象となった東アジアおよび東南アジア地域に限定したい。

表4-1において、まず目を引くのは英語の重要性認識の高さである。英語については、調査対象となったすべての国で九八％以上の学生が子どもに学習を薦めたいと考えており、もっとも重要視されていることがわ

かる。ここから、英語の学習熱がアジア全体に広がっており、この風潮は少なくとも今後数十年は続くと考えられていることが推測される。

だが、注目すべきは英語だけではない。アジアの言語である中国語や日本語も広範囲で英語に次ぐ高い支持を得ており、中国語についてはすべての国で七五％以上、日本語についてもすべての国で過半数の回答者が学習を薦めたいと回答した。とくに、中国語は韓国とシンガポール、タイで、日本語はベトナムと台湾で、それぞれ九〇％前後の高い支持を集めている(3)。中国語と日本語もまた、将来のアジアにおいて有用な言語だとみなされているのである(4)。では、これらの背景にある要因は何だろうか。

4　分析と考察

外国語学習に対する学生たちの認識の傾向を調べるため、本節ではQ19と他の質問に対する回答結果の間の相関関係を検討する。ここで用いる質問は、「以下の各国があなたの国によい影響／悪い影響を与えていると思うか」を尋ねるQ3、「以下の各国への留学にどの程度興味を持っているか」を尋ねるQ15、そして「この一年間、以下の活動（大衆文化の視聴）をどのくらい頻繁にしたか」を尋ねるQ20である。これらの相関関係が、表4-2から表4-4にまとめられている。

表4-2　各国が自国に与えている影響の印象（Q3）と各言語の評価（Q19）の相関関係

	スピアマンの順位相関係数	有意確率	N
Q3（e）日本×Q19（f）日本語	.357**	.000	3,562
Q3（k）韓国×Q19（g）韓国・朝鮮語	.269**	.000	3,227
Q3（b）中国×Q19（h）中国語	.233**	.008	2,710
Q3（l）台湾×Q19（h）中国語	.051**	.022	2,725
Q3（n）アメリカ合衆国×Q19（a）英語	.095**	.000	4,067
Q3（a）オーストラリア×Q19（a）英語	.029	.063	4,050

注）**は相関係数が両側1%水準で有意であることを示す。

表4-3　各国への留学に対する興味（Q15）と各言語の評価（Q19）の相関関係

	スピアマンの順位相関係数	有意確率	N
Q15（h）日本×Q19（f）日本語	.453**	.000	3,163
Q15（m）韓国×Q19（g）韓国・朝鮮語	.391**	.000	2,778
Q15（b）中国×Q19（h）中国語	.218**	.000	2,305
Q15（n）台湾×Q19（h）中国語	.103**	.000	2,271
Q15（q）アメリカ合衆国×Q19（a）英語	.132**	.000	3,599
Q15（p）イギリス×Q19（a）英語	.101**	.000	3,582

注）**は相関係数が両側1%水準で有意であることを示す。

日本語

ではこれらの表から、どのような傾向を見いだすことができるだろうか。まず表4-2から、日本が自国によい影響を与えていると考える人ほど、日本語を子どもに薦めたいと回答していることがわかる。韓国と韓国・朝鮮語、中国と中国語の間ではこの傾向はやや弱く、アメリカと英語の間ではさらに弱くなる。

同様に表4-3、および表4-4から、日本語を子どもに薦めたいと答える学生は、日本への留学に興味があり、日本の大衆文化への接触頻度も高い傾向があるとわかる。韓国・朝鮮語と韓国の間にも

表4-4　各国の大衆文化の視聴（Q20）と各言語の評価（Q19）の相関関係

	スピアマンの順位相関係数	有意確率	N
Q20（a）日本のドラマ・映画・アニメ×Q19（f）日本語	.306**	.000	3,676
Q20（b）韓国のドラマ・映画・アニメ×Q19（g）韓国・朝鮮語	.377**	.000	3,322
Q20（c）中国・台湾・香港のドラマ・映画・アニメ×Q19（h）中国語	.158**	.000	2,781
Q20（d）アメリカのドラマ・映画・アニメ×Q19（a）英語	.056**	.000	4,065
Q20（f）日本語の歌×Q19（f）日本	.282**	.000	3,649
Q20（g）韓国・朝鮮語の歌×Q19（g）韓国	.380**	.000	3,308
Q20（e）中国語の歌×Q19（h）中国語	.190**	.000	2,773
Q20（h）英語の歌×Q19（a）英語	.088**	.000	4,064

注）**は相関係数が両側1％水準で有意であることを示す。

同様の傾向があることが窺われるが、中国語と中国、台湾、ないし中国・台湾・香港の間でこれらの相関係数は低く、英語とアメリカ、イギリス、またはオーストラリアの間では無相関に近づく。

以上の分析から、次のような推論を行うことができる。日本語に対する重要性の認識は、日本の自国に対する影響のイメージ、日本留学への興味、日本の大衆文化への接触頻度とそれぞれ中程度の相関関係を持つことから、これらの要素からある程度の影響を受けていると考えられる。似た傾向は韓国・朝鮮語と韓国の間でも見られるが、中国語と中国の間では弱まり、英語とアメリカ、イギリス、またはオーストラリアの間ではほとんどなくなる。

すなわち、中国語の重要性認識は中国や台湾の国のイメージなどとはあまり強い結びつきはなく、さらに英語はアメリカをはじめとする英語国のイメージなどと、ほとんど関係なく非常に重要だとみなされていることになる。

日本語がベトナム・タイの二カ国で高い支持を得ている理由としては、日系企業への就職に興味のある学生が多いことも考えられる。今回の学生調査において、ベトナムでは三二・一％（一五七人）、タイでは二二・四％（七一人）の学生が日系企業で働きたいと回答している（単数回答）。自国企業で働きたいという回答がベトナムで二六・五％、タイでも二九・一％にすぎないことを考えれば、この数字がいかに高いかがわかるだろう。日系企業で働きたいと回答した学生のうち、ベトナムでは九八・一％、タイでは九三・〇％が日本語を子どもに薦めたいとしている。

アジア学生調査の結果のみで日本語が重要とみなされている理由のすべてを説明することはできないが、以上の結果から、日本が回答者の国に与えている好影響や好印象がその重要な一部をなしていることがわかる。

日本は企業の進出先としてだけではなく、戦後賠償の意味を込めた経済援助の対象としてもアジア諸国を重視してきた。とくに、ベトナム、タイ、フィリピン、インドネシアといった東南アジアの国ぐににとって日本は最大のODA供与国であり、インフラの整備などに多大な貢献をしてきた。中国に対するODAは現在、限定的なものに縮小されているが、一九七九年以降の対中ODAも発展途上の中国経済に寄与したところは大きい（外務省 2014）。こうした日本の外交政策も、アジア諸国に対して経済的な好影響や友好関係をもたらし、日本語の重視につながっていると考えられる。

そもそも、近年の世界、とくにアジア地域において、日本語の学習者数はどのように変わってきたのだろうか。

国際交流基金（2013）の一九七九年度調査および二〇一二年度調査によれば、日本語教育の機関数はこの三三年間に一一四五機関から一万六〇四六機関へ、学習者数は一二万七一六七人から三九八万五六六九人へと増加し、海外における日本語教育は常に増加を続けて大幅な拡大を達成した(5)。二〇一二年度調査において地域別に学習者の比率を見ると、東アジアが全体の五四・一％（中国二六・三％、韓国二一・一％など）、東南アジアが二八・四％（インドネシア二一・九％、タイ三・三％など）を占め、この二地域に八割以上の学習者が集中している。

さらに二〇一二年度調査を見ると、日本語学習の目的として最も多くの機関が挙げているのは「日本語そのものへの興味」（六二・六％）である。次いで「日本語でのコミュニケーション」（五五・五％）、「マンガ・アニメ・J-POP等が好きだから」（五四・〇％）、「歴史・文学等への関心」（四九・七％）、「将来の就職」（四二・三％）などが並び、「日本への留学」を理由に挙げた機関も三四・〇％に上っている（国際交流基金 2013）。

これらの数値から、日本語学習への態度が日本の大衆文化への接触や、日系企業への就職、日本への留学に対する関心と深く関係していることが読み取れる。文化については、大衆文化だけでなく、歴史・文学という伝統的な側面、そしてそれらの基底をなす日本語そのものが、日本語の学習者を惹きつける磁力となっていることが窺える。

中国語

中国語は、どのような理由から子どもに薦めたい言語と考えられているのだろうか。

中国の急速な経済成長が多くの人びとの注目を集めるようになって久しいが、経済大国としての中国の台頭は、中国語学習の評価にどのような影響を与えているのだろうか。前項の分析からは、中国語の重要性認識は中国や台湾のイメージ等と弱い相関しか持たないことがわかったが、その認識を規定している要素は何かを本項で検討する。

その最大の要因として考えられるのは、やはり中国の台頭である。アジア学生調査第二波調査の結果からは、中国の台頭により中国語を話す人が増えると考える学生ほど、子どもに中国語を薦めたいと答える傾向が観察された（順位相関係数 $\rho = .290^{**}$、N = 2792）。「中国はアジアにおける影響力という点で、アメリカに取って代わるだろう」および「中国の台頭は私たちに多くのチャンスをもたらす」の二項目も、それぞれ $.228^{**}$（N = 2782）、$.225^{**}$（N = 2778）の順位相関係数を示した。

Sheng Ding and Robert A. Saunders（2006）によれば、中国語の実用的価値は既に世界の多くの場所でフランス語やドイツ語、日本語のそれを超えており、中国語教育に対する世界の需要は、中国の経済成長と並行して高まってきたという。今後、中国の影響力がさらに拡大することを見越して、子どもに中国語を薦めたいと考える学生は、決して少なくないだろう。

また、アジアの一員としての意識の高さを尋ねる質問とQ19の相関係数を調べたところ、中国語を子どもに薦める傾向との間では順位相関係数.120**（N＝2801）、日本語を薦める傾向との間では.081**（N＝3689）が得られ、弱い相関関係が見られた[6]。ここから、みずからをアジアの構成員と考える学生ほど子どもに中国語や日本語を学んでほしいと答える、緩やかな傾向があることが読み取れる。アジアの代表的言語である中国語や日本語を重要視することは、アジアを一つのまとまりある地域として捉えることに通じており、アジアの地域統合にもポジティブな影響を与える可能性が示唆される。

それでは、中国語の学習は近年どのように広がっているのか。

二〇〇四年に設立された中国語・中国文化の教育機関である孔子学院のデータ（国家汉办2014）によれば、二〇一三年度末の時点で、全世界で四四〇の孔子学院と、その分校に当たる六四六の孔子課堂の、合計一〇八六機関が存在し、これらの機関に登録されている生徒は合計で八五万人に達する。開設間もない二〇〇六年末の時点で、孔子学院は一一二機関にしかなく、生徒も一万三〇〇〇人程度しかいなかったことを考えると、短期間のうちに中国語の教育が強力に推進され、確実に拡大されているということができる。

ただし、孔子学院はその多くが欧米に設置されており、中国語学習者の数を直接反映しているのかという点には疑問が残る。二〇一三年度末の一〇八六機関の内訳は、ヨーロッパで三〇二、北アメリカで四八七を数えるのに対し、アジアでは韓国、日本、タイなどを中心に一四三機関のみである。孔子学院は基本的に海外の大学に設置されるため、国際的な展望を持ち、孔子学院に出資することのできる高水準の大学が多い先進地域＝欧米に集中しやすい（Starr 2009）。また、孔子学院の推進は、中国政府によるソフト・パワーを高めるための施策の一環と見ることもでき（Nye 2011）、中国がその照準を欧米諸国に合わせた結果、孔子学院が欧米に多く建てられた側面もあるだろう。

中国政府公認の中国語能力試験であるＨＳＫの受験者も、二〇〇八年の六万七五五八人から二〇〇九年には七万六〇八八人、二〇一〇年に試験が新ＨＳＫへと変更された後も九万八二九一人へと急速に増加を続けている（漢語考試服務網 2012）。二〇一〇年のＨＳＫ受験生は八八％がアジアにおり、もっとも受験者の多い五カ国は韓国（五四％）、タイ（七％）、シンガポール（七％）、日本（六％）、インドネシア（五％）であった。

日本語能力試験が二〇一〇年以降、毎年六〇万人前後の受験者を確保しているのに比べれば、中国語学習者の伸びはいまだ発展途上にある。[7] 今後の中国語学習者の増加は、中国が経済的、政治的、文化的な力をどの程度まで高めることができるかにかかっており、学習者増加の程度はその一つの指標にもなるだろう。

韓国・朝鮮語

日本語や中国語と比較すると、韓国・朝鮮語は子どもに薦めたい言語として、それほど高い支持を集めているとはいいがたい。しかし、韓国・朝鮮語は近年各地で学習者を獲得している言語でもあり、たとえば二〇一三年度のＮＨＫ外国語講座（テレビ）のテキスト売り上げは、英語以外では韓国・朝鮮語が一番人気で、一三年度は一二月までにもっとも売れた月で二四万部を記録したほどである（『朝日新聞』二〇一四年一月八日朝刊）。

韓国・朝鮮語を重要視する学生の持つ傾向も興味深い。日本語の項で述べたように、表４‐２、４‐３および４‐４からも、韓国・朝鮮語と韓国の間には日本語と日本の間と類似した関係があることがわかる。中でも韓国・朝鮮語の評価に特徴的なのは、大衆文化への接触との間に比較的強い相関が見られる点である。音楽、ドラマ、映画など、多岐にわたる韓国大衆文化の海外進出は、とくに二〇〇〇年代から進展してきた。直接的にではないかもしれないが、この海外進出の成功がアジアの学生の韓国・朝鮮語に対する評価に影響を及ぼしている可能性が高い。

韓国・朝鮮語を薦めたいと答える学生がとくに多かったベトナムでは、韓国系企業で働きたいとの回答が五・八％に達していたことから、韓国系企業のアジア進出も理由の一つと考えうる。韓国政府も日本や中国と同様、海外での韓国・朝鮮語の普及を目指して世宗学堂と呼ばれる教育機関の増設を進めてきた（『朝日新聞』二〇一〇年三月三一日朝刊）。韓国・朝鮮語の評価も日本語や中国語と同様に、複合的な要因によって決定されていると考えるべきだろう。

近い将来、韓国・朝鮮語が実用的価値の面で中国語や日本語を抜くとは考えにくいものの、一定の需要は保ち続けるだろう。

英語

最後に、アジアの言語でないにもかかわらず、アジアで最も重視される言語となった英語を改めて検討しよう。

日本語の項では、英語はアメリカやイギリス、オーストラリアといった英語国が自国に与える印象や、留学への興味、大衆文化への接触とほとんど無関係に重要とみなされていることが認められた。ここから、英語はもはや英語国だけのものではなくなったということができる。

では、ほとんどの学生が英語を子どもに学んでほしいと考える理由は何か。それは英語がアジアのみならず世界で最も有用かつ重要な言語となっているからだと考えて間違いないだろうが、具体的にそれはなぜだろうか。

なぜ英語が「地球語」となっているのかという問いに対するCrystal（1997）の答えが参考になる。英語が世界規模で重視されるようになった主要な理由として、一八世紀から一九世紀末にかけてイギリス、ついで二〇世紀以降、とりわけ冷戦終結後はアメリカが世界各地で強い影響力を持つ覇権的国家となったことがしばしば指摘されてきた。Crystal（1997）はこの点を踏まえたうえで、英語がその位置に留まり、発展し続けている要因として、次のような点に言及している。

まず、英語が世界のすべての地域におけるほとんどの国際機関の公用語になっていることや、世界で最も影響力のある新聞社や放送局の多くが英語国のものであることなどから、報道や情報収集などの分野に携わる世界中の人びとは英語を使いこなす能力を求められ、英語の能力なしには情報面で孤立の危機に瀕することになる。また、教育や研究における英語の優位は、とりわけ科学・技術の分野で圧倒的であるため、最先端の豊富な知識への接近を役割とする学校において英語が主要な外国語に選ばれる。通信の分野においても、アメリカが先導するインターネットへの参入が拡大するにつれて、その基本言語である英語の重要性は増すと考えられる（Crystal 1997）。

他にも注目すべき要因は多くあり、これらは相互に結びつきながら、英語が最も重要視され続ける基盤を形成している。このように多岐にわたる英語の支配的地位に大きな変化がない限り、アジアにおいて英語の学習熱が冷めることはないだろう。

5　おわりに

本章では、アジアの広い範囲で、英語だけでなく日本語や中国語が今から二〇年後においても、ある程度重要であり続けると考えられていることを明らかにし、その理由を検討した。日本語については日本の外交政策や、大衆文化などの文化的魅力による日本の好印象、中国語については中国の経済成長がもたらす中国語の有用性の増大が、それぞれその有力な候補として浮かび上がってきた。

だが、実際に日本語や中国語を話すことのできる学生は決して多くない。中国語で日常会話以上ができると答えたのは、シンガポール・香港を含む中華圏の大学を除けば、わずか四・七％。シンガポール・香港の学生を計算に入れても一八・一％にすぎない。日本国外で日本語の会話力を持つ者は、東アジアを中心に六・四％のみである。英語については、日常的に英語が使われるシンガポールとフィリピンを除いても七二・一％の学生が日常会話以上の能力を持つと答えている。

未来の展望についても、アジア学生調査第二波調査のQ19を細かく検討すると、それぞれの言語を「薦める」と答えた学生は中国語四九・六％、日本語二四・九％に対し、英語は九三・四％に上る。ASEAN諸国において、公立の学校で他のASEAN加盟国の国語が教えられることはまれで（Kirkpatrick 2012）、現状では、アジアにおける英語学習熱は中国語や日本語のそれを圧倒している。アジアの統合を考える際にも、英語がその基軸言語となる可能性がもっとも高いと考えてよいだろう。

また、残念ながら今回のアジア学生調査において、その他のアジアの重要な言語であるインドネシア語やマレー語、タイ語、ベトナム語などに対するアジアの大学生の態度を測ることはできなかった。とくにインドネシア語とマレー語は類似した言語で、これを一つの言語とみなせば、インドネシアやマレーシアのほかシンガポールやブルネイなどに、合わせて約二億人の話者が存在するとされる（Lewis ed. 2009）(8)。これらの国が経済的、政治的、文化的に成長すれば、今よりはるかに多くの学習者が現れる可能性は残っている。こうしたアジアの諸言語も含め、どのような言語空間が想定されているか調べることは、今後の課題の一つになるだろう。

アジアにおいて外国語を積極的に学習する人びとが増加していることも、日本語や中国語が学ばれるようになってきた要因の一つだと考えられる。たとえば、後期中等教育への入学率は一九九九年から二〇〇九年の間に全世界で四五％から五六％に増加したが、この成長を牽引した東アジアおよび太平洋地域ではとくに、この間四五％から六六％への急速な増加が見られた（UNESCO Institute for Statistics 2011）。教育や生活の水準が上昇を続ける中、若者のあいだで自国語と英語に加えて、有用性の高い中国語や日本語を学ぶ意欲や余裕が生まれてきたと推測することができる。

東南アジアの途上国や中進国における教育は、豊かな欧米諸国や日本、韓国といった先進地域の水準とまだ差が見られるため、さらなる発展の余地が残っている。そのため、中国語の人気が高まったとしても、必ずしもその他の言語の人気が奪われることを意味しない点に留意する必要があるだろう。

冒頭で紹介したGraddol（1997）の三つのシナリオに関して、本章の分析のみで、どれが最も強い説得力を持つか判断するのはむずかしい。そもそも三つのシナリオは互いに両立しうるものであり、国際コミュニケーションの種類によっても、好まれる言語は大きく分かれることが考えられる。

現状で調査対象のすべての国で大半の学生から子どもに薦めたい言語と考えられている中国語の可能性については、中国経済がどこまで大きくなるか測りきれないため、未知の部分も大きい。だが、東南アジアに点在する華僑勢力の伸長も考慮に入れ、中国語が今後大きな学習者の増加を経験する確率は高いといってよいだろう。

一方、主にアメリカの強い影響力の下で形成された英語による各種のネットワークはアジアの国ぐににも深く浸透しており、英語は今や英語国の手を離れたともいえる。英語が国際コミュニケーションの主要な手段として好まれる状況は、当分の間、大きく変わらず、中国語が英語に取って代わることもないだろう（Yano 2009）。アジアにおける英語の使用人口や学習者人口は高い水準を保つと予想され、とくに発展途上国では、英語教育が拡大するにつれて、学習者がさらに増えるかもしれない。

アジアの地域統合は、こうした言語状況の中で、具体的な形を示すことになる。

注

（1）英語が第一言語として機能している地域を指し、アメリカ、イギリス、オーストラリア、英語圏カナダなどが含まれる（Karchu 2005）。

（2）たとえばシンガポールでは、中国系学生は基本的に母語として中国語を習得しているため、中国語を重要と認める中国系以外の学生の割合がシンガポールにおける中国語のパーセンテージに表れる。

（3）表4-1から、台湾において日本語、シンガポールにおいて英語、ベトナムにおいてフランス語、フィリピンにおいてスペイン語が、それぞれ他国に比べて多少重視されていることも見いだせるが、これは各国において旧宗主国との政治的・経済的・文化的つながりが残存しているためだと解釈することができる。韓国で日本語の評価が高くないのはこの例外にあたるが、これは統治期間の相対的短さなどによるものかもしれない。

（4）二〇一二年のユーロ・バロメーター調査（European Commission 2012）から、中国語はアジアだけでなくヨーロッパにおいても重要な言語とみなされるようになりつつあることがわかっている。子どもが将来のために学ぶ言語を考えたとき、どの言語が役に立つと思うか（最大二つ）、という質問に対して「中国語」と答えた回答者は一四％に上り、英語（七九％）やフランス語（二〇％）、ドイツ語（二〇％）、スペイン語（一六％）に次いで五番目に多かった。この数字は、二〇〇五年に行われた同調査の時点と比較して一二ポイント上昇しており、とくに自分の子ども世代を考えたとき、中国語の学習を有益と答える人びとが、世界的に増加傾向にあることが窺える。ちなみにこの期間、英語は二ポイントの上昇にとどまり、フランス語とドイツ語に至っては、それぞれ一三ポイントと八ポイントの減少となった。

（5）国際親善や異文化交流を主目的とする教室や講座、テレビ・ラジオ・書籍・雑誌・インターネットなどで日本語を独習している学習者は総数には含まれないため、実際の日本語学習者はさらに多いものと考えられる（国際交流基金 2013）。

（6）英語については順位相関係数 ρ = .008（N = 4087）で有意でなく、韓国・朝鮮語では ρ = .062＊＊（N = 3333）であった。

（7）一九八四年に始まった日本語能力試験は、一九九七年に受験者を一〇万人台に乗せ、二〇〇九年に最多の七六万八一一三人を記録した（日本語能力試験 2014）。

（8）このうち約一億四〇〇〇万人は、インドネシア語の非母語話者である。

第5章　アジアの域内留学は活発化するか
――留学志向の比較社会学

西澤和也・田代将登

1　はじめに――高まる留学熱

ビジネスや旅行など、さまざまな目的で人や物が国を越えて移動するグローバル化の時代にあって、留学に対する注目が集まっている。昨今話題となった大学の秋入学制度や四学期制度の導入も、その大きな理由として留学の促進を掲げている。こうした潮流の中で、二〇一一年には年間五万七五〇一人の日本人が海外へ、二〇一三年五月一日時点では一三万五五一九人の留学生が日本へと、それぞれ留学している（文部科学省 2013）。

仕事を始めてから留学経験が持つ意味は大きい。日本学生支援機構の留学経験者への追跡調査では、半数以上が「仕事などに役立っている」と回答し、九割以上の回答者が「留学経験は今後の人生でも役立つだろう」と回答しており、留学の有用性が認識されている（日本学生支援機構 2013）。

近年の留学動向の特徴として、留学先の多様化が挙げられる。たとえば、日本からの留学先を二〇〇四年と二〇一二年で比較すると、いずれもアメリカ合衆国が留学先として最大規模を誇っていることに変化はないものの、「アジアへの留学」数は増加傾向を見せ、留学先としてアジアのプレゼンスが大きくなっている（日本学生支援機構 2005; 2013）。他方で、日本人留学生に占めるアジア留学者の割合を比較すると、二〇〇四年には二二・〇％であったものが二〇一二年には三一・九％へと上昇しており、「アジアからの留学者」も存在感を強めている。

留学数の量的な変化だけでなく、その質的な意味変化も起きている。就職の際に、英語圏での留学経験者に並んで、中国語圏での留学経験が重視されるとする結果も得られており（大西 2007）、アジアへの留学が一種のステータスになりつつある。

留学の定義

一口に「留学」といっても、その内実は多様で、これが指す中身は存外明確でない。「学ぶことを目的とした外国での滞在」を指していることは間違いないとしても、何を目的に、どこで、どのくらいの期間滞在するのか、どのような手段や経緯で留学しているのかなど、実態はさまざまである。日本の大学生を例にとって見ても、協定校への交換・派遣留学や休学をしての私費留学、語学や文化研修を目的とした短期留学など、留学の形態は多岐にわたる（小林 2011）。

本章は留学の実態ではなく、留学に対する意識に着目し、アジアにおける留学の意味を探ることを目的にする。そのため、留学の主観的意味を重視し、「留学」の定義を、各回答者が想定する「留学」を包含するような、「学ぶことを目的とした外国での滞在」程度の広い意味でとっておきたい。

本章の目的

日本では留学数が量的増加を見せ、留学先として欧米からアジアへという行き先の広がりが窺えることは先に指摘した。この傾向は、日本以外のアジア諸国でも同様なのだろうか。もし同様であるとしたら、それはどのような理由から生じているのだろうか。

欧米においては、留学先や留学が持つ意義に関する研究は多数行われており、アメリカの学生がアジアや南米に留学する機会が増加したことや（Wells 2006）、留学経験が職業生活に影響を及ぼすことが明らかにされている（Franklin 2010）。しかしながら、アジアに関する研究は少なく、アジア内の留学希望や、その行き先、留学理由に関する研究は、活発に行われてきたとはいいがたい。

そこで本章では、以下の三つの問いをもって、アジアの域内留学が活発化しているのかどうかを検証し、その理由を探っていくことにしたい。

第一の問いは、「アジアの大学生の留学志向は強まったか」。

アジアにおける留学生移動は今後も増加していくことが予想されるが、現状ではその留学先はアメリカが大部分を占めている（杉村 2008）。こうしたアジア人の留学、すなわち「アジアからの留学」は従来、受け入れ国側からしか明らかにされてこなかった。その理由として、送り出し側であるアジア側の実態把握が困難であったことや、欧米中心に研究が行われてきたこと、留学という観点からアジアを見ることが少なかったことなどが挙げられる。そこで本章では、アジア学生の留学意思を分析することにより、送り出し国側からアジア人学生の留学志向を明らかにし、アジア人大学生に見られる留学意識の変化を検証したい。

第二の問いは、「アジア域内への留学志向は強まったか」。

先に示したように、日本では欧米一辺倒の留学が徐々にアジア留学へと目を向ける兆しが見られる。日本の大学では、英語圏への留学希望が依然として大きい割合を占めてはいるものの、それに次いで中国や韓国が留学先として希望され（池田 2011）、反対に、日本への留学を見てもアジア圏内からの留学生が九〇％を超えるなど、留学をめぐるアジア内移動の大きさが窺える（日本学生支援機構 2013）。また、アジア全体を見ても、留学生の送り出し先が徐々に脱欧米化してきており（東アジア共同体の学術基盤形成委員会 2011）、アジア内移動の増加が予想される。アジア内流動を「アジアから」「アジアへ」というプッシュとプルに分けて考えるならば、一つ目の問いはプッシュについて、二つ目の問いはプルについての検証となる。

第三の問いは、「アジアの大学生は何を目的に留学するのか」。

日本への留学を希望する学生は、主に日本社会への興味や、日本語・日本文化を勉強したいという理由で留学先に選んでいることが明らかとなっている（及川ほか 2012）。また、外国語能力の向上や国際的視野の涵養が留学のメリットとして学生に認識されている（河合ほか 2011）。しかし、こうした研究は一国におけるケーススタディや、多くても二、三カ国の比較によるものが多く、留学について広くアジアを対象とした研究は、管見の限り行われていない。

そこで、本章ではアジア全体の傾向を捉え、いまアジアにおいて留学は何を目的に行われているのかを明らかにする(1)。

2　留学に関する先行研究

従来の留学に関する研究には、大きく二つの方法があった（河合ほか 2011）。一つは、国家レベルの視座から留学を描くもので、留学生の送り出し国と受け入れ国のそれぞれの社会的要因と留学生数の関連を検討するものである。そこでは留学生数に影響を与える社会的要因として、受け入れ国の生活水準や送出国の奨学金プログラム数、一人当たり所得などが用いられている。もう一つの研究方法は、個人の視点から留学を説明するもので、質問票調査をもとに個人の属性や意向がどのように留学志向に反映されるかを分析したものである。具体的には、所属学部や外国語運用能力、将来のキャリア志向などが説明変数として使用されている。

国家レベルで留学を捉えた研究としては、送り出し一七カ国、受け入れ二三カ国のデータから、留学受け入れ国の科学技術水準の高さが留学生の呼び込みを促すこと、受け入れ国での生活費や送り出し国の失業率や、奨学金プログラム数など、金銭的な要因が留学の促進・抑制に作用することを明らかにした丁ら（2005）の研究がある。また、OECD中の七カ国から日本への留学生数をマクロな要因から説明し、日本の一人当たりGDPが高まれば、日本への留学生数が増加、経済的援助によって留学生獲得が促進されるとする及川ら（2012）の研究もある。

他方で、留学に関する個人の志向を調査した研究としては、河合ほか（2011）が挙げられる。この研究では、京都大学と中国・浙江大学の学生に対する質問票調査をもとに、両大学学生の留学志向を比較し、中国の浙江大学と日本の京都大学では、学生が留学先で得ることに対する期待の度合いが、項目によって大きく異なることが明らかにされている。また大西（2007）は、アジア留学経験者へのインタビュー結果や、東証一部上場企業へのアンケートの結果を用い、アジアへの留学が欧米への留学とは異なる意味を持ち、それが企業によっては前向きに評価されることを指摘している。さらに、留学経験者へのインタビューを通して留学の実態を明らかにした、小川（2006）の研究もある。

このように、大学生や留学経験者などを対象に質問紙調査やインタビュー調査を行い、個人の留学志向を明らかにしているのが、個人レベルにおける留学研究の特徴である。

既存の研究では、マクロデータを用いた多国間比較は個人の留学意志に踏み込むことができず、個人レベルでの留学意識研究では多数の国を比較することができないといった難点があった。(2)アジア全体の留学の傾向を明らかにするためには、アジア多国間の比較が必要である。

また、同一の質問を用いて時系列比較を行う研究はこれまでに数少なく、長いスパンでアジアにおける留学志向の変化を描いた研究は存在していない。日本で見られる留学に関する意識変化がアジア全体でも起こっているかどうかを検証するには、同一の質問を用いた数時点に及ぶデータの分析が必要である。

3　アジア学生調査の利用

使用するデータ

本章では二〇〇八年、二〇一三年に実施されたアジア学生調査のデータを用いる。(3)

本章で用いる質問は、以下の三つである。

第一に、留学関心度合いを問う質問。「あなたは海外留学にどの程度興味を持ちますか。もっともよく当てはまるものを一つお選びください」との問いに対し、1　とても興味がある、2　ある程度興味がある、3　あまり興味がない、4　まったく興味がない、9　わからない、の五択を用意し、1〜3と回答した者のみを対象に、留学に関する以下二つの質問を準備している。(4)

一つは留学希望先に関する質問で「留学をすると考えたとき、あなたは以下の各国への留学にどの程度興味をお持ちですか。もっともよく当てはまるものを一つずつお選びください」との問いに対し、自国を除いた一七カ国の対象に、上述の留学関心度を問う際に用いたものと同じ選択肢を用意している。

もう一つは留学先決定の際に重視する要素に関する質問で、「留学先を決めるとき、以下の要素をどの程度重視しますか。もっともよく当てはまるものを一つずつお選びください」との問いに対し、「非常に重要だ」から「まったく重要でない」までの五択を用いている。

これら三つの質問文は二〇〇八年とまったく同様のものを用いており、両者を比較することでこの五年間の変化が明らかになる。

本章の新しさは、アジア学生調査を用いることで多国間の意識比較（ヨコの比較）ができるばかりか、二時点データからの時系列的な分析（タテの比較）が同時に可能である点にある。

アジア学生調査では、アジアの九つの国と地域を対象に質問票調査を実施した。個人に注目する留学研究の特徴である、個々の学生の留学志向や留学先を選ぶ際に重視する条件などが本研究の中心的な分析対象となるが、多数の国を比較している点で、計量的にマクロな変数を用いた留学研究にも似通った特徴も持つ。送り出し元が九、受け入れ先が一八の国や地域が質問対象となっており、多様な比較が可能となっている。

留学動向は変化が大きいといった特徴を持つ。アジア出身の留学生数は二〇〇〇年の七四万人から二〇〇九年には一三五万人に増加しており、その留学先も年々変化している（東アジア共同体の学術基盤形成委員会 2011）。そのため、新しいデータを用いて近年の動向を記述することは、それだけで価値を持つ。

分析方針

本章では、最新の二〇一三年調査データを用いた分析により、最新の留学傾向を明らかにするとともに、二〇〇八年データと比較することで、近年の変化を検証していく。アジア学生調査では、従来の研究で用いられた変数と類似した質問項目が含まれているため、既存の研究結果との相違も適宜、言及していきたい。

まずは留学関心度合いについて各国を比較する。アジア諸国がどの程度留学に関心があるのかを二〇一三年データを用いて明らかにするとともに、二〇〇八年データと比較し、この五年間でアジアの留学志向は強まったのかを検証する。

次に、留学先希望国に関する二〇一三年データを用いて現在のアジア諸国留学希望の動向を明らかにし、二〇〇八年データを用いて留学における「アジア諸国のアジア志向化」について検証を行う。

最後に、留学先を決定する際の要素について二〇一三年データによりアジア諸国全体の傾向を見た後、各国を比較し簡単な類型化を試み、さらに、二〇〇八年データとの比較を通して、留学の持つ意味合いの違いについて分析する。

4　アジアの留学はどこへ向かうのか

留学送り出し圧力の増大

図5-1は「あなたは海外留学にどの程度興味を持ちますか」という質問に対する回答を、各国ごとに集計したものである。

「とても興味がある」「ある程度興味がある」の割合をまとめて「留学関心あり」と考えるならば、日本の大学生で留学に関心がある者は七〇％強であり、調査対象国の中でもっとも低い。またタイも、日本とほぼ同程度で比較的留学希望度が低い。七〇％強の学生が留学に関心があるという数字が絶対的に大きいのか小さいのかは評価がむずかしいものの、香港や台湾、フィリピンでは九〇％前後の学生が留学に関心を持っているのと比べると、そこには無視できない差がある。

「とても興味がある」と積極的に留学へ興味を示している者に限定して見ても、日本は二六・六％と圧倒的に他国より低い。逆に、「まったく興味がない」という回答を見ても、日本はもっともこの回答をした者の割合が高いことから、日本人で留学に関心を持っている学生は、タイ人学生同様、他のアジア諸国に比べて低いことがわかる。

図5-2は「あなたは海外留学にどの程度興味を持ちますか」という質問に対して「とても興味がある」「ある程度興味がある」と回答した学生の割合について、二〇一三年の値から二〇〇八年

図５-１　各国別の留学関心度

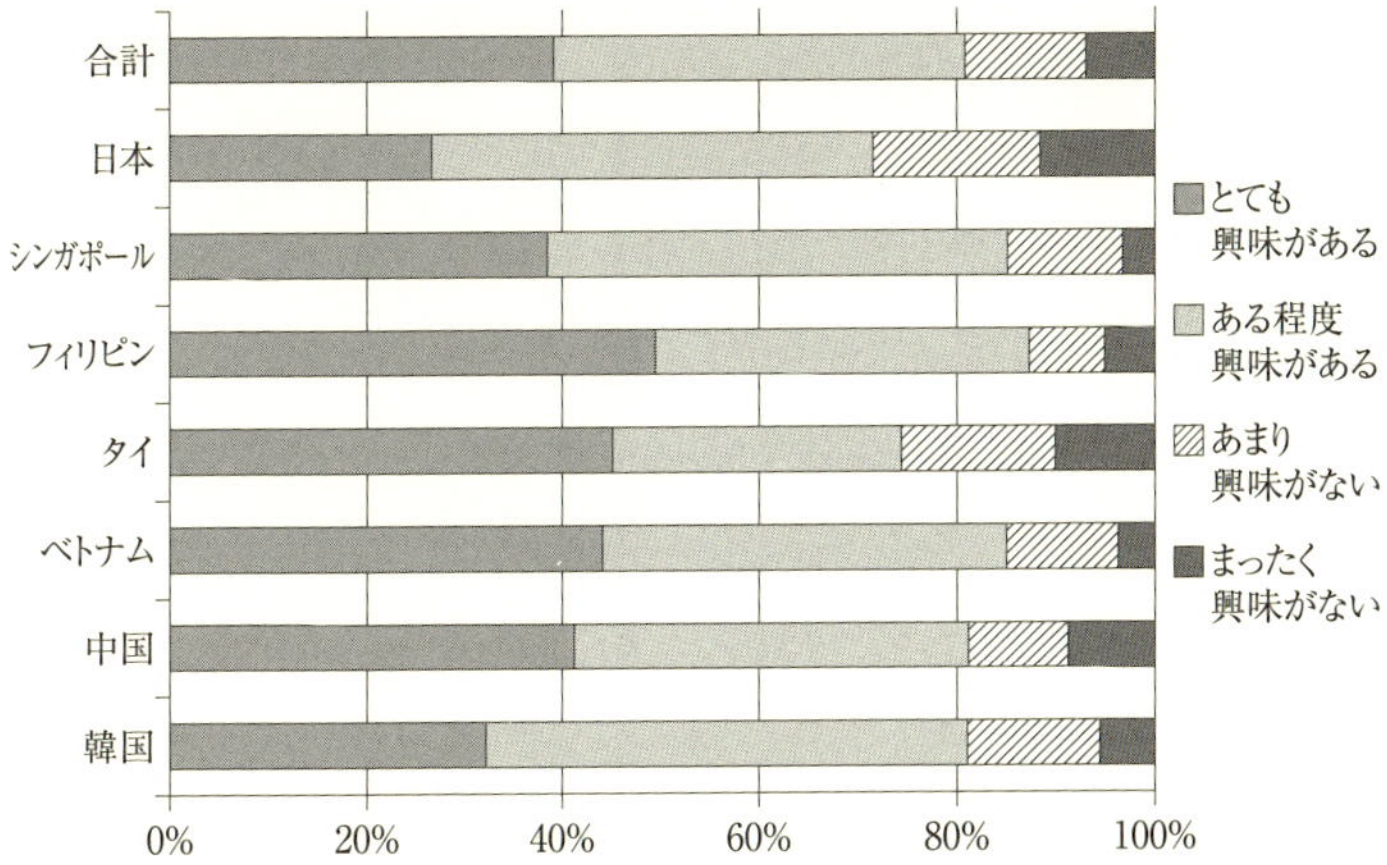

注）χ^2 検定における有意確率は .00 である。

の値を引いた数値を示したものである。右端に全体の変化を、その左には各国ごとの変化を、それぞれ表している。この値は各国の「留学に興味がある」学生の割合の増加分を表しており、値が正ならば留学への興味は高まった、負ならば留学への興味は下がった、ということになる。

図の傾向として、ほとんど変化がない韓国と、興味が減少したタイを除き、すべての国で留学に対する関心が高まっており、全体としてアジア諸国における留学の関心が高まっているということができる。とくにシンガポールでは一八％も増加しており、留学への関心が急激に高まっていることがわかる。

以上から、「アジアからの留学志向は強まったか」という問いに答えるならば、この五年間でアジアにおける留学志向は確実に強まっており、アジアの大学生による留学志向は強まったということができる。

どこへ留学するのか

それでは、こうしたアジア諸国の学生たちは、いったいどの国への留学に関心があるのだろうか。留学への関心が高まっていても、留学生の欧米志向が強まっていれば、アジアの域内流動が活発化することはない。今後のアジア内流動の動向を知るには、第二の問いである「アジア域内への留学志向は強まったか」どうかを確認する必要がある。

表5-1は調査対象国から欧米圏へ留学希望と回答した者の割合の平均と、アジア圏へ留学希望と回答した者の割合の平均[5]について、二〇〇八年と二〇一三年の結果を表にしたものである[6]。

図5-2　留学関心度の変化：2008-2013年

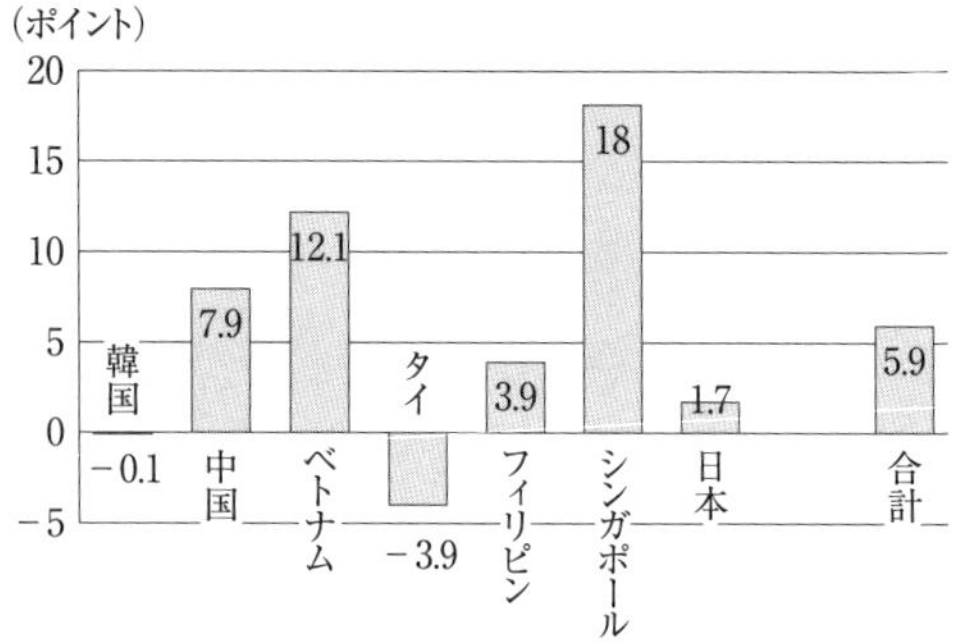

二〇〇八年時点で欧米圏への留学希望が、アジア圏への留学希望よりも圧倒的に高かったが、この五年の間に、欧米圏への希望はさらに増加したのに対して、アジア圏への留学希望は減少していることがわかる。二〇〇八年段階から五年間で欧米とアジアの差は広がり、欧米志向が強まったのである。

では、この留学先としてのアジア人気の凋落は、何に起因するのだろうか。以下では留学希望先がこの五年間でどのように変化したのかを、各国別に見てみる。

図5-3は、各国を留学先として希望した割合について、二〇一三年の値から二〇〇八年の値を引いた数値を示したものである。アジア各国の学生のうち五〇%が二〇〇八年に日本へ留学したいと回答し、二〇一三年に六〇%の学生が同様の回答をした場合、値は一〇%となる。

図5-3を見ると、シンガポールと韓国への留学希望割合が増加していることを除き、軒並み低下傾向にあることがわかる。中でも中国への留学希望者の低下は著しく、約一〇%も低下している。

この五年間で欧米志向が強化されていることからも、留学先としてのアジアの魅力は増加したとはいいにくい。ところが各国別に見ると、中国を筆頭にほとんどの国が留学先希望国としての地位を低下させているものの、シンガポールや韓国といった国は、その人気を上昇させていることがわかる。

表5-1　留学希望割合

	欧米圏	アジア圏
2008	61.30%	25.10%
2013	65.00%	23.40%
変化	3.80%	−1.70%

IMF調査によれば、二〇一三年で中国は世界二位のGDPを誇り、日本はそれに次ぐ三位に位置している。この二カ国は数字上で他のアジア諸国を引き離しており、アジアの経済大国となっている。それでは、経済的優位性を背景にアジア内では中国や日本が留学先としても大きなプレゼンスを占めているのだろうか。あるいは、そうでないとすれば、アジア内で各国から留学生を集めるのはどこなのだろうか。

図 5-3　関心のある留学先の時系列変化：2008-2013 年

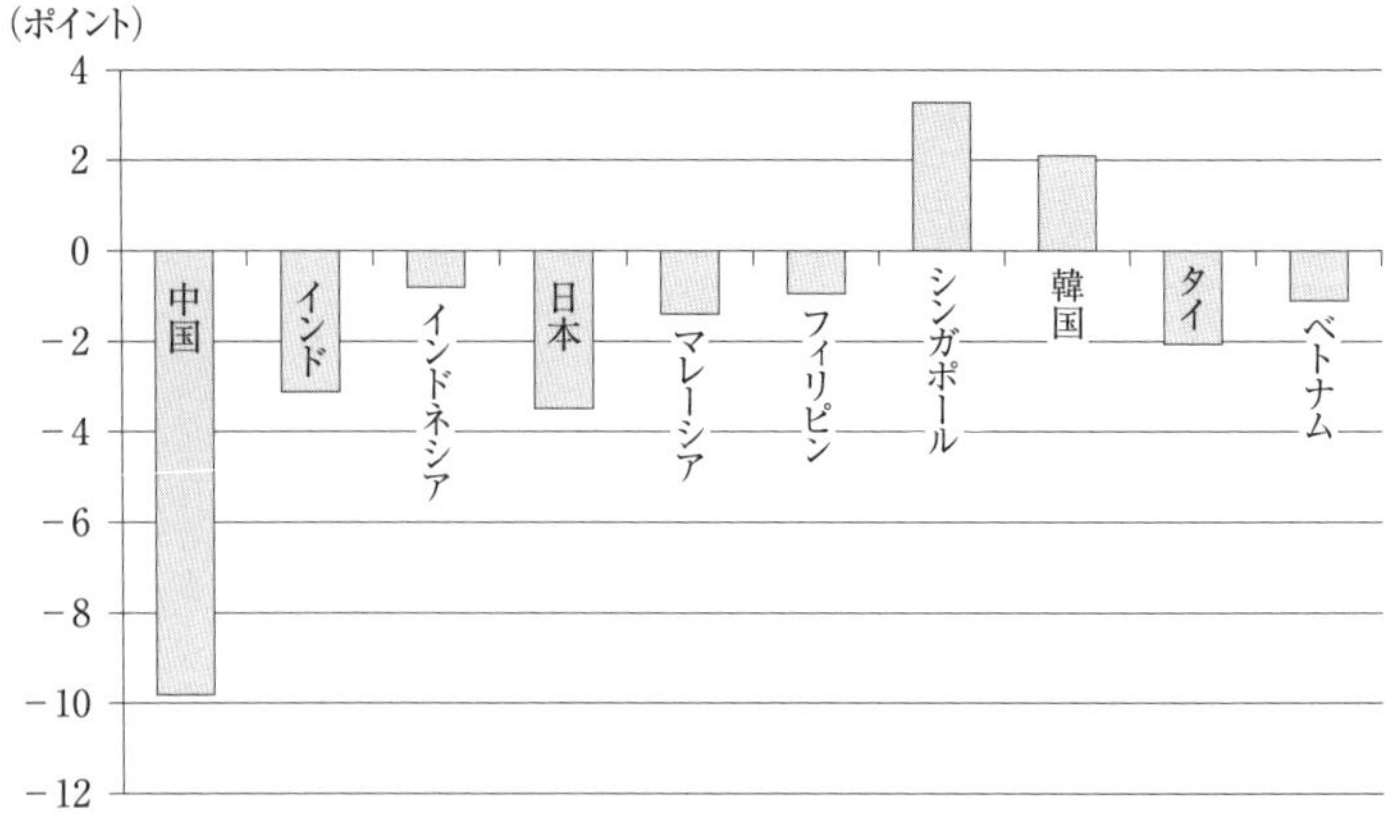

図5-4は二〇一三年における、各国を留学先として挙げた学生の割合を示している。アジア内でみれば日本は高い人気を誇っているものの、シンガポールや韓国における人気の伸びも目を見張る。一方で中国は、アジアの留学生にとってさほど魅力的に映っていないようである。

留学先国としてのアジアに注目して見るならば、日本と中国の二強と考えるのは誤りで、さほど人気のない中国と人気が衰退しつつある日本、これに近年人気を集めつつあるシンガポールと韓国が勢力争いをしている、と理解すべきだろう。

ここから明らかになるのは、GDPの大きさが必ずしも留学先としての人気を担保するものではないということである。経済規模の大きい日本や、経済成長を続ける中国が留学先としての人気を下落させていることがそれを裏付ける。

図5-4　アジア域内での留学希望先：2013年

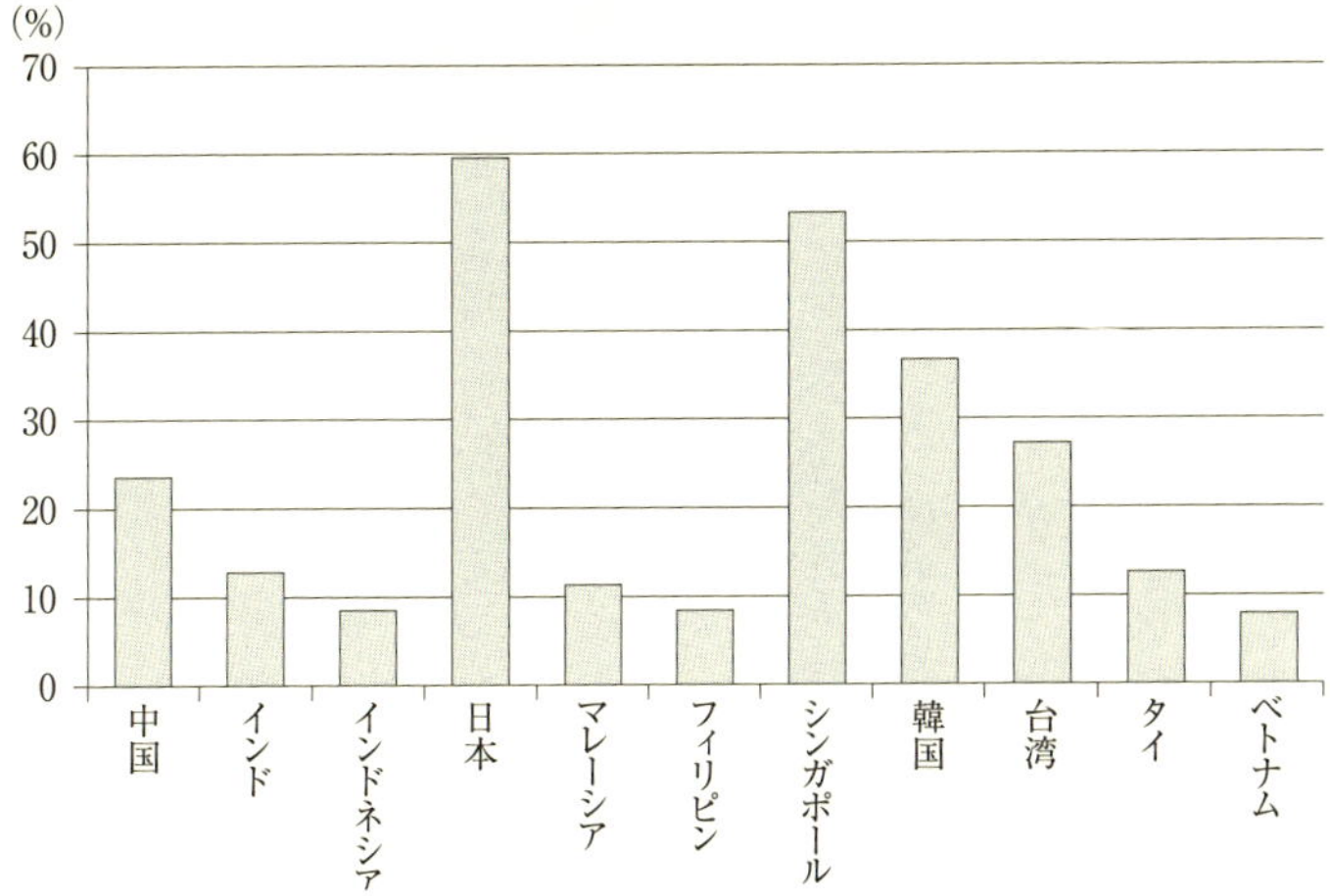

それでは、これらの国の凋落と対照的に、韓国やシンガポールが留学先として人気を高めているのは、一体どのような理由によるものだろうか。

個人化する留学目的

以上の分析から、全体の傾向として留学志向が高まっていることが明らかになったとはいえ、各国を細かく見てみると、その差異は大きい。シンガポールやベトナムといった国は留学への関心を高めているが、韓国や日本ではほとんど変化がなく、タイでは関心が減少している。また、中国や日本への留学希望者が割合として減少しているのに対し、韓国、シンガポールがその割合を増加させていることもわかっている。

留学先を決定する要素は学生の留学先の選定基準を表しているものと考えられ、これを検討することによって、留学の意味を探ることが可能となる。

アジア学生調査では、「留学先を決めるとき、以下の要素をどの程度重視しますか」という質問で、「教育の質が高い」など一八の要素それぞれについて、重要度を回答してもらっている。分析にあたって、「非常に重要だ」「ある程度重要だ」と回答した者の割合の合計を「重要である」と回答した割合と解釈する。一八の要素の中には、個人的技能のような私的な要因だけでなく、留学先国との政治・経済的関係を重視するかといった質問も盛り込まれていることから、国家的な要因が大学生の留学志向に影響を与えているかどうかも検討していく。

最初に、第二波調査のデータに見られる全体的な傾向を確認しておこう。

表5-2は留学先を決定する要素について、「重要である」と答えた割合の平均を示したものである。表は平均％の降順になっており、上にある要素ほどアジア諸国学生が留学先を決定する際に「重要である」と答えた割合が高いことを意味している。

「教育の質が高い」や「研究の質が高い」「英語で学べる」といった留学先での学びに関する項目は、高い割合で重要であると回答している。また、「安全である」や「生活費が安い」「留学中に奨学金を得やすい」「学費が安い」など留学先での生活と、その金銭に関わる項目も、高い割合を占めている。これは、丁ら（2006）の研究で示された結果と合致しており、金銭的に留学が保障されることを大半の学生が望んでいることがわかる。これに対して下位に位置しているのは、「自国にとっての政治的重要性」や「自国にとっての経済的重要性」「留学先の潜在的な経済成長力」といった国家に関する問題や、「英語以外の言語で学べる」といった項目である。

このように、総じて留学先の学び（学問や英語）や留学先での生活に関わる項目が重視されているものの、国家レベルの問題に関する項目は、さほど重視されていない。この結果をどのように解釈したらいいだろうか。

第一に、「自国の」や「経済的」「政治的」といったワーディングが抽象的で、これが何を指しているのかがわかりづらかった可能性がある。確かに、こうした抽象的な言葉に対して何を想像して回答すればよいのかわかりづらかった回答者も存在するだろう。ところが、もしそうだとすれば、「自国の」や「経済的」といった言葉が留学の動機としてリアリティを持っていない可能性がある。

「自国にとっての」というワーディングは、留学先の「大学や語学学校」より「国」を想起させ、そうしたナショナルな問題とは乖離したものとして

表5-2　留学先決定で重視する要素

留学先決定要素	全体平均（%）
教育の質が高いこと	98.9
安全であること	97
研究の質が高いこと	93.1
留学する大学の評判	92.3
英語で学べること	88.9
留学先の文化に対する興味	88.6
生活費が安いこと	84
留学中に奨学金を得やすいこと	83.2
学費が安いこと	81.8
出発前に奨学金の全額が確保できること	79.2
文化的障壁の少なさ	77.1
留学中にアルバイトをしやすいこと	72.7
あなたの大学との交換留学制度があること	71
政治的な自由があること	69.3
留学先の潜在的な経済成長力	62.9
英語以外の言語で学べること	50.9
自国にとっての経済的重要性	47.4
自国にとっての政治的重要性	35

留学が捉えられているのかもしれない。「経済的」「政治的」といった言葉も同様で、みずからの利害に直接関係する安全や金銭には関心があっても、国家レベルの問題にはさほど関心を抱いていないかもしれないのである。

（1） 留学先の政治的・経済的重要性

以上、アジア諸国全体の傾向を検討してきたが、回答によっては、国によってばらつきが大きいものもある。以下ではとくにばらつきが大きかった二つの項目「自国にとっての経済的重要性」「自国にとっての政治的重要性」を対象に国別に分析することで、上述の解釈をめぐって、さらに深掘りしてみたい(7)。

図5-5は、留学先決定の要素として「自国にとっての政治的重要性」や「自国にとっての経済的重要性」が「非常に重要だ」「ある程度重要だ」と回答した者の割合を、国別に集計したものである。

全体的な傾向として、政治的重要性よりも経済的重要性の方が重視されていることがわかる。留学を決定するにあたり、留学先の政治面よりも経済面の方が重視されているようだ。

また、各国ごとの「自国にとっての政治的重要性」の分布と「自国にとっての経済的重要性」の分布の形状が類似している。「政治的重要性」を重要と答える国ほど「経済的重要性」を重要だと答える傾向があり、政治か経済いずれかの要素だけを重要だと回答する割合は、総じて低い。そし

図5-5　留学先決定の際に重視する条件：2013年

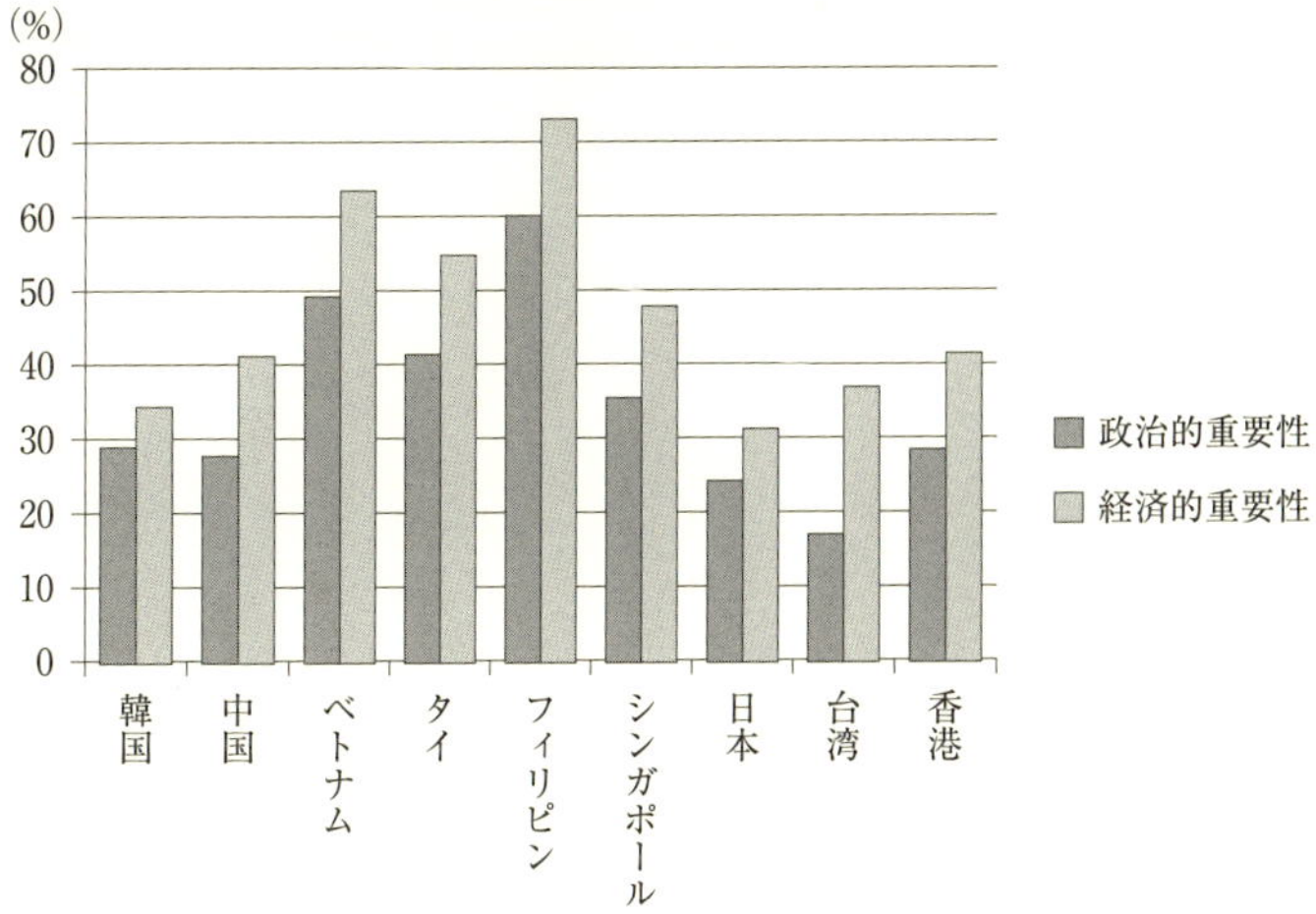

て、いずれの国においても、留学先を決定するにあたって政治的重要性よりも経済的重要性の方が重要だと回答した者の割合が多かった[8]。

次に、この二つの要素を国別に見ていくと、「政治的重要性」「経済的重要性」の両者ともにベトナム、タイ、フィリピンが上位を占めている。一方で下位を占めているのは、台湾、日本、韓国といった地域である。概して経済発展が進んでいる国ほど自国にとっての政治的・経済的重要性を重視した者の割合が低く、逆に発展途上国の方で、政治的・経済的重要性を重視した者の割合が高くなっている。

（2）経済発展にともなう留学の意味の変化

こうした論理は、時系列分析にも応用可能だろうか。本章における分析だけで議論するのはむずかしいものの、この五年間の変化を見ることで、

図 5-6　留学先決定の際の重要度の変化：2008-2013 年

（単位：ポイント）

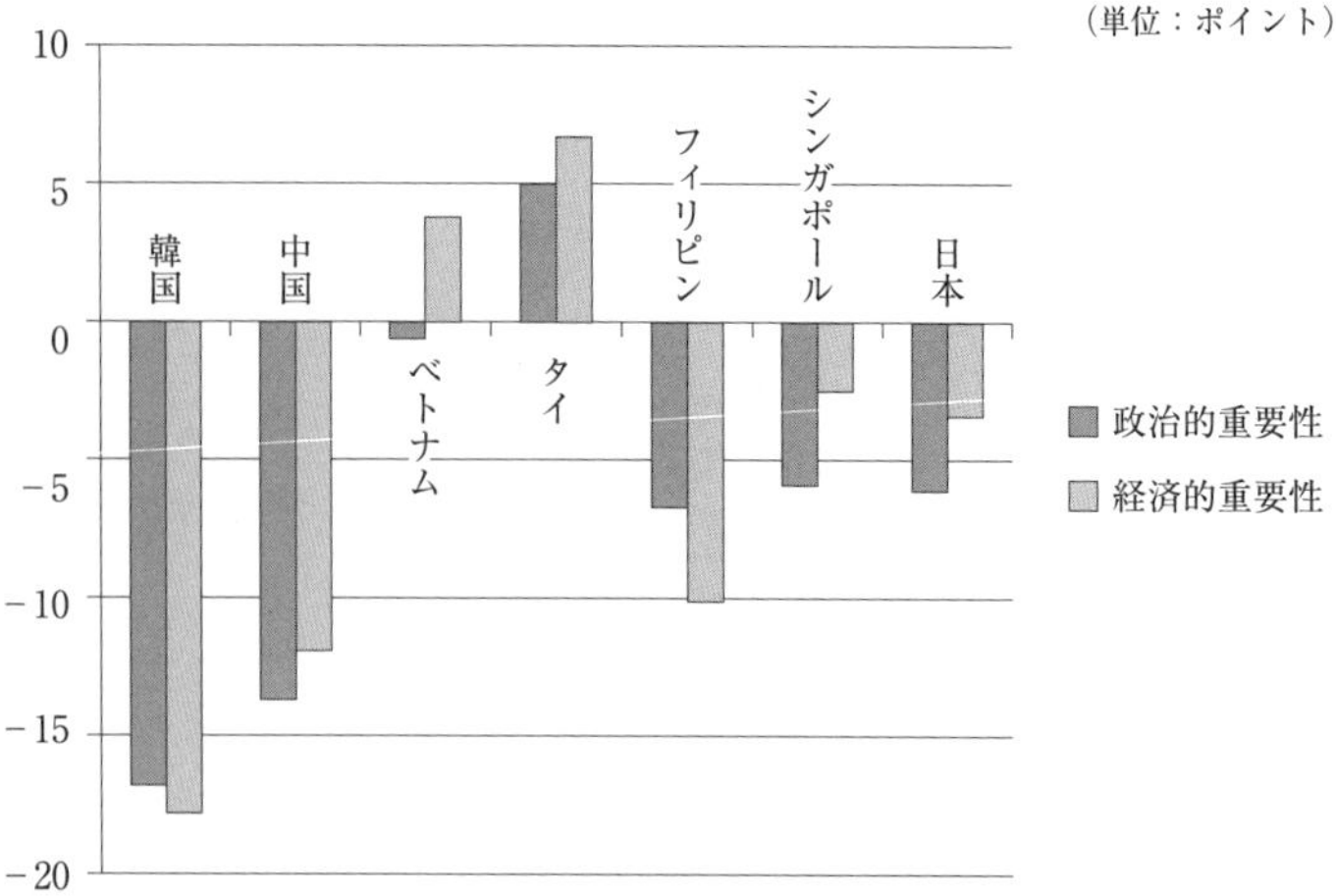

その応用可能性を検討することができる。

図5-6は、「自国にとって政治的・経済的に重要であることが留学国選びにおいて重要だ」と回答した割合の国別集計について、二〇一三年データと二〇〇八年データの差をとったものである。値が正であれば、この五年間で政治的・経済的重要度を重視する割合は増加したことを、値が負であればこれが減少したことを意味している。

この図から、ベトナムやタイを除き、留学先選びにおける政治的・経済的重要度の重要性は減少していることがわかる。韓国や中国に至っては一〇%を越える大幅な減少が見られる。以上から、経済発展を遂げた国で留学目的が個人化している様子がうかがえる。

5　おわりに――多様化するアジアの留学

以上、流動化するアジア域内の学生が、どのような国への留学を志向するのかを検討してきた。その結果得られた知見をまとめると、以下のようになる。

（1）アジアの大学生の留学志向は高まりを見せている
（2）アジアへの留学志向は全体としては減少しているが、そのアジアの内実が変化しつつある
（3）経済発展を遂げた国で留学目的が個人化しつつある

アジアから多くの学生が留学しているが、その大部分で強い欧米志向が見られる。だが、アジア内に目を向けると、シンガポールや韓国といった国ぐにが人気を博しつつあり、中国人気は圧倒的下落、日本も大きく人気を落とすなど、アジア内部の勢力図にも変化が見られる。

ここで注目したいのが、アジアの大学生の留学先の変化と、留学目的の個人化が同時期に生じているという事実である。この共変関係から、大学生の留学先決定に関するいくつかの可能性を見て取ることができる。

前掲の表5-1から留学先を決定する具体的な個人的理由と、人気を伸ばしてきた各国との関連を考えてみると、たとえば韓国では、音楽や映画といったソフト・パワーが国のブランド・イメージを高めている可能性がある。また、シンガポールでは英語で学ぶことができながら、文化的障壁が小さいことが魅力となっているのかもしれない。人気を落としている国に目を転じると、日本では生活費の高さが、中国では安全への不信が、それぞれ留学の際の懸念となっている可能性がある。

こうして見ると、留学生の呼び込みには、国家が経済的に発展しているだけでは不十分なようである。音楽や映画、英語といった留学生個人の動機に働きかけるソフト・パワー的要素が重要になってきている可能性がある。だとすれば、留学制度の整備や金銭的援助ばかりか、大学の教育の質や英語による教育といった、その国の個性を積極的に出していくことが、今後のアジア学生を呼び込む手法となるのかもしれない。

本章における以上の分析も、多くの課題を抱えている。

第一に、今回の分析で用いたデータはあくまで五年間の変化を見た、二時点調査の結果を解釈したにすぎない。こうしたトレンドがどれだけ持続的なものであるかを明らかにするには、今後の継続的な調査が必要となる。

第二に、今回はアジアを対象に学生の留学動向を確認したが、当然のことながら「アジア外からアジアへ」といった視点も考慮しなければならない。この問いを明らかにするには欧米各国を含んだアジアに関する調査が望まれる。

第三に、本章は学生の意識レベルに焦点を当てたものの、その行動に焦点を当てたものとはなっていない。留学したいと思っていてもできない者、さまざまな事情から留学希望国と異なる国へ留学する者も数多くいる。本研究のような意識レベルの研究とあわせ、行動レベルで各国のデータを緻密に検証し、描くような研究が必要となる。

注

（1）ただし、アジア学生調査の対象がアジア各国のエリート大学のみである点には注意する必要がある（具体的なサンプリング方法については序章を参照）。調査対象が限定されていることから、この調査結果が必ずしも対象国の全体的傾向を反映しているとはいえない。しかしながら、各国のエリート大学の学生はアジア内流動を牽引すると考えられ、今まで調査の進んでいなかった分野においてエリート大学の学生が持つ傾向を明らかにすることは、アジアの留学を研究するうえで非常に重要な意味を持つ。

（2）たとえば、滋賀大学（森ほか 2012）や小樽商科大学・広島大学（船津ほか 2004）で留学志向を問う質問票調査が行われている。

（3）二〇〇八年では台湾と香港が調査対象となっていないため、二〇〇八年との比較に際しては、台湾と香港を分析対象から除いた。

（4）これ以降の分析では、「わからない」とする回答を排除して処理している。

（5）対象国は自国を留学先として挙げられないので、単純に欧米圏とアジア圏の絶対数を比較することはできない。そこで、自国を含む留学先国は自国を除く各国が、留学希望先国として行きたいと回答した割合の平均を各国への留学希望率とし、それらをアジア圏、欧米圏に分け、さらにそれぞれの平均を取ったものをアジア平均、欧米平均とした。また「変化」とは、二〇一三年の値から二〇〇八年の値を引いたものである。

（6）アジア圏とは調査対象国である韓国、中国、ベトナム、タイ、フィリピン、シンガポール、日本、インド、インドネシア、マレーシアを指し、欧米圏とはオーストラリア、カナダ、フランス、ドイツ、ニュージーランド、イギリス、アメリカを指している。

（7）「英語以外の外国語で学べること」についてもばらつきが大きいものとなっていたが、今回の分析では深く立ち入らない。なぜなら、「英語以外の外国語で学ぶ」ことの意味として「自国でも親しみのある言語で学べる」と「英語以外の留学先の言語を学べる」の二つが想定され、自国と留学先国の公用語や第二外国語および両国における就職の問題などが、複雑に絡み合うと考えられるからである。これらの問題は本章の範囲を超えるため、今後の分析を待つこととする。

（8）ただし、これはあくまでも国別の値に注目した際のことであって、回答者個人の水準で相関関係があるわけではない。

第6章　日系企業を好んでいるのは誰か

――企業選好の心理メカニズム

園田　薫・永島圭一郎

1　はじめに

アジア内での交流がますます活発化している昨今、さまざまな企業がアジアの優秀人材を確保することに躍起になっている。アジア内での人材の争奪戦にあって、かつて日系企業が大きなプレゼンスを占めてきたが、アメリカやヨーロッパの企業、さらには韓国系企業や中国企業など他のアジア系企業も拡大していくなかで、その争いは熾烈をきわめている。成長著しい東アジア・東南アジアへの展開は、各企業において重要な戦略となっている。しかし近年、日系企業はその競争に勝ってきたとはいいがたい。優秀な人材は欧米の企業に行ってしまう、あるいは日系企業に入ってきた人材もすぐにやめてしまうことが課題として指摘されてきた(1)。

なぜ日系企業に優秀な人材が集まらないのか。この問題を考えるにあたって、既存の研究は日系企業の制度や企業文化といった、日系企業の持つ客観的な特徴に注目してきた(2)。すなわち、日系企業には、欧米系企業と比べたときに劣っている点があるため、人材が日系企業を選ばないのだという主張である。

しかし、就職・転職の実態を考えれば、人材の側が日系企業をどう見ているのかといった主観的な側面にも注目する必要がある。就職・転職活動をする人間は、企業に関するあらゆる情報を持っているわけではない。仮に日系企業がある強みを持っていたとしても、応募する側がこれを知らず、別の思惑で応募しているといったことは十分にありうる。

日系企業が今後アジアの人材確保で成功するには、学生が日系企業をどのように見ているのかを知る必要がある。

日系企業が持つ強みはどのように認識されているのか。どのような学生が日系企業に入ろうとするのか。また、どのような思惑を持って日系企業に入ろうとするのか。

こうした問いは、現地の人間に聞けばすぐに答えてくれそうではあるが、定量的に答えるのは意外とむずかしい。アジア学生調査のデータは、これらの問いに対して定量的な答えを与える唯一のデータといってよい。

本章では、アジア学生調査のデータを用いて学生の持つ日系企業に対するイメージを明らかにし、その現状と課題について論じる。

2　日系企業の強みが人材を引き付ける？

日系企業に関する議論は、経営学を中心に行われてきた。経営学の中には、日系企業には優れた雇用慣行や制度が存在しており、それが現地の人びとに認知されているために人材をひきつけるとする考えが存在する。[3] これは日本的経営論などの議論に通底しており、企業の国際人的資源管理を語る上で前提とされてきた。[4] そのため近年日系企業から優秀な人材が流出してしまう原因や、これへの対策を論ずる際、企業内の雇用慣行や制度が注目されてきた。

今田・園田（1995）は、日系企業に勤める中国、台湾、タイ、マレーシア、インドネシアの従業員にアンケート調査を行い、「給料の高さ」「休日や有給休暇の多さ」「福利厚生」「雇用の安定性」「公平性」などの、欧米系企業と比べたときの日系企業の優劣を計七項目について尋ねた。その結果、欧米系企業が上に厚く下に薄い処遇をし、一方的なレイオフの権利を持っているのに対し、日系企業は下に厚く上に薄い処遇をし、長期安定雇用を敷いていると従業員が感じているため、「公平性」に関する日系企業の評価がもっとも高いとみなされていると結論づけている。また「雇用の安定性」において欧米系企業よりも優れていると評価されているものの、それ以外の項目全般においては、日系企業は欧米系企業に大きく劣るとみなされているため、雇用の安定性だけを売り物にしていては、大学出のエンジニアや管理職など、少数の優秀な人材の流出は避けられないとしている。

中川・高久保（2009）は、人事管理上の最大の問題であり続けているのは、日系企業がローカルの最も優秀な人材を採用できないことであるとし、欧米系企業との競争に負けて優秀人材が採用できない、採用できても離職してしまうと述べている。そして中国の日系企業に勤務している従業員を対象に、労働条件や福祉の水準、意思決定の早さなど一三項目にわたって実施した日系企業、欧米系企業、韓国系企業のイメージ調査の結果にもとづき、「雇用の安定」では日系企業が欧米系企業を凌駕しているものの、それ以外では、日系企業は欧米系企業に次ぐ二番手として認識されているにすぎないと結論づけている。しかも現地スタッフから見た場合、現地化の水準は欧米系企業と大きな差異がないと認識されているものの、その多くは労働条件で欧米系企業に劣っており、韓国系企業よりはよいと評価されていた。

小池（2008）も同様の事実を指摘している。小池は日本の仕事方式を、中堅層とそのやや下の人材を厚く形成し活用する「中厚型」であるとし、このような中長期の雇用を見越して、初期の登用と地元企業よりもやや高いサラリーを提供することによって、人材を育成してきたと述べている。ただ競争相手である欧米系企業の給与相場や昇格相場は日系企業にとって懸念材料となっており、実際多くの点で、日系企業は欧米系企業に劣っているため、日系企業からエリート層が引き抜かれているという指摘する。賃金や昇進によるインセンティブを与えているものの、このような「中厚型」の仕事方式が、日系企業における大卒や職業資格要件の高い従業員の確保を困難にしているというのである。

しかし、アジア各国において日系企業が人材確保に苦しんでいる原因を、こうした雇用慣行や制度だけに帰することは妥当なのだろうか。

そもそもこれまでの調査は、海外日系企業に勤務している従業員などを対象とした研究がほとんどで、日系企業に就職したいと思っている現地大学生が、どのように日系企業を認識しているのかについては、焦点が当てられてこなかった。

日系企業に入りたいと思っている現地の大学生がどのような特徴を持ち、どのような優位性を感じて日系企業を選択したのかは、依然として明らかにされていない。日系企業に就職したいと思っている大学生の日系企業イメージに、研究者が想定している「日本的」特徴は存在しているのだろうか。

3　先行研究

学生を対象とした日系企業の就職に関する研究はいくつか存在するが、それらの調査は大卒生を対象にインタビューするといった形式で行われており、量的な調査による研究は、管見の限りでは存在しない。

リクルートワークス研究所（2013）の調査は、日本、韓国、中国、香港、タイ、インドネシアのトップ大学生の就職希望の理由としては、高い給与や福利厚生よりも、自身が発展・成長できる可能性を挙げており、強烈な大手志向は決して学生の安定志向からくるものではないと主張している。労働政策研究・研修機構（2010）の報告書では、北京の有名大学・大学院の学生のほとんどは「専門を活かしたい」としつつも、実際の就職先は「雇用の安定」を重視して選択する者が多いのに対して、大連やベトナムの有名大学では日系企業に対する関心が高いものの、日系企業への就職は「経験を積む」「技術を習得する」機会と捉えられており、長く日系企業で働くことを念頭においていない者が多かったという。

これらの研究は大学生の持つイメージを明らかにした点において、非常に貴重なものである。しかし、これらのインタビューから得られた知見が果たして一般化できるものなのか、検討していく必要がある。そしてそれを検証しうる唯一のデータは、今回使用するアジア学生調査のデータである。

4　データ

本節以降では、アジア学生調査の第一波調査、第二波調査のデータを用いて、学生が実際にどのような思惑を持って日系企業に就職しようとしているのかを明らかにし、これまで指摘されてきた日系企業の持つ優位性が、果たして認識されているのか検証したい。

この調査の特長として、トップ層の大学を対象としてあることが挙げられる。本調査の対象者は、アジアにおける人材確保競争の主役である。この調査結果を用いて学生の持つ日系企業イメージを一般化することはできないものの、実際に日系企業と関わっている先輩や家族・親戚などの知り合いはいるはずで、イメージとはいえ、ある程度、実態を反映したものと考えられる。

本調査は、就職に関わる質問として、もっとも働きたい企業として、日本・アメリカ・ヨーロッパなどの企業から一つ選んでもらった後、就職するにあたって重要な要因について、給与水準・昇進の機会・職場環境などいくつかの条件を、どの程度重視しているかを四段階で答えてもらっている(5)。これらの変数を用いて、日系企業を選んだ者が重視した項目と欧米系企業を選んだ者が重視した項目を比較していく。

就職における重要な条件については、一人につき一回答えるもので、日本・アメリカ・ヨーロッパの各企業それぞれについて、これらの条件を評価してはいない。したがって、あくまで「日系企業に入りたいと思った学生はXの項目を重視している」ということはできるが、「Xという項目が他の国の企業よりも優れているから学生は日系企業を選んでいる」とまではいうことができない点に注意しておく。

5　分析

国別に希望する企業先の割合を表したのが、図6-1と図6-2である。

図6-1と図6-2を見ると、二〇〇八年・二〇一三年に共通して、東南アジア諸国より東アジア諸国の方が、自国企業を選ぶ人の割合が高いことがわかる。また、二〇〇八年と二〇一三年を比較すると、ベトナム・タイを除いたすべての国で、自国企業を選ぶ人の割合が一〇%程度上昇している。

欧米系企業の割合を見ると、日本以外のどの国においても、二〇〇八年では、アメリカ企業とヨーロッパ企業をあわせて四〇%程度と多い。二〇一三年にかけて欧米系企業を選んだ者の割合は若干減少するが、それでも日本以外では三〇%程度存在する。

次に日系企業の割合を見てみると、中国・韓国では二〇〇八年と二〇一三年ともに数%と少ない。一方東南アジア諸国では、二〇〇八年では一〇%から二〇%程度と多い。二〇一三年にかけては、東南アジア諸国で一貫した動きを見せず、シンガポール・フィリピンでは一〇%未満に減少したが、タイではほとんど変わらず、ベトナムでは三二・一%と、二〇%近く日系企業を選んだ者の割合が増えている。

このように全体の傾向を確認したうえで、より細かく、就職の際に重視する条件を分析していく。

図6-1　国別に見た学生の選好する企業：2008年

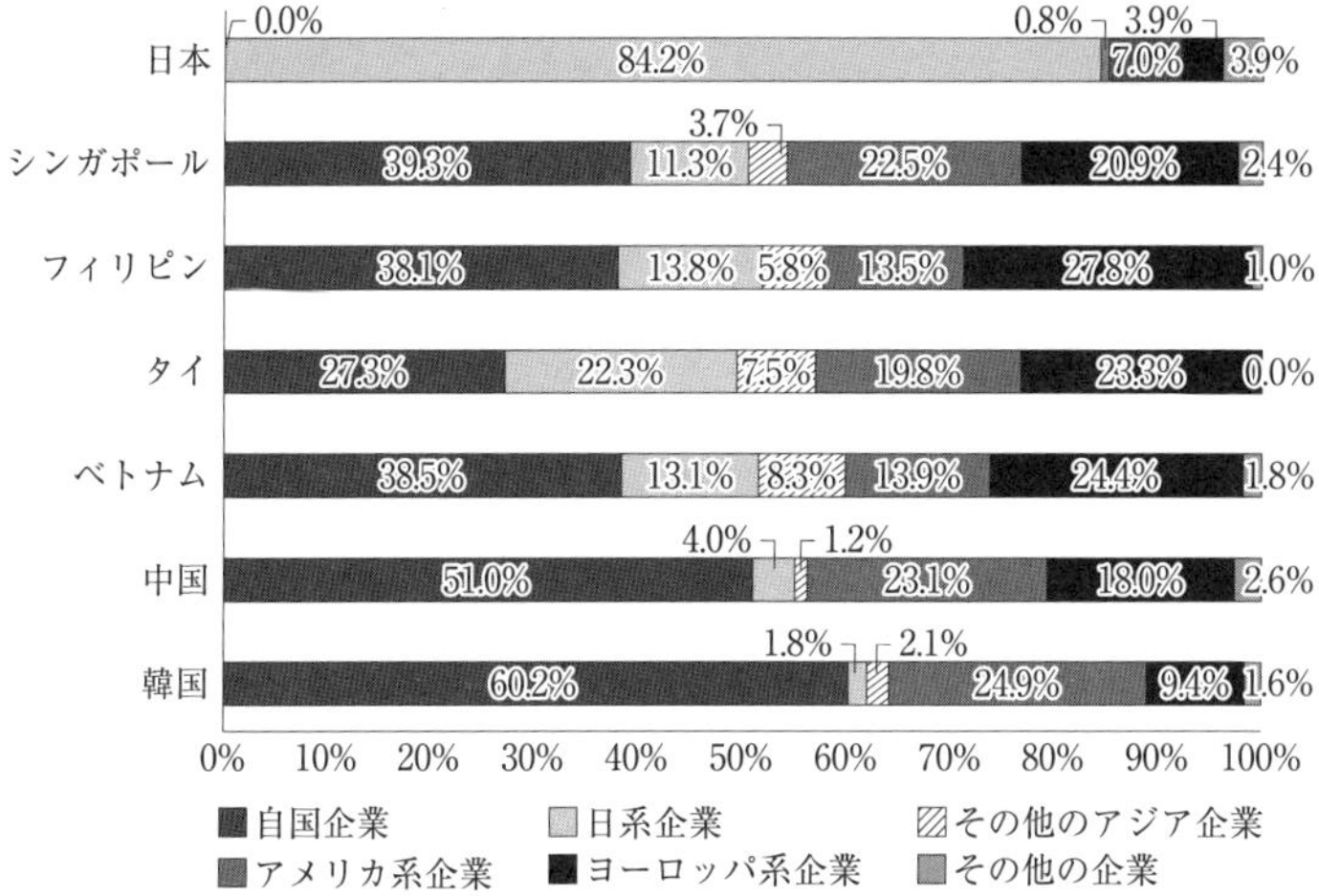

図6-2　国別に見た学生の選好する企業：2013年

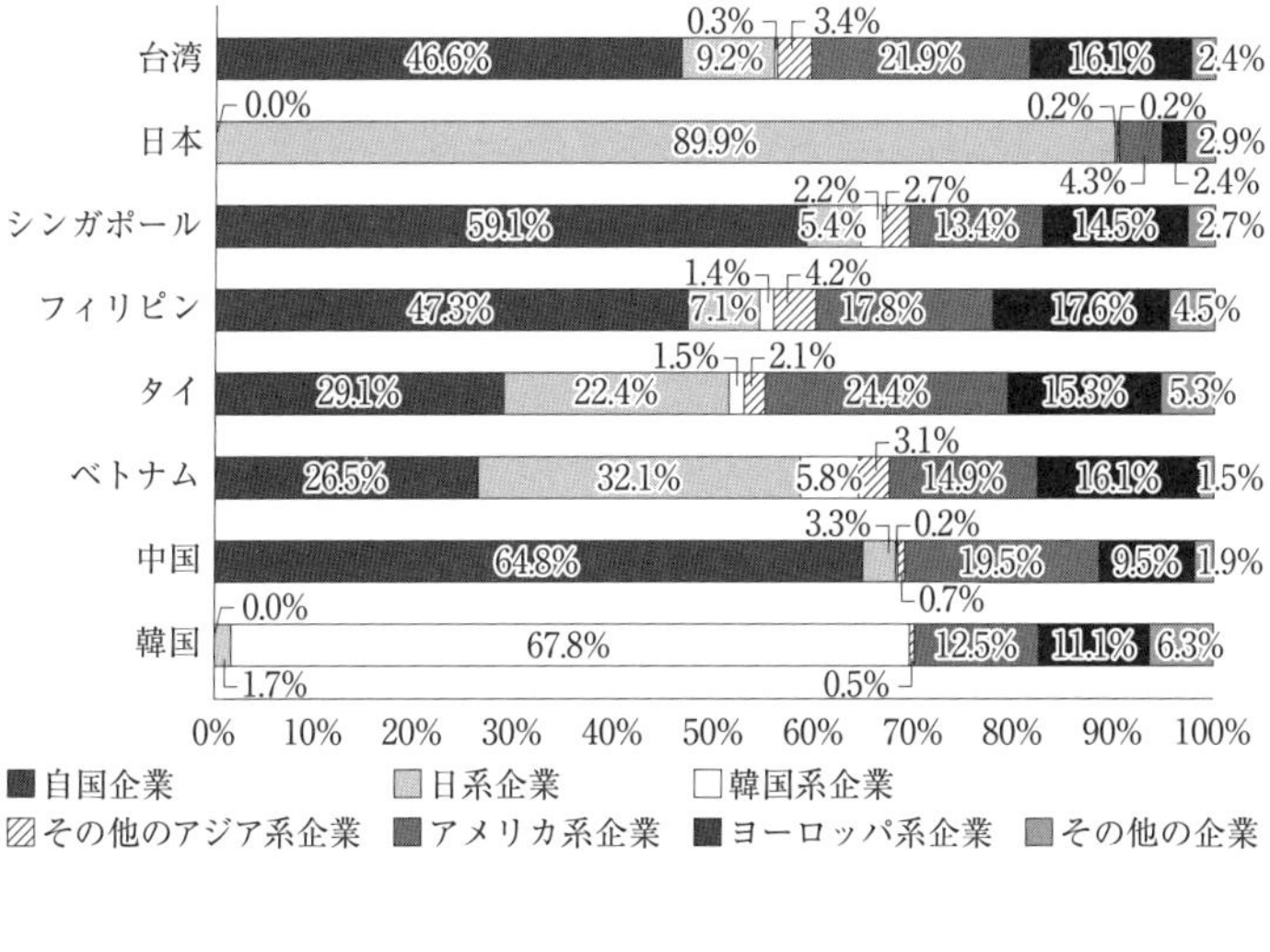

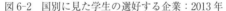

その際、日本ではほとんどの者が日系企業を選択しており、韓国では日系企業を選択する学生が二〇〇八年で七人、二〇一三年で一〇人と非常に少ないため、これらの国を分析対象から除外する。また、アジアにおける人材確保をめぐる議論で、しばしば日系企業と欧米系企業が比較されるため、アメリカ系企業とヨーロッパ系企業を合わせて欧米系企業とした上で、日系企業と比較する。

では、日系企業と欧米系企業を選んだ学生の間で、重視する条件の選択に差があるだろうか。表6-1は二〇〇八年の結果、表6-2は二〇一三年の結果を、それぞれ示したものである。

表6-1　日系企業／欧米系企業の選好と重視する項目のt検定：2008年

		N	平均値	
給与水準	日系企業	268	3.48	*
	欧米系企業	952	3.62	
安定性	日系企業	268	3.51	
	欧米系企業	951	3.48	
昇進機会	日系企業	268	3.49	
	欧米系企業	948	3.56	
教育訓練	日系企業	268	3.36	
	欧米系企業	948	3.44	
職場の雰囲気	日系企業	268	3.50	
	欧米系企業	950	3.53	
勤務時間	日系企業	268	3.10	
	欧米系企業	949	3.14	
企業の評判	日系企業	268	3.10	*
	欧米系企業	950	3.23	
福利厚生	日系企業	267	3.16	*
	欧米系企業	947	3.32	
仕事内容	日系企業	268	3.48	
	欧米系企業	950	3.53	
勉強との関連	日系企業	268	3.07	
	欧米系企業	951	2.97	

注）*は5%水準で有意であることを示す。

表6-2　日系企業／欧米系企業の選好と重視する項目のｔ検定：2013年

		N	平均値	
給与水準	日系企業	330	3.60	
	欧米系企業	825	3.62	
安定性	日系企業	328	3.58	
	欧米系企業	827	3.56	
昇進機会	日系企業	328	3.49	*
	欧米系企業	825	3.63	
教育訓練	日系企業	327	3.39	
	欧米系企業	826	3.42	
職場の雰囲気	日系企業	330	3.48	*
	欧米系企業	823	3.56	
勤務時間	日系企業	328	3.21	
	欧米系企業	825	3.26	
企業の評判	日系企業	326	3.07	*
	欧米系企業	824	3.28	
福利厚生	日系企業	325	3.43	*
	欧米系企業	814	3.33	
仕事内容	日系企業	331	3.51	
	欧米系企業	822	3.57	
勉強との関連	日系企業	330	3.21	*
	欧米系企業	824	3.08	

注）＊は5％水準で有意であることを示す。

表6-1を見ると、どの項目についても日系企業を選択した者の方が、欧米系企業を選択した者よりも平均値が有意に低い、もしくは有意差がないという結果になっている。差が目立つ項目は、給与水準や会社の評判、福利厚生である。仮に欧米系企業を選んだ学生が、これらの項目を重視して欧米系企業を選好しているとすると、給与水準については、学生も先行研究に似た日系企業のイメージを持っていることになる。また福利厚生については、一般に日系企業の方が充実しているとされてきたものの(6)、こうした傾向は学生の間では見られていない。雇用の安定性をめぐる評価につ

いても、日系企業と欧米系企業を選んだ者の間に平均値の差に有意性が見られない。

次に、二〇一三年と二〇〇八年の結果を比較すると、給与水準の差が有意でなくなった一方で、昇進機会、職場の雰囲気で、日系企業の平均値が欧米系企業よりも有意に低くなっている。また、二〇〇八年では日系企業が欧米系企業より有意に平均値の高い条件は存在しなかったのが、二〇一三年では大学で学んだこととの関連と福利厚生の二つで、日系企業を選んだ者の平均値の方が高くなっている。

二時点の調査結果をまとめると、日系企業を選んだ学生が欧米系企業を選んだ学生よりも重視する条件はほとんどなく、先行研究で語られてきた雇用の安定性という日本的特徴が、欧米系企業との間で有意な差を見せなかった、ということになる。これをどう解釈するかだが、日系企業を選んだ者は条件を強くいわないか、これらの条件を企業選択の際に重視していないからの、いずれかとなるだろう。

6　誰が日系企業を好むのか

以上のように、企業内の条件をめぐっては、欧米系企業と比較した際の日系企業の優位は、ほとんど見られなかった。ではなぜ、アジアのエリート学生に日系企業への就職を希望する者が一定数見られるのだろうか。

図６-３　ベトナム学生の選好する企業の経年変化：2008-2013年

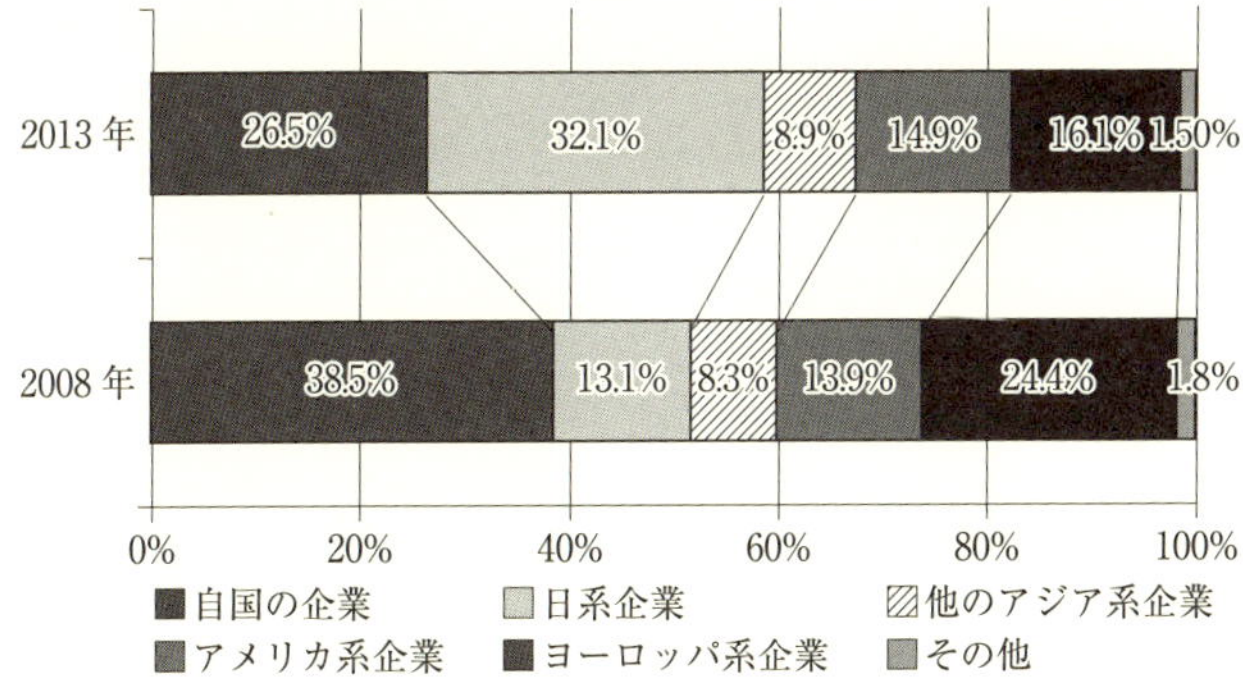

ケースとしてのベトナム

この疑問を解く糸口として、ほとんどの国において日系企業を選好しようとする学生数が減っている中にあって、唯一、日系企業への就職希望者が激増し、もっとも就職したい企業が自国企業を上回って日系企業となった、ベトナムに注目してみたい（図６-３参照）。

ベトナムにおける日系企業の進出について白井（2009）は、かつて中国が日本のオフショア・ビジネスの拠点であったのが、人民元の切り上げ圧迫、北京オリンピック後の経済・金融危機にともなう中国経済の鈍化、人件費の高騰や、ＩＴなど高度技術産業の知的財産権問題などのさまざまな理由から、投資先としての中国を見直す傾向があり、多くの企業が中国・インドネシア・マレーシアなどからベトナムへと、投資先を移行しつつある点を指摘する。社会主義国でありながらも柔軟性のある国家体制や国民性、地政学的に優位な立地、八〇〇〇万人の豊富な人口と識字率の高さなどが、しばしばベトナムの魅力とされる。

図6-4　ベトナム日商に加入している日系企業の数

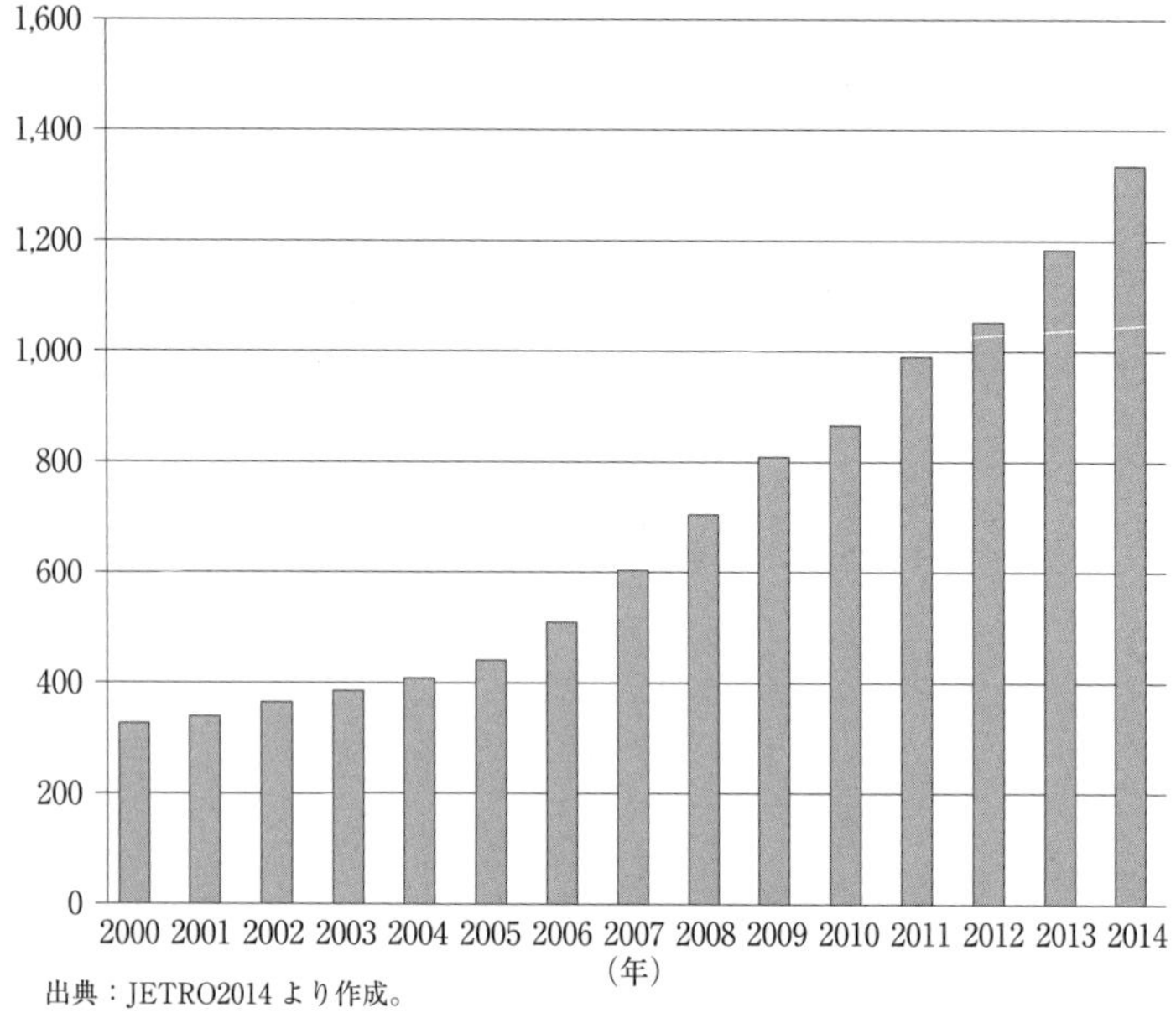

出典：JETRO2014より作成。

また、（1）人材がさほど流動しないため、企業に定着しやすい、（2）ベトナム人が日本的経営に対して好意的だ、といった点も日系企業にとって有利な点だとされる。ベトナム政府や市・省レベルの行政も、日系企業に対して税制面での優遇措置をとり、企業誘致を勧めている。このように企業と政府の利害が一致しているために、日系企業の進出が加速化している。

企業進出が盛んに行われている状況は、学生が日系企業を好む一因になっているものと思われる。JETROの公表しているデータでは、ベトナムの日本商工会議所に加入している日系企業数は、二〇〇〇年から二〇一三年まで増加の一途を辿っているが、これは私たちの調査データと矛盾しない（図6-4参照）。

インタビュー

こうした状況を踏まえ、ベトナム人学生が日系企業を好む理由を探るため、二〇一三年に調査対象者となり、実際に調査票を答えたベトナム人大学生を対象にインタビューを実施した(7)。

そこで得られた発見としては、彼らが積極的な理由で日系企業を選択しているというよりも、むしろ謙遜に近い感覚から欧米系企業ではなく日系企業を選択している可能性がある、ということである。学生たちの発想として、ベトナムという国が今後発展していくためには、日系企業に入社してノウハウや仕事方式などを学び、それを母国の発展に還元していく必要があるだろうと漠然と考えていた。一方で欧米系企業に勤めるのは、現在のベトナムの発展度合いを考えると、時期尚早であるという。

ところが、さらに聞き取りを進めていくと、ベトナムにおいて最も優秀な人材は欧米系企業に行くのが最良の選択肢だと考えられており、その選択に自信がない者や、欧米系企業に就職するのはむずかしいと考える者が、日系企業に入りたがっていることも明らかになってきた。欧米系企業に就職する自信はないが、日系企業なら就職できるかもしれないといった、日系企業に対する「ハードルの低さ」のようなものが垣間見られたのである。

再分析へ

インタビューによって得られた知見を踏まえ、なぜ学生たちが日系企業を選好するのかを明らかにするために、日系企業の選択を目的変数とするロジスティック回帰分析を行った[8]。この分析によって、どのような学生が日系企業を好む傾向にあるのかを推定することができるからである。

日系企業への選好を規定する要因として、いくつかの仮説を設定した。

まず、日本のメディアが好きな人ほど日系企業を好むだろうという仮説を立てた。アニメやドラマ、音楽といった日本のメディアはアジアで高い人気を誇っている。これらのメディアを好む者は、メディアに限らず日本が好きになったり、将来日本に住みたいといった原因で、日系企業を好むだろうと予想される。ソフト・パワーが企業の選好に結びついているといった指摘は、フローゼと岸によってもなされている（Froese and Kishi 2013）。日本のメディアに関する変数として、二〇〇八年の場合には日本のテレビ番組・映画・アニメに接触する頻度、二〇一三年の場合には、日本のドラマ・映画・アニメに接触する頻度と、日本の歌を聴く頻度の二種類の変数がある[9]。

次に、日本語が話せる者ほど日系企業を好むだろうという仮説を立てた。家庭環境などの理由で日本語を話せる場合、そのスキルを活かそうと日系企業を選択するものと考えられる。また、日本に行きたいために日本語を勉強するという場合も考えられ、この場合も日系企業を選択しやすくするはずだ。日本語の能力については、二〇〇八年、二〇一三年ともに質問している[10]。

最後に、インタビューによって得られた知見から、自己肯定感が低い者ほど日系企業を好むという仮説を立てた。ベトナムにおいては、最も優秀な人は欧米系企業に行くと考えられており、日系企業を選ぶ者はそこまでの自信がない人だという。第一波調査にはないが、第二波調査では、「自分にはいくつもの長所があると思う」といった質問が用意され、学生には四つの選択肢から回答してもらっている。(11)

これらの三つの仮説にもとづく説明変数に加えて、統制変数として性別（女性の場合一とするダミー変数）と文系・理系（文系の場合一とするダミー変数）の二つの変数を加えて説明変数とした。

表6-3　日系企業の選択を目的変数とするロジスティック回帰（2008）

	係数	標準偏差
定数	−2.680	0.406**
女性ダミー	−0.287	0.155
文系ダミー	−0.298	0.156
日本のメディア接触頻度	0.295	0.058**
日本語の能力	0.782	0.125**
−2対数尤度	1117	
McFadden's R-squared	0.130	

注）n＝1,139。*は5%水準で有意。**は1%水準で有意。

表6-4　日系企業の選択を目的変数とするロジスティック回帰（2013）

	係数	標準偏差
定数	−2.966	0.688**
女性ダミー	−0.151	0.185
文系ダミー	0.352	0.188
日本のドラマを観る頻度	0.297	0.082**
日本の歌を聴く頻度	0.227	0.064**
日本語の能力	0.408	0.135**
自己肯定感	−0.321	0.150*
−2対数尤度	736	
McFadden's R-squared	0.470	

注）n＝698。*は5%水準で有意。**は1%水準で有意。

結果は表6-3、表6-4に掲げられている。

結果を見ると、二〇〇八年、二〇一三年ともに仮説通り、日本のメディアに接触する頻度が高い者ほど、また日本語能力が高い者ほど日系企業を好みやすいという結果が得られている。また二〇一三年の分析結果では、自己肯定感の係数が五％水準で有意になっている。つまり、自己肯定感が低いほど日系企業を選択しやすくなるというインタビューから得られた仮説が、データ分析からも実証されているのである。

ロジスティック回帰は非線形のため、独立変数が上がるとどれくらい日系企業を選択する確率が上がるのかは、他の変数の値に依存する。したがって係数の値を見ても、目的変数の確率にどの程度影響するのかはかわからない。そのため具体例を出して、どれくらい確率が上がるのかを見てみよう。

目的変数の確率は、独立変数を表すベクトルをx、係数を表わすベクトルをβとすると、$1/(1+\exp(-x^t\beta))$で表される。ただしtはベクトルの転置を意味する。たとえば二〇一二年の式に、「女性・文系・日本のドラマや映画などを観たことがない・日本の歌を聴いたことがない・日本語がまったくできない・『自分はいくつもの長所がある』に対してとてもそう思う」を代入すると、確率は四・二％となる。ほとんど日系企業を選んでいないといっていい。ところが、他は同じ条件のままで、日本のドラマも歌にもほとんど毎日接触し、日本語も流暢な場合、確率は六七・四％となり、確率は約一五倍へと跳ね上がる。さらに「自分はいくつもの長所がある」に対してまったくそう思わないと回答した条件を加えると、確率は八四・四%となる。最初の条件の約二〇倍である。日本語ができ、日本のメディアによく接触する者が日系企業を好むというのは、理解しやすい。ところが、そうした変数と比較しても、自己肯定感が日系企業の選択に大きな影響を与えているというのは、実に興味深い結果である。

7 おわりに

本章では、既存の研究枠組みでは焦点が当てられてこなかった、潜在的な労働力たる大学生に注目し、その日系企業選好を分析対象とした。その結果、日系企業はアジアで一定数のエリート学生をひきつけているものの、彼らは、従来の経営学で語られてきたような雇用の安定性といった日系企業の強みを積極的に評価し、日系企業に就職したいと思っているわけではなく、日本のアニメ文化が好きであるなど、日本の持つソフト・パワーにひきつけられているからだ、ということがわかった。

また、アジアの学生たちのあいだでは、英語・欧米系企業を頂点とする文化のヒエラルキーが存在しており[12]、日系企業は欧米系企業に次ぐ二番手と認識されていた。そのため、日系企業に入りたいと考えている学生は、トップ層と競争する自信のない、自己肯定感の低い学生であるということもわかった。

日系企業に入社してキャリアを積むことを、一種のステップアップと考えていることも明らかになったが、だとすれば、日系企業は学生を鍛える「学校」としての役割を果たしていることになる。個人のキャリアパスという観点からすれば、日系企業という「学校」を経ることで自己の人的資本を高めていると解釈できるが、これは日系企業からの転職・離職者が多い事実を説明する要因となりうる。

また、こうした傾向は、ドーアの後発効果理論や、末廣のキャッチアップ型工業化論とも結びつく。

Dore（1973＝1987）は、先進国が生み出した社会運営の技術やイデオロギーを改良・踏襲することで、後発国が先発国を追い越すことが可能だとして、後発効果の存在を論じている。また末廣（2000）は、「後々発工業国」であるアジアでは、工業化を通じて先進国との所得水準の格差を縮めようとするキャッチアップ型工業化の過程で、「先進国」アメリカと「後発国」日本の企業モデルを受け入れ、アジア諸国の経済発展を促進してきたとしている。この両者の議論を援用すれば、日系企業が重宝されてきたのはキャッチアップ型工業化の初期段階であり、企業が「学校」として機能してきたからだ、と解釈することができる。

今回の調査で得られた知見が、どの程度まで一般化できるのかは定かでない。しかし、大学生を対象にした大規模な調査から、既存の研究枠組みとは異なる、新しい視点が獲得できることがわかった。また、この調査から、現在の日系企業がアジア展開の際に抱える問題も明らかになったが、今後の調査・研究で、これをより詳細に検証していく必要があるだろう。

注

（1）たとえば小池（2008）や中川・高久保ら（2009）などが挙げられる。
（2）たとえば土屋（1978）や三戸（1985）などが挙げられる。
（3）日本的経営論の中では、従来近代化の最先端にいると考えられてきたアメリカ企業やイギリス企業を脅かす存在に成長していく中で、日系企業が持つ特殊な雇用慣行や文化などが日系企業の優位性となり、日本の近代化を促進したと議論されてきた。その代表的な論者としては、Abbeglen（1958＝2004）やDrucker（1971）などが挙げられる。
（4）たとえば、国際人的資源管理の分野では白木（1995）や小池・猪木（1987）などが挙げられる。
（5）働きたい企業先については、第一波調査では、「あなたは次の企業、機関のなか、どこでもっとも働きたいですか」という質問文に対して、「自国の企業（ただし、日本での調査の場合は、日本の企業と一致しているため省略している）・日本の企業・その他のアジア国の企業・アメリカの企業・ヨーロッパの企業・その他・わからない」のいずれかを選んでもらっている。第二波調査では、「あなたは以下の企業や組織のうち、どこでもっとも働きたいですか。もっともよく当てはまるものを一つお選びください」という質問文に対して、「自国の企業（ただし、日本と韓国の場合は省略している）／日本の企業や組織／韓国の企業／その他のアジアの国の企業／アメリカの企業／ヨーロッパの企業／その他／わからない」のいずれかを選択してもらっている。
　就職の際に重要な条件については、第一波調査では、「あなたが職業を探すにあたって、次の要素をどのくらい重要だと思いますか」との問いに対して、「給料の額／職業の安定性／昇進の機会／教育訓練の機会／職場の雰囲気／勤務時間／会社の知名度／会社の福利厚生／仕事の内容／大学時代の勉強との関係」のそれぞれについて「非常に重要だ／やや重要だ／あまり重要ではない／まったく重要ではない」のいずれかから選択してもらっている。第二波調査では、「あなたが仕事を探すに当たって、以下の要素をどの程度重視しますか。もっともよく当てはまるものを一つずつお選びください」との問いに対して、「給与水準／職業の安定性／昇進の機会／教育訓練の機会／職場の雰囲気／勤務時間／勤務時間／企業の評判／企業の福利厚生／仕事の内容／大学での勉強との関係性」のそれぞれについて「非常に重要だ／ある程度重要だ／あまり重要ではない／まったく重要ではない」のいずれかを選択してもらっている。ただし、分析では、重要だと思うほど値が高くなるように、一から四までの値が逆転するよう再コード化している。日本語の質問票では二〇〇八年と二〇一三年でワーディングが若干異なるが、英語のマスター質問票ではワーディングは統一されている。

（6）フリンジベネフィットについては、Abbeglen（1958＝2004）のように企業内組合がしっかりしている日系企業の方が充実しているといった議論や、吉田（1993）のようにフリンジベネフィットに代表される給与外給与は、利潤を軸にした欧米の企業とは大きく異なる日本型組織の作り方の特長だといった議論がある。

（7）実際にインタビューに応じていただいたのは、二〇一三年度のアジア学生調査にホーチミンで質問票に参加し、その後来日した学生二人と、ハノイで参加し、現在日本で働いている学生一人となっている。性別は男二人女一人、三人とも文系学部の卒業後、各々の事情で来日していた。

（8）どの国の企業に行きたいかに関する質問では、日系企業・欧米系企業以外にも自国企業やその他のアジアの企業の選択肢もある。しかしここでは日系企業と欧米系企業との比較を行うため、日系企業・欧米系企業以外の選択は欠損値として扱い、日系企業を選択した場合に一、欧米系企業を選択した場合に〇をとるダミー変数を作り、これを目的変数とした。

（9）第一波調査では、「あなたは次の国のテレビ番組、映画、アニメをどれくらい見ていますか」という質問文に対して、日本・韓国・中国（香港と台湾を含む）・アメリカとヨーロッパそれぞれの国・地域について「ほぼ毎日／一週間に数回／一カ月に数回／一年に数回／あまり見ない／まったく見ない」のいずれかを選んでもらっている。第二波調査では、「この一年間で、あなたは以下の活動をどの程度しましたか。もっともよく当てはまるものを一つずつお選びください」という質問文に対して、「日本のドラマ・映画・アニメいる。

を観た」「日本語の歌を聴いた」それぞれについて「ほぼ毎日／一週間に数回／一カ月に数回／一年に数回／ほとんどない／まったくない」のいずれかを選んでもらっている。質問票では日本以外にも韓国・中国・アメリカのメディアについても、同様に答えてもらっており、分析ではこれらの質問に対する回答を、メディアに接触している頻度が多いほど値が高くなるように、一から六までの値が逆転するよう再コード化している。

(10) 第一波調査、第二波調査ともに、「あなたの語学力を教えてください」という質問文に対して、「流暢に話せる／日常会話程度／あまりできない／まったくできない」のいずれかから選んでもらっている。分析では、語学力が高いほど値が高くなるように、一から四までの値が逆転するよう再コード化している。

(11) 第二波調査では、「あなたは以下の項目にどの程度賛成しますか。もっともよく当てはまるものをお選びください」というリードの後に、「自分にはいくつもの長所があると思う」について「とてもそう思う／そう思う／そう思わない／まったくそう思わない」のいずれかから、選んでもらっている。分析ではこの回答を、より肯定的なほど値が高くなるように、一から四までの値が逆転するように再コード化している。質問票では自己肯定感に関する同様の質問が複数準備されているが、この項目が最も仮説に適していると判断した。もともと自己肯定感の質問は、別の被説明変数を念頭に置いて準備されたのだが、今回の分析では、企業選好を被説明変数に、同変数を利用することにした。

(12) 同様の現象は、学ばせたい言語をめぐる強烈な英語志向の中などにも見いだすことができる。詳しくは本書第4章を参照のこと。

第3部　東アジア共同体への胎動？

第7章　ジャパン・ポップはソフト・パワーとして機能するか
――映像コンテンツ視聴による対日イメージの変化に関する分析

町元宥達

1　はじめに

昨今のアニメ・マンガ人気には目を見張るものがある。日本だけでなく、世界各地で開催されるようになった「コミック・マーケット」には何十万ものアニメ・ファンが集い、その驚くべき集客力には圧倒されるが、そのようなイベントで圧倒的な人気を誇るのが日本発のコンテンツである。昨夏もカリフォルニア州サンディエゴで世界最大級のサブカルチャー・イベント（通称コミコン・インターナショナル）が開催され、四日間で約一三万人を動員するほどの盛況を博した(1)。

海外における日本のコンテンツ人気は、海外旅行などに出かければ否応なく肌で感じることができる。おそらく読者の多くも一度は経験したことがあるだろうが、海外で知り合った外国人に自分が日本から来たことを明かすと、かなりの確率でアニメやマンガの話になる。彼らの多く、とくに若年層にとって、日本は今や世界一のサブカルチャー（アニメやマンガに代表されるポップカルチャー）大国となっている。一昔前までは高性能の自動車や電化製品こそが日本のトレードマークであったのが、今ではサブカル・コンテンツが、それに取って代わるまでになったといって過言ではない。

アジアにおける日本発コンテンツの人気

日本発サブカルチャーの人気は洋の東西を問わないが、とりわけアジア諸国における人気は高い。とくに若年層における日本製アニメの高い人気は、過去に行われたいくつかの調査でも明らかにされてきた[(2)]。インターネットの高い普及率にともない、多くの若者がインターネット上の動画共有サイトなどを通して日本のアニメを手軽に視聴できるようになっている中国では、それが原因で、日本のポップカルチャー人気に火がついているようである（伊藤 2011）。二〇〇六年以降、中国では政府の国産アニメの振興政策により、ゴールデン・タイムにおけるテレビでの日本アニメの放映が厳しく制限されてきた。にもかかわらず、中国において日本アニメが依然として高い人気を誇っていることは、いかに中国社会に根強く浸透し、強い影響力を保っているかを物語っている。

一方で日中間には、少なくない外交上の問題が存在している。最近では安倍晋三首相の靖国神社参拝に関する問題、尖閣諸島・魚釣島の領有権争いなどが立て続けに起こり、日中関係は冷え切ったものとなっている。過去に行われた世論調査の結果を見ても、中国世論における「日本のイメージ」は近年悪化の一途を辿っていることがわかる。それでも日本のポップカルチャーが高い人気を誇っているというのは、注目に値する。

韓国についても同様のことがいえる。

九九年の日本文化解放期に至るまで、韓国では国民の日本文化への接触が厳しく制限されていた。しかし日本文化の解放以降、とくに若者が日本のポップカルチャーに接触する頻度は急激に増加している（馬居 2004）。近年ではアニメやマンガの人気が非常に高く、アメリカのコンテンツよりも日本のものが好まれるようになっている（石井ら 2013）。一方で日韓関係の冷え込みも日中関係同様に激しく、教科書問題をはじめとした歴史認識問題、竹島をめぐる領土問題の影響を受け、韓国における日本イメージの悪さは際立っている。

なぜ、日本との間で友好的な関係を保っているとはいえない中国・韓国において、日本のアニメやマンガが高い人気を博しているのだろうか。これは非常に興味深い問いであるが、同時に私たちに期待を抱かせるものでもある。

中国・韓国に住む彼らが日本のアニメやマンガを好んで見ており、それによって彼らが日本によりり好意的な感情を抱くようになるのではないかと思われるかもしれない。アニメやマンガを通じた文化交流によって、日中間・日韓間の緊張が多少なりとも緩和されるなら、私たちはこうした資源を存分に活用すべきだということになるだろう。

文化外交とポップカルチャー

日本政府やその関連団体のなかには、日本発ポップカルチャーの高まる人気に目をつけ、既に動き出しているものもある。たとえば、経済産業省が先陣を切ることで盛り上がりを見せているクール・ジャパン戦略は、その好例である。日本を代表する産業となりつつあるアニメやマンガ、ファッションといった日本発ポップカルチャーを積極的に宣伝し、他国に輸出しようとするクール・ジャパン戦略は、日本製品の新たなマーケットを開拓するだけでなく、日本がいかに「クール」でかっこいい国であるかを世界中の人びとにアピールし、日本の魅力を伝えることで、国としてのプレゼンスを高めることを狙ったものでもある。これは、外交・国際政治上での波及効果を期待する、政治的インプリケーションの大きい輸出振興政策である（三原 2013）。

自国の魅力を外国の人びとに伝え、それに慣れ親しんでもらうことで、自国のイメージの向上や円滑な外交関係に役立てようとする手法は「パブリック・ディプロマシー」と呼ばれ、アメリカや中国をはじめ、多くの国ぐにによって外交上のツールとして採用されてきた。日本におけるクール・ジャパン戦略も同様に、日本のポップカルチャーの対外的な魅力に注目した、本格的なパブリック・ディプロマシーであるということができる。

2　理論的背景と先行研究

ソフト・パワーの資源としてのポップカルチャー

クール・ジャパン戦略のような文化外交政策を議論する際、ソフト・パワー論への言及は避けられない。国際政治学者のジョセフ・ナイによれば、現代の国際政治には二つの「パワー」が存在するという。軍事力などに代表される「ハード・パワー」と、他国を魅了して従わせることのできる「ソフト・パワー」がこれで、両者は「アメ」と「ムチ」の関係に例えられている（Nye 2004）。

経済的な相互依存が深化した現代の国際社会にあって、迂闊にハード・パワーを行使するには危険がともなう。脆弱な相互依存的関係は、ふとしたきっかけにより、あっという間にバランスが損なわれてしまうからである。その点ソフト・パワーは、その行使にあたって比較的リスクが低く、他国に影響を及ぼすことのできる有効かつ現実的なツールであるため、その効果的な利用に期待が高まっている。とくにアニメやマンガ、映画やドラマ、大衆音楽などに代表されるポップカルチャーは、その国の魅力的な価値を効果的に伝播することのできるソフト・パワーの重要な資源として、大きな注目を集めている（Otmazgin 2008）。

ソフト・パワー論の危うさ

外国で多くの人びとが日本のポップカルチャーに魅力を感じ、それらに日々慣れ親しむことで日本の魅力を理解し、結果的に日本をより好意的に捉えるようになる――ソフト・パワー論の筋書きに従えば、そのような議論が十分に可能である。

だが、その一方で問題もある。

他国における自国文化の浸透が、自国イメージの向上といった効果を及ぼすものと想定はできるものの、実際のところ、文化の浸透によってどの程度の効果が得られたのかを計測するのは、必ずしも容易ではない（Nye 2008）。たとえばある国において、政府の方針が日本に対して以前より好意的なものとなったとしても、その変化がどのような要因によるものであるかを正確につきとめることは困難である。しかも、文化の浸透には長い時間を要するため、正確な計測は困難なものとなる。

とはいえ、まったく不可能とはいえない。たしかに外交関係がどの要因により変化したかを特定するには政治過程や政策決定プロセスに至る多くの要因を検討しなければならず、そのために必要とされる作業量は膨大なものとなる。しかし、すべての要因を検討することは難しくても、部分的な議論は十分に可能である。たとえばナイによれば、ソフト・パワーの行使が国のイメージの向上にどれほど貢献したのかを知りたい場合、相手国市民に対する意識調査等を適切に行うことで、かなりの程度明らかにすることが可能であるという（Nye 2004）。

ナイによれば、ソフト・パワーには文化をはじめとしてそのもととなるもの、つまりパワーを生み出す資源（文化や政策、政治的イデオロギーなど）が存在する。つまりソフト・パワーの行使とは、そのような資源を用いて相手国の市民を魅了し、自国についてのよりよいイメージを持ってもらうことにほかならない。ソフト・パワー（資源）の行使により、もし自国のイメージが改善されたなら、それは理論上、ソフト・パワーが有効に機能したのだと捉えることができる。ところが、具体的にどの資源が、どの程度自国のイメージアップに貢献するのかといったレベルでの詳細な議論は、これまで十分になされてきたとはいえない。

日本のポップカルチャーに関しても、状況はまったく同様である。政策レベルでの議論が先行しているものの、ポップカルチャーがソフト・パワーの資源として真に日本のプレゼンスを高める役割を果たしうるのか、またどの程度国のイメージアップに貢献しているのかといった点については、不透明なままに放置されているといって過言ではない。

先行研究

この領域に関して行われた先行研究は、十分に行われてきたわけではないものの、過去にいくつかは存在する。

二〇一二年六月にアメリカのピュー・リサーチ・センターにより行われた調査によれば、親米派が多い国ではアメリカのアニメや映画が好んで消費されていることが指摘されており、またこの結果を受けて「ポップカルチャーはアメリカに関するよりよいイメージを世界に広める重要な要素となりうる」と主張されている（Pew Research Center 2012)。だが、この調査は「アメリカのポップカルチャーの人気が高い地域」と「親米派の多い地域」が多くの場合一致しているということを指摘しているだけで、両者の具体的な関連性を分析したものではない。

日本のポップカルチャーの有効性について言及したものについては、主にアジア地域を対象とした研究がいくつか存在するが、ネガティブな見解を示すものが多い。

たとえばOtmazgin（2008）が二〇〇四年、二〇〇五年にかけて、バンコク、香港、ソウルにおいて二三九人の大学生を対象にしたインタビュー調査によれば、対象国の多くの学生が日本のポップカルチャーについて「クリエイティブで面白く、クオリティが高い」「アメリカのポップカルチャーよりも親しみを感じる」などと高い評価をしていたものの、ソウルの学生の多くが同時に「日本のコンテンツは好きだが、日本の政府は好きになれない」「日本文化は好きだが、歴史問題が日本のイメージを悪くしている」などと回答している。このように、日本のポップカルチャーに対する評価と日本に対する評価の間に、大きな断絶があることが指摘されている。また陳奇佳ら（2008）が二〇〇八年に北京、上海、広州、杭州四都市、四四の大学の中国人学生を対象にした調査でも、日本のアニメに対する高い評価と日本に対する好意的な評価の間には、必ずしも関係性が確認されなかったという。

これらの先行研究から察することができるのは、ポップカルチャーはソフト・パワーとしての資源としての効果が期待されているものの、韓国や中国など、歴史問題や領土問題の存在ゆえに日本との関係が良好であるといえない地域では、必ずしも十分な効果を発揮していないのではないか、ということである。ジョセフ・ナイ（2007）は以前、日本のソフト・パワーについて言及した際、日本文化はソフト・パワーの資源として魅力的ではあるが、歴史問題に対する取り組み方のまずさがその有効性を損なっていると指摘したことがあるが、これらの先行研究は、彼の発言を少なからず裏付けうるものと考えられる。

とはいえナイも、一つの仮説として提示したにすぎず、経験的根拠をもとに議論しているわけではない。Otmazgin や陳らによる調査も、必ずしも緻密な因果推論を行ったものではない。彼らの調査は単に「日本のポップカルチャーが好きだと答えた層」と、「日本に好意的である層」が必ずしも一致しないことを指摘するのにとどまっており、彼らの主張が正しいものと断定するには留保が必要である。

大規模なデータをもとに定量的な分析を行った場合、いったいどのような結果が得られるのか。果たして日本のポップカルチャーは、ポジティブな日本のイメージを生み出す機能を有しているのか。また、日本にとっては中国や韓国など、関係が良好とはいえないものの、将来的にはよい関係を築いていくべき国や地域で、どのような効果を発揮しているのだろうか。いくつかの先行研究が示唆するように、十分な効力を発揮することができないといってよいのか。

本章は、これらの問いに答えるべく執筆されている。

3　データと分析手法

データ

ナイによれば、ある国において、日本のポップカルチャーの消費が日本の魅力の向上にどれだけ貢献したかを知ろうとする場合、その国における日本のアニメ・マンガに対する評価（たとえばアニメがどれほど好きか）と、日本自体に対する評価（日本に対してどれほど好意的か）の両方について尋ね、そのデータから両変数が互いにどのように影響を及ぼしあっているかを知ることができればよい、ということになる。そのためには、こうした分析に適したデータセットが必要となるが、質問内容の適切さやサンプル数の大きさから、本章ではアジア学生調査第二波調査のデータを用いることとする。この調査は中国（北京・上海）、韓国、香港、台湾、ベトナム、タイ、シンガポール、フィリピン、そして日本を代表する各大学の学部生を対象にして行われた調査で、一大学につき二〇〇以上の回答が得られた大規模なものである。

この質問票には日本に対するイメージ・印象を問うものとして、「日本が当該国に与えている影響」について、その良し悪しを五段階で尋ねる質問が設けられており、この回答を用いることで日本に対する評価を測定することができる。またポップカルチャーに関する質問としては、日本の映像コンテンツ（アニメやドラマ、映画など）の視聴頻度を問う質問が設けられている。視聴頻度は調査対象者の日本の映像コンテンツに対する評価を反映していることから、適切な説明変数となっている。もちろん、マンガなど、他の主要な媒体についての分析については、今後の追加的な調査が必要とされるだろうが、現代の日本のポップカルチャーを代表する映像コンテンツの視聴頻度に関するデータを入手できたことの意義は大きい。

本章は、以上の二つの質問に対する回答を用いることで、日本の映像コンテンツの視聴頻度（＝日本のポップカルチャーに対する評価）が、当該国に対する日本の影響についての評価（＝調査対象者が日本に対して抱くイメージ）にどのような影響を及ぼしているかを評価することが、その主なミッションとする。

中韓におけるジャパン・ポップの有効性

本章での分析は、中国（北京・上海）と韓国に限定して行いたい。中韓だけをピックアップしたことについては、両国における日本のソフト・パワーの将来性に筆者自身が大きな期待を寄せていることが大きいが、あえて二国を取り上げる理由として、改めて以下の二点を確認しておきたい。

第一に、中国・韓国においては、日本に対して否定的なイメージを持つ人の割合が比較的高い。日本のポップカルチャーの人気が高い台湾・香港や東南アジア諸国などを対象とすることもできるが、これらの地域では日本に対する肯定的なイメージが支配的で、変化を観察することがむずかしい。アジア全体を対象とする調査に関しても同様である。ところが中韓では、日本のポップカルチャーの人気が非常に高いものの、日本に対する肯定的なイメージが支配的であるとはいえない。

第二に、中国・韓国は日本の重要なパートナーであると同時に、日本との関係が良好ではない代表的な二国である日本は、これらの国との関係を今後良好にしていかなければならないが、そのためにも、ソフト・パワーに対する期待は高くなる。つまり日中・日韓関係において日本のソフト・パワーがいかに有効であるのかを検討することは、政治的にも重要な課題なのである(3)。

本章で使用する有効サンプル数は中国が七四一、韓国が六八一である。

独立変数と従属変数

独立変数として設定すべきは「日本のポップポップカルチャーに対する韓国人・中国人学生による評価」であるが、これは前述のように、その消費頻度によって測定されている。アジア学生調査第二波調査の質問票には、消費頻度によって日本の映像コンテンツ(アニメ・ドラマ・映画)をどの頻度で視聴しているかについて六段階(ほぼ毎日/週に数回/月に数回/年に数回/ほとんど見ない/見たことがない)で尋ねており、本章ではこの質問に対する回答をもとに、頻繁に視聴する層と(ほぼ毎日/週に数回/月に数回)、そうではない層(年に数回・ほとんど見ない・見たことがない)の二つに大別している。

一方従属変数として用いたのは、日本が韓国あるいは中国に与えている影響を五段階で問う設問(非常によい影響/よい影響/どちらでもない/悪い影響/非常に悪い影響)への回答である。「日本が韓国あるいは中国によい影響を与えているか、あるいは悪い影響を与えているか」というのは、日本がこれらの国に与える影響は総じてポジティブか、ネガティブかを問うものである。このように問うことで、個人的な「好き嫌い」の感情による判断の余地が少なくなり、あくまで国際社会における日本のプレゼンスを反映した回答を期待できるからである。

本章ではこの設問に対する回答をもとに、日本が両国によい影響を与えていると考える層（非常によい影響・よい影響）、悪い影響を与えていると考える層（非常に悪い影響・悪い影響）、どちらでもないと考える層の三つに分けた（以下では「対日イメージ」変数と呼ぶ）。

統制変数

さらに本章では統制変数として「親しい日本出身の友人・知人の有無」を利用する。日本人との直接的な接触が、彼らの対日イメージに大きな影響を及ぼすであろうと考えられるからである。アジア学生調査の質問票には、日本人の友人・知人の有無について、「親しい友人・知人がいる」「友人・知人はいるがその誰とも親しくはない」「いない」の三段階で問う設問が設けられているため、その回答を用いることとし、親しい日本人の友人・知人のいる層とそれ以外の、二つの層に分類した。なお、外国人との接触が対外意識に影響をもたらすことについて言及した研究には、大槻（2006）などがある。

図 7-1　分析枠組

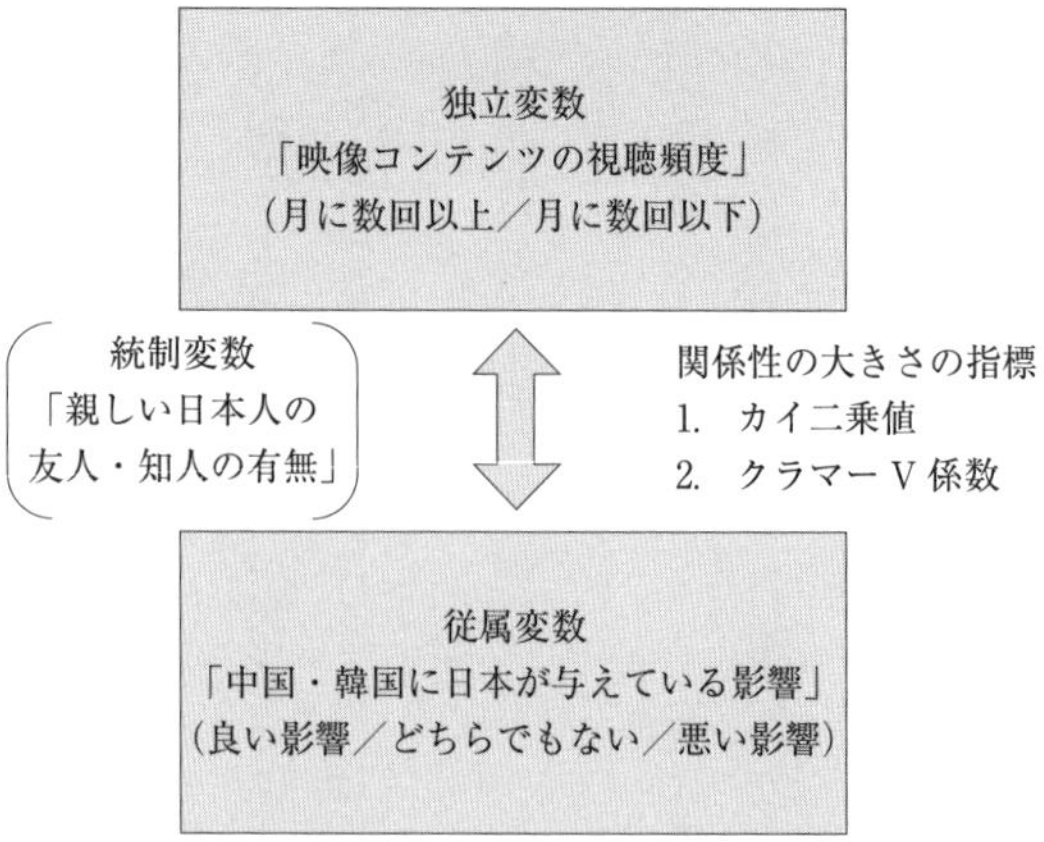

関係性の評価

二変数の関係性の評価においては、前述の二変数をもとに二×三のクロス表を作成した後、そのカイ二乗値、クラマーV係数を参考とする。カイ二乗値だけでなくクラマーV係数も用いることとしたのは、二変数の関連性の大小を判断する際に、より詳細な判断基準を設けるためである。カイ二乗値はクロス表の度数に影響されるため、独立した複数のサンプル間で変数の関連性の大小を比較しようとする際に困難が生じてしまう。たとえばカイ二乗値だけでは、「日本人の友人を持つ集団」と「持たない集団」のそれぞれにおいて二変数の関連性を調べたとしても、その結びつきの強度を比較することができない。ところがクラマーV係数を用いれば、度数の大きさに影響されることなく変数間の関係性の大小を相互に比較することが可能になる（図7-1参照）。

4　結果

記述統計

まず手始めに、「日本のアニメ・ドラマ・映画をどの頻度で視聴しているか」という質問に対する回答を用いて、韓国・中国の学生層で日本の映像コンテンツが実際のところ、どれほどの人気を博しているのかを確認したい。結果は図7-2-1、図7-2-2に示されているが、これから中国では、月に数回以上の頻度で視聴している層が五七％を占めていることがわかる。また、週に数回またはほぼ毎日という。非常に高い頻度で視聴している層も三割を超えており、日本の映像メディアが両国で高い人気を博していることがわかる。

次に、日本の映像コンテンツを頻繁に視聴している層とそうではない層で、日本がどのように評価されているかを表したものが表7-1-1と表7-1-2である。

まず注目されるのが、映像コンテンツの視聴頻度にかかわらず、両国において持たれている日本の印象の悪さである。たとえば中国においては、日本の映像コンテンツを頻繁に楽しんでいる層でさえ、日本が同国によい影響を与えていると答えているのは二割ほどにすぎず、逆に五割以上が「悪い影響を与えている」と回答している。

次に、映像コンテンツの視聴頻度に応じて、日本に対する印象が異なることもわかる。日本の映

図 7-2-1　日本製アニメ・ドラマ・映画の視聴頻度（中国）

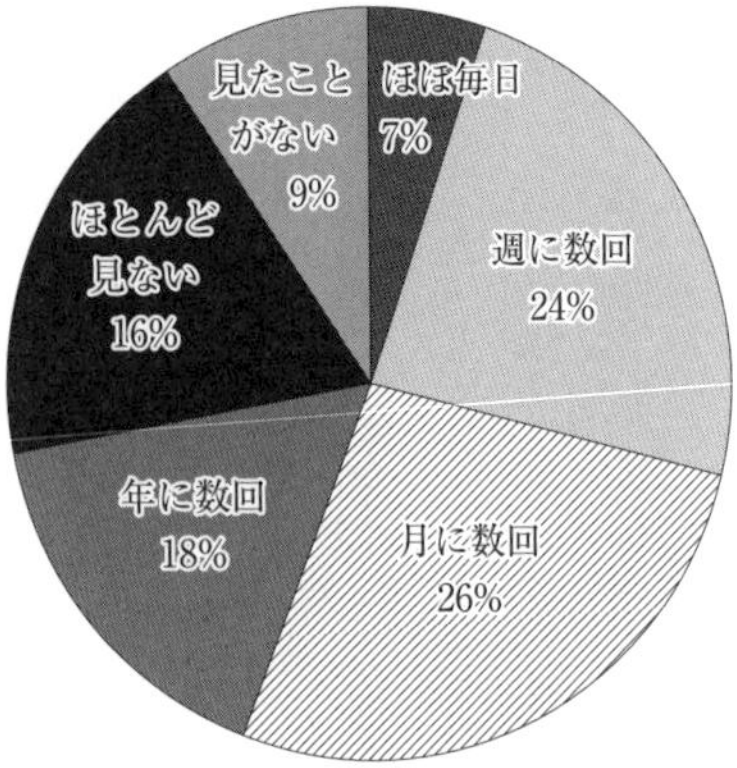

図 7-2-2　日本製アニメ・ドラマ・映画の視聴頻度（韓国）

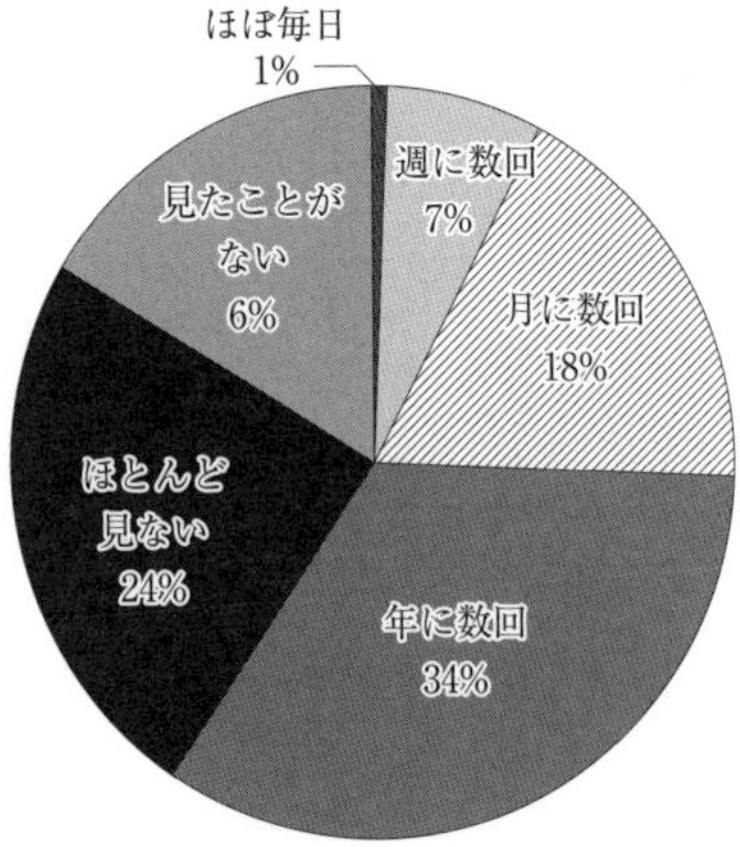

表7-1-1　コンテンツ視聴頻度と対日イメージ（中国）

			Perceived Influence			合計
			悪い影響	どちらでもない	良い影響	
視聴頻度	ほぼ毎日〜月に数回	度数	233	104	85	422
		%	55.20%	24.60%	20.10%	100.00%
	年に数回〜見たことがない	度数	219	66	34	319
		%	68.70%	20.70%	10.70%	100.00%
合計		度数	452	170	119	741
		%	61.00%	22.90%	16.10%	100.00%

表7-1-2　コンテンツ視聴頻度と対日イメージ（韓国）

			Perceived Influence			合計
			悪い影響	どちらでもない	良い影響	
視聴頻度	ほぼ毎日〜月に数回	度数	88	33	57	178
		%	49.40%	18.50%	32.00%	100.00%
	年に数回〜見たことがない	度数	322	69	112	503
		%	64.00%	13.70%	22.30%	100.00%
合計		度数	410	102	169	681
		%	60.20%	15.00%	24.80%	100.00%

像コンテンツを頻繁に視聴する層では、日本がよい影響を与えているとする学生が二割存在するのに対し、そうではない層では一割ほどにまで落ち込んでいる。同様のことは韓国に関してもいえる。

二変数の関連性について

クロス表の上では独立変数・従属変数の間に何らかの関係があるように見えるが、実際のところはどうなのであろうか。

まず中国に関していえば、そのカイ二乗値は一六・七九二であった。自由度二のクロス表における一％有意水準でのカイ二乗値が約九・二一であることを考えれば、両変数にはある程度の関係性があるといえる。つまり日本の映像コンテンツを視聴している学生ほど、より日本に対して好意的なイメージを有しているといえる。

次にクラマーのV係数を確認すると、その値は〇・一五一であった。クラマーV計数が〇・一〜〇・三の値をとれば弱い関連、それ以上の値をとれば強い関連があることを示すことを考えれば、関連性こそあるものの、あくまで弱い関連に過ぎないといわざるをえない。

次に韓国であるが、中国の場合同様、カイ二乗値は高い値を示し、一％の有意水準を大きく上回る一一・七二四であった。しかしクラマーV係数は〇・一三一と中国よりもさらに小さい。ここでも両変数に関連性はあるものの、弱い関連しか持っていないことがわかる。

統制変数の投入

以上の結果からいえるのは、「日本の映像コンテンツを頻繁に視聴する層ほど日本に対して好意的なイメージを抱いているものの、その関連性の大きさはかなり限定的である」という程度のものであろう。日本のソフト・パワーの効力は中韓において限定的であるという仮説が支持されそうな結果である。

そこで次に、親しい日本人の友人・知人の有無によってサンプルを二分し、それぞれで同種の分析を行った。

表7-2-1　コンテンツ視聴頻度と対日イメージ（中国：友人ありの場合）

			Perceived Influence			合計
			悪い影響	どちらでもない	良い影響	
視聴頻度	ほぼ毎日～月に数回	度数	13	13	12	38
		%	34.20%	34.20%	31.60%	100.00%
	年に数回～見たことがない	度数	12	4	2	18
		%	66.70%	22.20%	11.10%	100.00%

表7-2-2　コンテンツ視聴頻度と対日イメージ（中国：友人なしの場合）

			Perceived Influence			合計
			悪い影響	どちらでもない	良い影響	
視聴頻度	ほぼ毎日～月に数回	度数	220	91	73	384
		%	57.30%	23.70%	19.00%	100.00%
	年に数回～見たことがない	度数	207	62	32	301
		%	68.80%	20.60%	10.60%	100.00%

まず中国の学生について、親しい日本人の友人・知人のいない層においてクロス表を作成したものが表7-2-1である。このサンプルにおいても視聴頻度の高い者は日本に対しよりよいイメージを抱いているが、分類前のサンプルに比べ、よりその傾向が強いことがわかる。一方、表7-2-2は親しい友人・知人のいない層について同様のクロス表を作成したものであるが、分類前の表7-1-1、あるいは前述の表7-2-1に比べ、その傾向がそれほど強く見られないことは明らかである。「親しい友人・知人あり」の場合、映像コンテンツの視聴により、サンプルの三割近くがよいイメージを持つに至っているのに対して、友人なしの場合では二割弱にまで落ち込んでいる。

クラマーV係数からも、この点を確認する

表7-3-1　コンテンツ視聴頻度と対日イメージ（韓国：友人ありの場合）

			Perceived Influence			合計
			悪い影響	どちらでもない	良い影響	
視聴頻度	ほぼ毎日～月に数回	度数	78	26	43	147
		%	53.10%	17.70%	29.30%	100.00%
	年に数回～見たことがない	度数	274	59	96	429
		%	63.90%	13.80%	22.40%	100.00%

表7-3-2　視聴頻度と対日イメージ（韓国：友人なしの場合）

			Perceived Influence			合計
			悪い影響	どちらでもない	良い影響	
視聴頻度	ほぼ毎日～月に数回	度数	10	7	14	31
		%	32.30%	22.60%	45.20%	100.00%
	年に数回～見たことがない	度数	48	10	16	74
		%	64.90%	13.50%	21.60%	100.00%

ことができる。表7-2-1では〇・三一四を示し、非常に大きな関連が見られるのに対し、表7-2-2のクラマーV係数は〇・一三二と前者を大きく下回っている。日本の映像コンテンツの視聴頻度と対日イメージの間の関連性は、親しい日本人の知り合いの有無に大きく影響されているのである。言い換えれば、日本の映像コンテンツの頻繁な視聴と日本に対する好意的なイメージの間に強い関連性が見られるのは、彼らが特定の日本人と親しい場合であって、親しい日本の友人や知人を持たない場合、両者の間に強い関連性は見られないということになる。

興味深いことに、この傾向は韓国においてもほぼ同じである（表7-3-1及び表7-3-2参照）。クラマーV係数に注目すると、近しい日本人の知り合いがいない場合には〇・

〇九七とかなり低い値をとるものの、親しい日本の知り合いがいる場合には〇・三〇二とかなり大きな値をとっている。つまり韓国においても、日本の映像メディアの対日イメージに対する影響力は、親しい友人の有無に大きく左右されているのである。

5　考察

以上の分析の結果明らかになったことを整理すれば、以下の三点にまとめられる。

第一に、中国と韓国では、日本の映像メディアを頻繁に視聴している集団においても、その中で日本に対し好意的なイメージを抱いている層は非常に限られる。

第二に、日本の映像メディアを頻繁に視聴する層ほど、日本に対して好意的な印象を抱く者の割合は大きくなるものの、その関連性の大きさは限定的である。

第三に、親しい日本の知り合いの有無は、映像コンテンツの視聴頻度と対日イメージの関連性の大きさに影響を与える。日本に親しい知り合いのいる場合、両変数の関連かなり大きくなるのに対して、親しい知り合いのいない場合、関連性はかなり小さいか、ほとんど見られない。

これらの事実から何が言えるだろうか。第二の点から見れば、中国・韓国において日本の映像コンテンツは日本のイメージ向上に貢献しているように思われる。しかし、第三の点から見れば、早急にそう結論づけることは必ずしも正しくない。日本の映像コンテンツがイメージ向上に寄与しうるのは、日本に親しい友人がいる場合に限られるからである。

ではなぜ、そのような結果になるのか。

親しい友人がいない場合、映像コンテンツの視聴頻度と対日イメージの間にほとんど関連性が見られない事実は、ジョセフ・ナイのインタビューにおける発言や、いくつかの先行研究における主張を支持するものといえるが、これは、中国や韓国の若者の内面、とくに日本に対する感情の「特殊性」に着目した説明が可能である。たとえば遠藤（2008）は、日本アニメを好んで視聴する中国の若者の内面には、「民主主義的なサブカルチャーに対する愛」と、国家による「刷り込み」により醸成された反日的感情という、相反する二つが共存していると指摘しているが、それは今回得られた結果によっても支持されうる議論である。

また、日本のコンテンツが持つ「特殊性」に着目することも可能かもしれない。アメリカのアニメには民主主義や平等といった思想性や目的性が込められているのに対して、日本のアニメにはそのような思想性がないため、中国の政府高官ですら、危機感を感じることなく日本アニメを受容することができるというが（遠藤 2008）、だとすれば、日本のコンテンツには日本の魅力をアピールするための「日本らしさ」が欠如しているということになる。

親しい知り合いがいる場合、映像コンテンツの視聴頻度と日本のイメージの間に強い関連がみられるとする事実は、日本のポップカルチャー（本章においては映像コンテンツ）が中国や韓国で日本の魅力を向上させる役目を果たすためには、日本人との親密な交流があるといった条件をクリアする必要があることを意味する。

では、なぜ日本人との直接交流の経験がある場合に限って、視聴頻度と対日イメージの間に強い関連が見られるのか。

まず考えられるのは、日本人との交流が、映像コンテンツがソフト・パワーとして機能する素地を提供しているから、といった理由である。たとえば呉揮斐（1991）は、韓国人の対日イメージの形成過程について「日本の侵略、迫害など、過去の国家間の葛藤と関連した感情（敵対感）が、幼少期に親と学校教育を通して先に形成され、韓国のマスメディアによって補強されるプロセス」という説明を行っている。また呉正培（2008）は、このような経緯から抱かれるようになった敵対的な対日イメージは、日本への留学等による日本人との直接的な接触によって緩和されると指摘している。

彼らの主張と今回の分析における発見を照らし合わせれば、以下の二つの命題が新たに導かれることになる。

命題1　敵対的な対日イメージが、映像コンテンツの視聴により日本に対し好意的な印象を抱くようになるプロセスを阻害している。この敵対的イメージはコンテンツの頻繁な視聴によっても拭うことはできない。

命題2　日本人との直接的な接触は、敵対的な対日イメージを緩和している。いったんそのイメージが緩和されれば、コンテンツの視聴頻度が高まるほど日本に対して好印象を抱くようになる。

もしこれらの命題が正しければ、中国・韓国における日本のソフト・パワー（資源）の影響力は、彼らが前提として抱く敵対的な対日イメージをいかに緩和するか、また、そのために有効であると考えられる、日本人との親密な交流の機会をいかに提供するか、という二点にかかっていることになる。

6　おわりに

本研究では日本のポップカルチャー、なかでも世界で大きな人気を誇るアニメをはじめとした映像コンテンツが、いかにソフト・パワーの資源として日本のイメージ向上に寄与しているかを、データをもとに定量的に分析しようと試みた。ソフト・パワーの影響力に関するデータに基づいた詳細な研究がこれまで必ずしも十分に行われてこなかったことを考えれば、本研究は従来のソフト・パワー論の枠組みを超え、新しい見地を切り開くものとして評価されるべきであろう。とくにソフト・パワーを具体的な個別の資源に分解した上で、それぞれがどの程度の影響力を有するのかを統計的に分析した研究は、本章を除いてはほぼ存在しないといってよい。

本研究を通じ、日本の映像コンテンツの影響力の大小がさまざまな条件に左右されていることが明らかになったが、この結果はソフト・パワーの影響力は必ずしも一般論として語ることができないことを示唆するものであり、従来のソフト・パワー論に大きな風穴を開けるものである。たとえば高まるアニメ・マンガ人気に乗じ、コンテンツさえ輸出すればすべてが上手くいくであろうといった楽観的な見解は許されなくなるからである。その意味では、今後の日本のパブリック・ディプロマシーのあり方を考える際の、意味ある発見を得ることができたのかもしれない。

そして何より、中国や韓国においても日本のソフト・パワーは有効に機能するのかという問いに対して、ノーと答えるのが適切だということも明らかになった。その点では、いくつかの先行研究の仮説が、大規模なデータ分析の結果から支持されたともいってよい。

いずれにせよ、中国・韓国においては、日本のソフト・パワー（資源）の威力を大きく阻害する「何か」が潜んでいる。それは日本に対する強い敵対心なのかもしれないし、国家による刷り込みにより習得された反日的なイデオロギーなのかもしれない。ところがその「何か」は、日本人との親密な交流によって、かなりの程度解消される。

日本のソフト・パワーの阻害要因を明らかにするには、なぜ親しい日本の友人の存在がその効果の大小に大きく影響するのか、その因果関係を突き止めることが必要となる。差し当たって次の課題は、先に提示した二つの命題の検証となるはずである。

注

(1) アニメやマンガ・ファンがお気に入りの衣装を身につけ仮装するアクティビティのことであるが、これはコスチューム・プレイを省略した和製英語である。海外においても広く用いられていることを鑑みれば、そこからも日本サブカルチャーの影響力を窺い知ることができる。

(2) 二〇一一年に博報堂により行われた調査によれば、日本のコンテンツが韓国・アメリカ・欧州のそれを圧倒していたと報じられている(二〇一四年一一月三〇日取得、http://www.hakuhodo.co.jp/archives/newsrelease/558)。

(3) 一党独裁体制を敷く中国にあって、果たしてソフト・パワーの効果を議論することに意味があるのかと疑問に思われるかもしれない。民主主義体制でない以上、中国世論が日本に友好的になったとしても、それが政治に影響が及ばないのではないか、というわけである。ところが現実は逆のようだ。かつて米クリントン政権下において対中政策を担当していたスーザン・シャークによれば(Shirk 2008)、中国の首脳陣は天安門事件以降、大衆の声に非常に敏感になっているという。激しい派閥争いの中を生き残らねばならない党中央のリーダーにとって、民衆の支持を得ることができるかどうかは死活問題である。また、民衆の支持を得るためには高い経済成長率を維持することが重要であるが、そのためには近隣諸国、とくに日本やアメリカとの友好的な関係を維持する必要がある。

中国世論が日本に対して穏健なものとなった場合、中国政府はおそらくそれを支持するだろう。つまり中国におけるパブリック・ディプロマシー政策は、もしそれが効果的であるならば、今後の日中関係を大きく変える力を持ちうると考えられるのである。

第8章　東アジア共同体成立の心理的基盤を探る
――アジア人意識への社会学的アプローチ

園田茂人

1　はじめに

東アジア共同体の構築をめぐっては、楽観論・悲観論が交錯している。「すでに経済的には事実上の統合が起こっている」とする主張が楽観論だとすると、「アジアには共通のアイデンティティが確立されていない」といった議論が悲観論の代表的なものだろう。

宗教、政治体制、歴史観。おおよそあらゆる点で、アジアを括る共通の価値観の欠如がアジア人意識の誕生を阻害し、これが共同体の構築をむずかしくしているといった議論は、東アジア共同体論には、必ずついて回っている。

たとえば東アジア共同体の構築を主張する谷口誠は以下のように述べ、共同体意識の欠如がアジアにおける地域統合への障害になっていると指摘する。

ASEANとともに「東アジア共同体」の主要メンバーとなるべき日・中・韓の三経済大国の間は、経済の相互依存関係はますます深まりつつあるにもかかわらず、『共同体意識』は一向に育ってこない。第二次大戦後六〇年になろうというのに、日・中、日・韓の間には、歴史認識、教科書、靖国神社参拝等の問題をめぐり、未だに政治的・感情的な溝があり、それが共同体意識の芽生えを阻んでいるのが現状である（谷口 2004: 45）。

また張小明も、北東アジア共同体の構築が必要でありながらも、そこに共通のアイデンティティが欠けているとして、次のように述べている。

この地域における共通のアイデンティティが欠如しているため、北東アジアの共同体構築は非常に遅れている。解決すべき多くの問題があるが、北東アジア共同体の構築は喫緊である。共通のアイデンティティと共同体意識こそが、やがて来る北東アジア共同体の基礎となる。しかし、このアイデンティティの形成は、社会的活動の促進と交流の長期的活動となる（張 2006：271）。

ヨーロッパの統合にとってヨーロッパ人意識（European Consciousness）の生成がきわめて重要であったとされるが（Barzini 1983＝1986: 31）、こうした意識はどの程度、アジアの人びとに共有されているだろうか。アジアの定義・範域が確定していない中で、どれだけ自分たちが「アジアの人間だ」という意識、すなわちアジア人意識（Asian Consciousness）を共有しているのだろうか。

幸運なことに、アジア・バロメーターでは、この問いに答えるためのデータを集めてきた。調査年によって選択肢の区分けが異なっているため、単純な比較はむずかしいものの、まずは、調査対象となったすべての国・地域で、どの程度アジア人意識が持たれているかを概観してみよう。

2　国・地域によって異なるアジア人意識の強さ

「世界中には、国境を越えた集団（たとえばアジア人や華僑、言語や宗教を共有する集団など）に属すると考える人たちがいますが、あなたはこうしたアイデンティティがありますか？（原文 Throughout the world, some people also see themselves as belonging to a transnational group (such as Asian, people of Chinese ethnicity, people who speak the same language or practice the same religion). Do you identify with any transnational group?)」といった設問に対して、「アジア人（Asian）」と回答した割合が高い順に上から国・地域を並べてみたのが図8-1である。[1]

図 8-1　アジアにおける「アジア人意識」

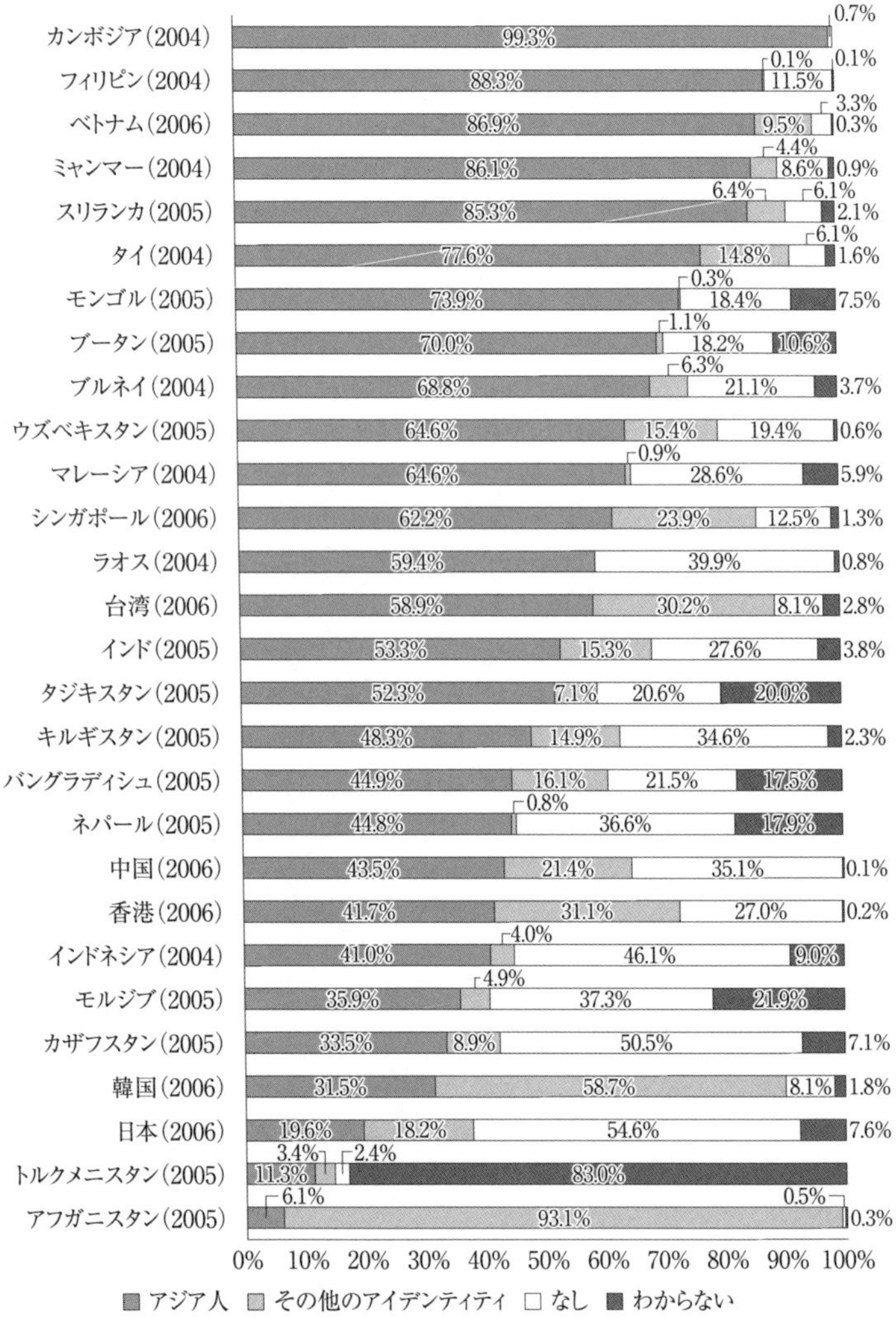

注）カッコ内の数値は調査実施年を示す。

これからもわかるように、アジア人意識をめぐっては、国や地域によってずいぶんと温度差がある。

まず目につくのが、東南アジアにおけるアジア人意識の高さである。カンボジアで九九・三%、フィリピンで八八・三%と、総じて「アジア人としてのアイデンティティを持つ」と回答した者の割合が高い。

唯一の例外がインドネシアで、アジア人としてのアイデンティティを持つと回答した者の割合は四一%にすぎないものの、それ以外の地域では、軒並み六割以上の回答者がアジア人としてのアイデンティティを持っていると回答している。

ASEANによる地域統合のための試みがどれだけ成功しているかは判断がむずかしいものの、少なくてもアジア人意識の覚醒のための試みとしてはずいぶんと成功しているといった印象を与える結果である。

これに対して、北東アジアは総じてアジア人意識が低い。

とくに顕著なのが日本で、五四・六%と過半数の回答者が「国境を越えた集団へのアイデンティティはない」を選択しており、データがある二八の国・地域でもっとも高い値を示している。

他方で、韓国や台湾では外国に住む血縁関係のある者、香港や韓国では同じ言語を話す者をアイデンティティの対象として挙げた者が多く、これが結果的にアジア人という選択肢を選んだ者の割合を下げている。

もちろん、単項選択式のため、北東アジアでアジア人意識を持つ者がもっと多い可能性を否定できない。一番強いアイデンティティは外国に住む血縁関係のある者かもしれないが、二番目、三番目に強いのがアジア人アイデンィティである可能性もあるからである。

とはいえ、質問の仕方は北東アジアと東南アジアで共通していることからも、北東アジア――とりわけ日本、韓国、中国といった経済大国――でアジア人意識が相対的に低いことには変わりがなく、これは、日中韓で共同体意識が芽生えにくいとする、上述の谷口や張の憂慮と相通じるものがある。

日本人の中には、アジアサッカー連盟(AFC)に加盟し、アジアカップに参加しているタジキスタンやウズベキスタンに対し、「本当にアジアなのか」と思っている者も少なくないだろう。しかし、アジア人意識に限っていえば、彼らの方が日本人よりも強い。アジアでないのは、タジキスタンやウズベキスタンではなく、日本の方なのである。

3　アジア人意識を生み出す要因

では、アジアのどのような人がアジア人意識を持ち、どんな人がアジア人意識を持っていないのだろうか?　紙幅の関係で、すべての国・地域を扱うことはできないため、東アジア共同体を構成するとされるASEAN+3に、香港、台湾、モンゴルを加えた一六の国・地域に絞って、統計分

析をしてみたい。(2)

データ分析にあたっては、二〇〇六年データからは六〇歳以上のデータを取り除き、二〇〇四年データからは、二〇〇六年データに最新のものがある日本、韓国、中国、ベトナム、シンガポールの五カ国のデータを取り除いた上で、二〇〇四年データと二〇〇六年データ、それに二〇〇五年データのモンゴルのファイルを結合した。

合計一万四四六五人分のうち、六二％弱の八九九一名がアジア人意識を持っていると回答し、残りはそれ以外の回答をしたのだが、彼らがアジア人という意識を持っているかどうかを判別するには、どのような変数が有効だろうか？　いくつか仮説を立てて、検証してみたい。

第一に、グローバリゼーションへの接触度の高さがアジア人意識を生み出しているとする「グローバリゼーション仮説」。アジア・バロメーターには、「家族や親族に海外で生活している者がいる」から「仕事の関係で他国の組織や人間と接触がある」まで、グローバリゼーションへの接触度に関する六つの質問項目が用意されているが、多くの質問項目でイエスと回答した者の方がアジア人意識をもちやすいと予想するのが、この「グローバリゼーション仮説」である。

第二に、自国民としての誇りを強く持つ者ほど、アジア人といったトランス・ナショナルな意識を持たないであろうとする「反ナショナリズム仮説」。アジア・バロメーターには、「あなたは自国人として、どの程度誇りを持っていますか」という問いが用意され、四段階で自国民としての誇りを評価する項目があるが、誇りを強く持つグループほどアジア人意識を持つ者の割合が低くなると

表8-1 アジア人意識の有無を決定する要因：二項ロジスティック回帰分析の結果

	非標準化係数	標準誤差	Wald	自由度	有意確率	Exp (B)
グローバリゼーションへの接触度	.100	.017	35.163	1	.000	1.105
自国民としての誇り	.782	.026	904.914	1	.000	.457
英語能力	.091	.023	15.231	1	.000	1.095
定数	1.381	.056	607.283	1	.000	3.977

考えるのが、この仮説である。

そして第三に、アジアの「共通言語」である英語ができる者ほどアジア人意識を持っているとする「英語能力仮説」。アジア・バロメーターでは「あなたは、どの程度英語ができますか」という問いが用いられ、回答者は「まったくできない」から「流暢に話すことができる」までの四段階で回答することが求められているが、この仮説は、英語能力（に対する自己評価）が高くなるほど、アジア人意識を持つ者の割合が高くなると予想するものである。

アジア人意識を持っているかどうかの二値を被説明変数、グローバリゼーションへの接触度、自国民としての誇り、英語能力を説明変数として、二項ロジスティック回帰分析を行ってみた結果が、表8-1に掲げられている。

表8-1が示しているように、グローバリゼーション仮説と英語能力仮説は検証されたものの、反ナショナリズム仮説は反証されたどころか、非標準係数がプラスであることから逆の傾向、つまり自国民であることに誇りを持つ者の方でアジア人意識が持た

れていることがわかる。しかも、非標準化係数の大きさから見ても、自国民としての誇りの説明力は、他の変数よりも強くなっている。

4　自国民としての誇りがアジア人意識を生む

確かに、アジア人意識が強い東南アジアでは、自国民としての誇りを強く持つとする回答が顕著だったのに対して、アジア人意識が弱い北東アジアでは、自国民としての誇りを強く持っているとする回答は相対的に少ないことからも、自国民としての誇りが高い国でアジア人意識が強く見られるというのも合点がいく。

とはいえ、自国民としての誇りとアジア人意識の関係を細かく国・地域ごとに見てみると、大きく三つくらいのグループに分かれる（図8-2、図8-3、図8-4参照）。

第一に、自国民の誇りとアジア人意識の有無に、統計的に有意な関係を見いだせない国・地域。日本の場合、自国民としての誇りに回答結果にかかわらず、だいたい二〇％くらいがアジア人意識を持っていると回答し、逆にカンボジアの場合、どの回答でもほぼ一〇〇％がアジア人意識を持っていると回答している。モンゴルの場合、アジア人意識を持っていると回答した者全員が、自国民として「大いに誇りがある」と回答しており、統計的な有意さをチェックしようもない。

第二に、統計的に有意な関係を示しているものの、必ずしも線形的な関係を示していない国・地

図 8-2　自国民としての誇り別に見た各国のアジア人意識（1）

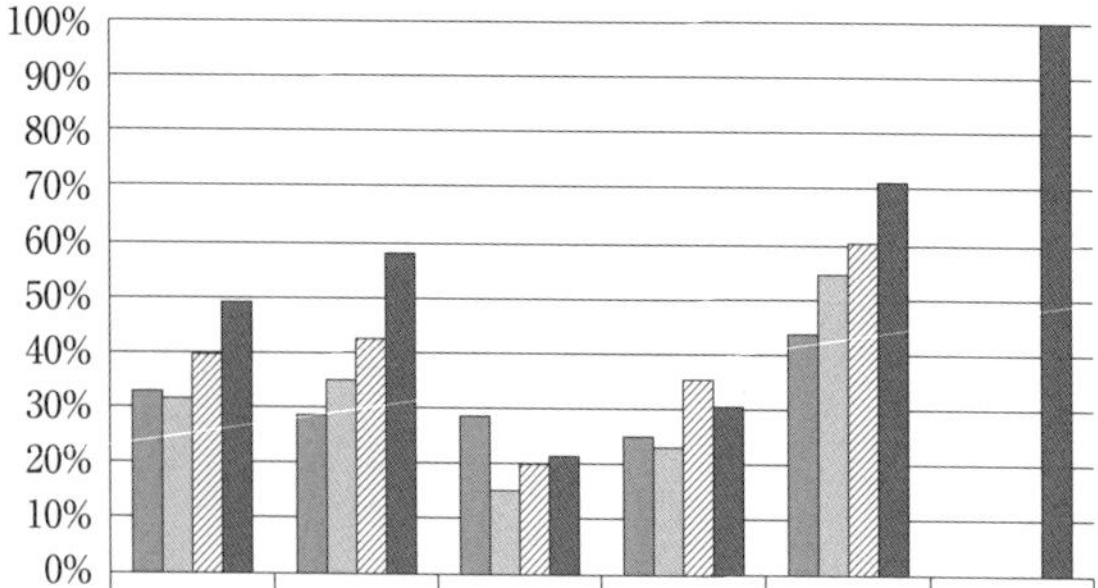

	中国	香港	日本	韓国	台湾	モンゴル
■まったく誇りがない	32.8	28.6	28.6	25.0	43.6	0.0
□あまり誇りがない	31.5	34.9	15.2	23.1	54.5	0.0
▨まあ誇りがある	39.6	42.5	20.0	35.3	60.2	0.0
■大いに誇りがある	49.0	58.0	21.4	30.5	71.2	100.0

注）数値はアジア人意識があると回答した者の割合を示す。

図 8-3　自国民としての誇り別に見た各国のアジア人意識（2）

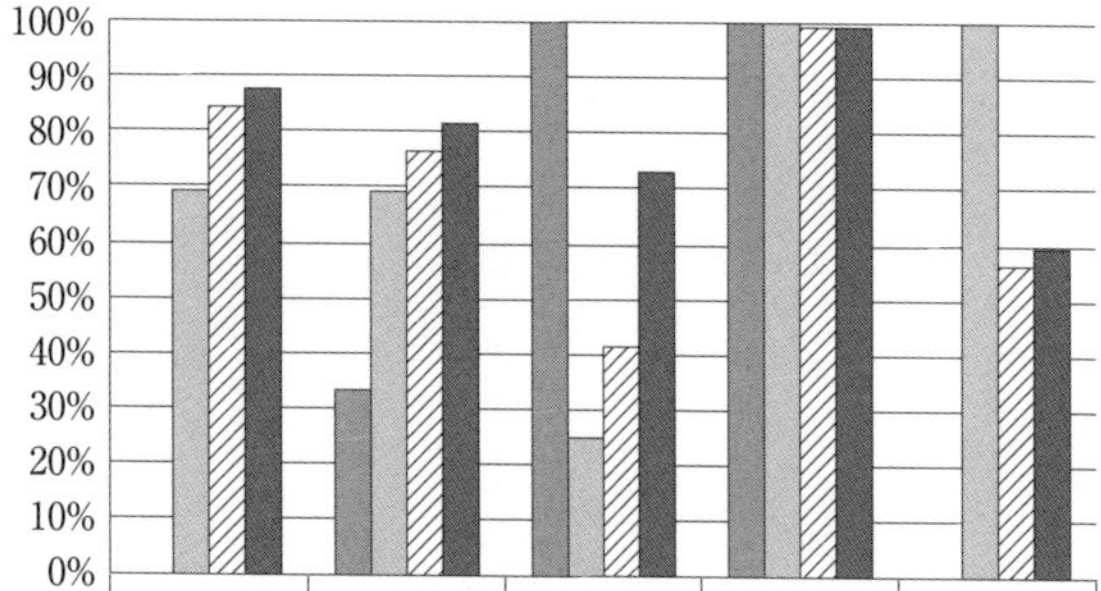

	ベトナム	ミャンマー	ブルネイ	カンボジア	ラオス
■まったく誇りがない	0.0	33.3	100.0	100.0	
□あまり誇りがない	69.2	69.2	25.0	100.0	100.0
▨まあ誇りがある	84.3	76.5	41.4	99.2	56.3
■大いに誇りがある	87.6	81.5	73.1	99.2	59.4

注）数値はアジア人意識があると回答した者の割合を示す。

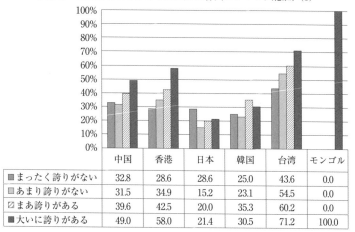

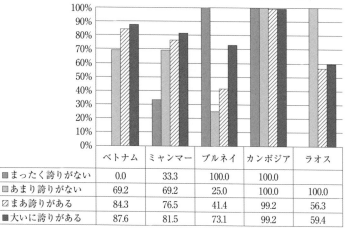

図8-4　自国民としての誇り別に見た各国のアジア人意識（3）

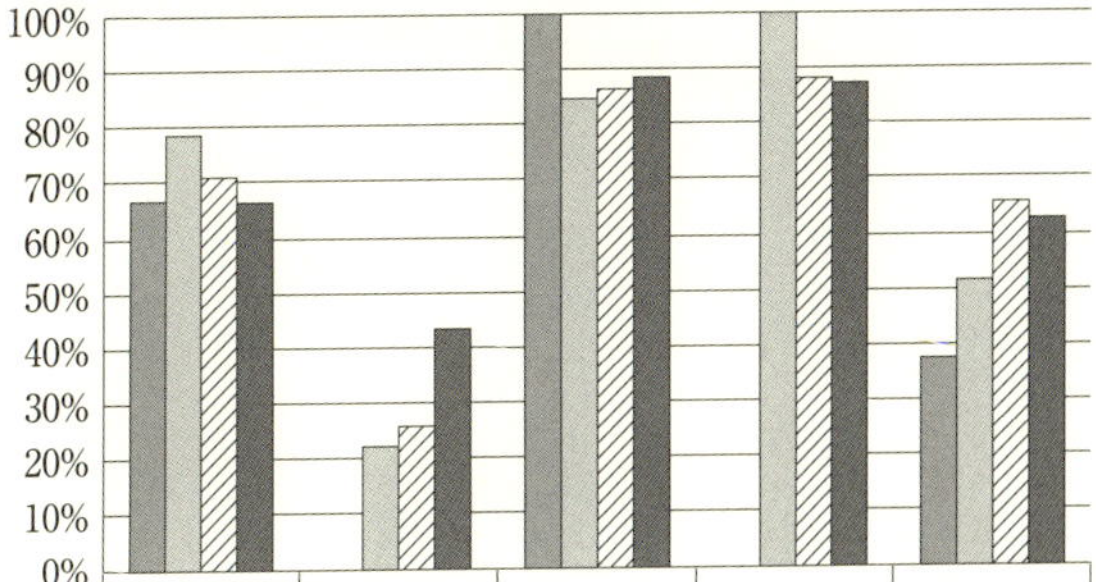

	マレーシア	インドネシア	フィリピン	タイ	シンガポール
■まったく誇りがない	66.7	0	100		37.5
□あまり誇りがない	78.6	22.2	84.6	100	51.5
▨まあ誇りがある	71	25.8	86.3	88.2	65.6
■大いに誇りがある	66.4	43.4	88.5	87.3	62.6

注）数値はアジア人意識があると回答した者の割合を示す。

域。中国、マレーシア、ラオスなどがこうしたグループに入る。

そして第三に、統計的に有意な関係を示し、かつ線形的な関係があるもの。香港、台湾、ミャンマーなどは、きれいに右肩上がりのパターンを示しているが、これらの国・地域が、その代表である。

このように、全体として見ると、アジアでは自国民としての誇りが高くなるほどアジア人意識が持たれる傾向があるものの、個々の国・地域レベルで見ると、必ずしもこうした傾向は共有されていない。アジアの多様性の一端を示す結果である。

5　アジア人意識は反英米意識の象徴か？

ところで、自国民としての誇りが高い者ほど、アジア人意識を持ちやすいとは、どのようなことを意味しているのだろうか？　そもそも、アジア人意識を持つ者と持たない者とでは、対外認識が異なるのだろうか？

自国民の誇りが高く、アジア人意識を持っている者は、アジア諸国に対して肯定的なイメージを、それ以外の地域、とくに英米に対しては否定的なイメージを持っていると思われるかもしれない。「大東亜共栄圏」であれ「第三世界論」であれ、アジア人意識の覚醒・高揚は欧米への対抗意識と切っても切れない関係にあったからだ。

ところが、現実にはそうなっていない。

図8-5には、アジア人意識を持つ者と持たない者に見られる対外イメージを示したものである。対外イメージについては「1」が「自国によい影響を与える」、「5」が「自国に悪い影響を与える」を示し、スコアが高ければ高いほど自国に対する影響を悪く評価していることを表していることに注意を促したい。

アジア人意識を持つ者の方で、日本、韓国、北朝鮮、中国といったアジア諸国への評価が高くなっているのは理解しやすい。ところが、アジア人意識を持つ者の方で、アメリカやイギリスに対す

図８-５　アジア人意識の有無別に見た対外イメージ

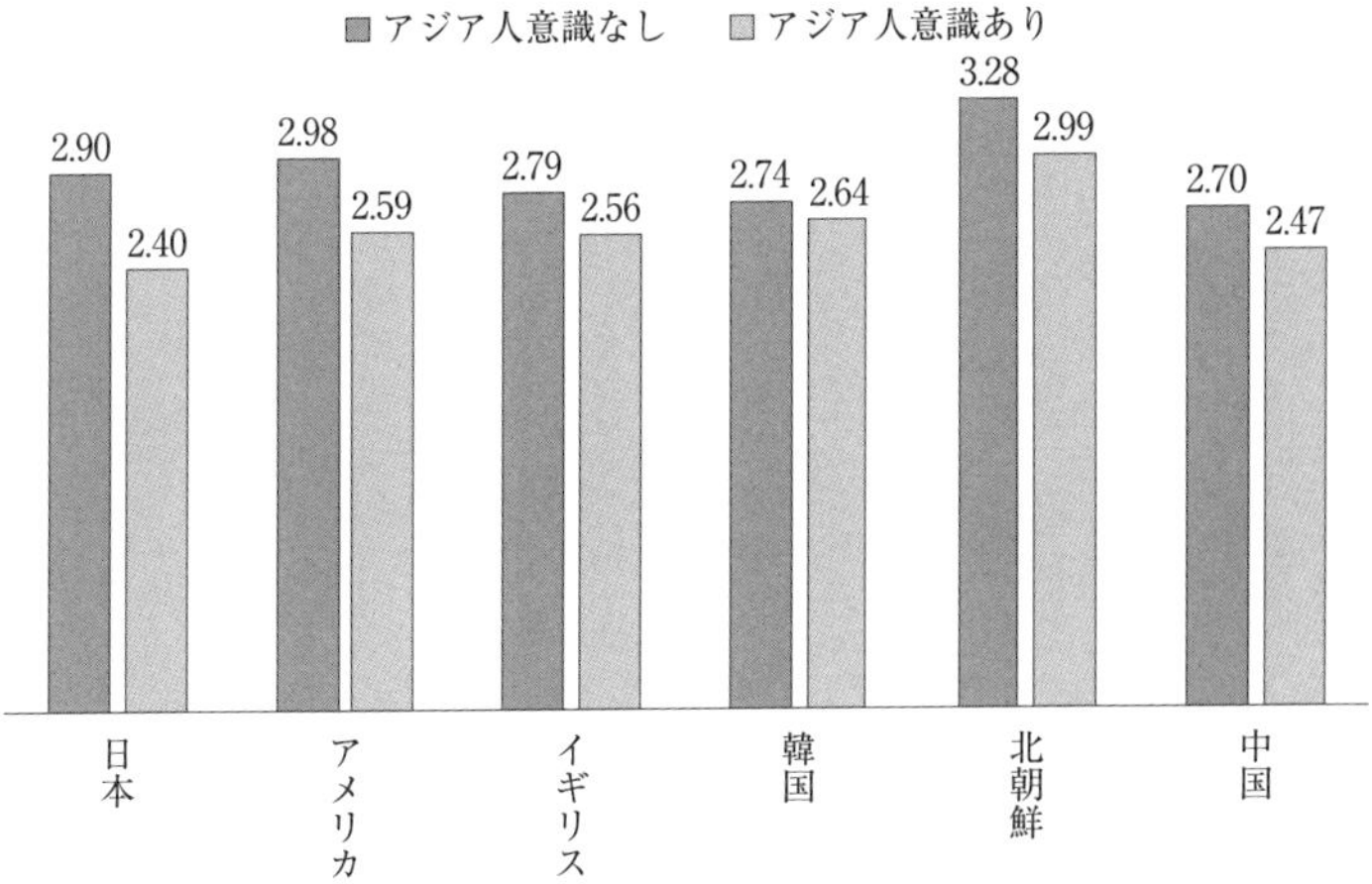

注）数値が高くなるほど「自国への影響が悪い」と評価されていることを意味している。

る評価が高くなっている点に注意が必要だ。アジア人意識は反英米意識どころか、むしろその逆になっているのである。

　アジア人意識を持つ者と持たない者に分け、それぞれ上記六カ国をどのように見ているかを理解するために因子分析（主成分分析）を行ってみたところ、第一因子が外国に対する評価、第二因子がアジア‐英米に対する評価と、似た因子が析出された（表８‐２、表８‐３を参照）。

　しかも第一因子が説明する分散の割合が三七・六％と三八・五％、第二因子が説明する分散の割合が二二・〇％と一九・八％といった具合に、アジア意識を持つ者と持たない者の間にきわめて似た特徴を見て取ることができる。

　このように、中国、日本、アメリカ、イギリス、韓国、北朝鮮に対するイメージは、外国からの影響に対する評価と、アジア‐英米に対する評価から構成されており、その点ではアジア人意識を持つ、持たないと関係ない。両者の違いは、アジア人意識を持っている者が外国の影響を総じて肯定的に捉えているのに対して、持っていない者がこれを否定的に捉えがちだという点にある。

表 8-2　アジア人意識を持つ者に見られる対外イメージの構造：成分行列

	成分	
	第一軸	第二軸
中国	.489	.223
日本	.584	.005
アメリカ	.672	−.576
イギリス	.684	−.527
韓国	.684	.421
北朝鮮	.588	.591

表 8-3　アジア人意識をもたない者に見られる対外イメージの構造：成分行列

	成分	
	第一軸	第二軸
中国	.506	.171
日本	.549	.237
アメリカ	.642	−.648
イギリス	.691	−.583
韓国	.684	.400
北朝鮮	.586	.561

6　日本におけるアジア人意識の「停滞」

では、日本におけるアジア人意識は、ここ数年の間、どのような変化を示しているのだろうか。アジア・バロメーターで日本のアジア人意識を聞けているのが二〇〇三年、二〇〇四年、二〇〇六年で、それぞれ八一三、八二五、一〇〇三のサンプルを獲得している[3]。そのうち、「アジア人」

図8-6　日本におけるアジア人の意識の変化：3時点比較

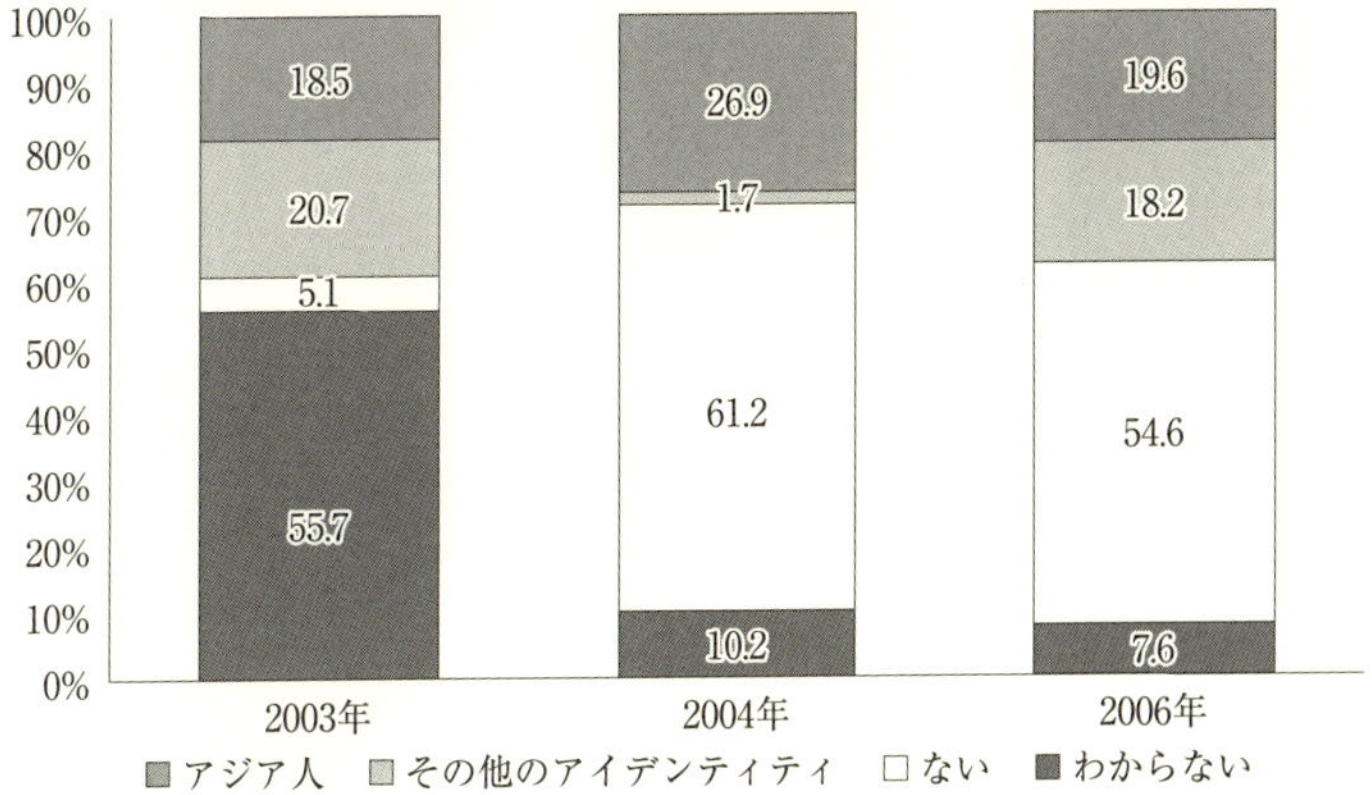

注）2003年のデータで「わからない」という回答が全体の半数以上に達しているのは、調査時点で回答に迷った場合に、「国際的アイデンティティの有無」をきかずに「わからない」と判断したからだと思われる。

と回答した者の割合は、二〇〇四年で二六・九%に達したものの、二〇〇三年で一八・五%、二〇〇六年で一九・六%だから、一貫して増加しているとはいいがたい（図8-6参照）。

二〇〇六年のデータを使って、アジア人意識の世代分析を行ってみた結果が図8-7に示されているが、三〇歳台でアジア人意識を持っている者が二五・一%と少々多いくらいで、世代とアジア人意識の有無との間に統計的に有意な関係は見られない[4]。しかも、二〇〇三年、二〇〇四年のデータを用いても、世代とアジア人意識の有無には、明確な関係は見られない。

実際、日本のデータのみを対象に、グローバリゼーション仮説や反ナショナリズム仮説、英語能力仮説を検証しようとしてみても、すべて統計的に有意な結果を示さない。また、アジア人意識の有無と対外イメージの関係も統計的に

図 8-7　世代別に見た日本人のアジア人意識の有無

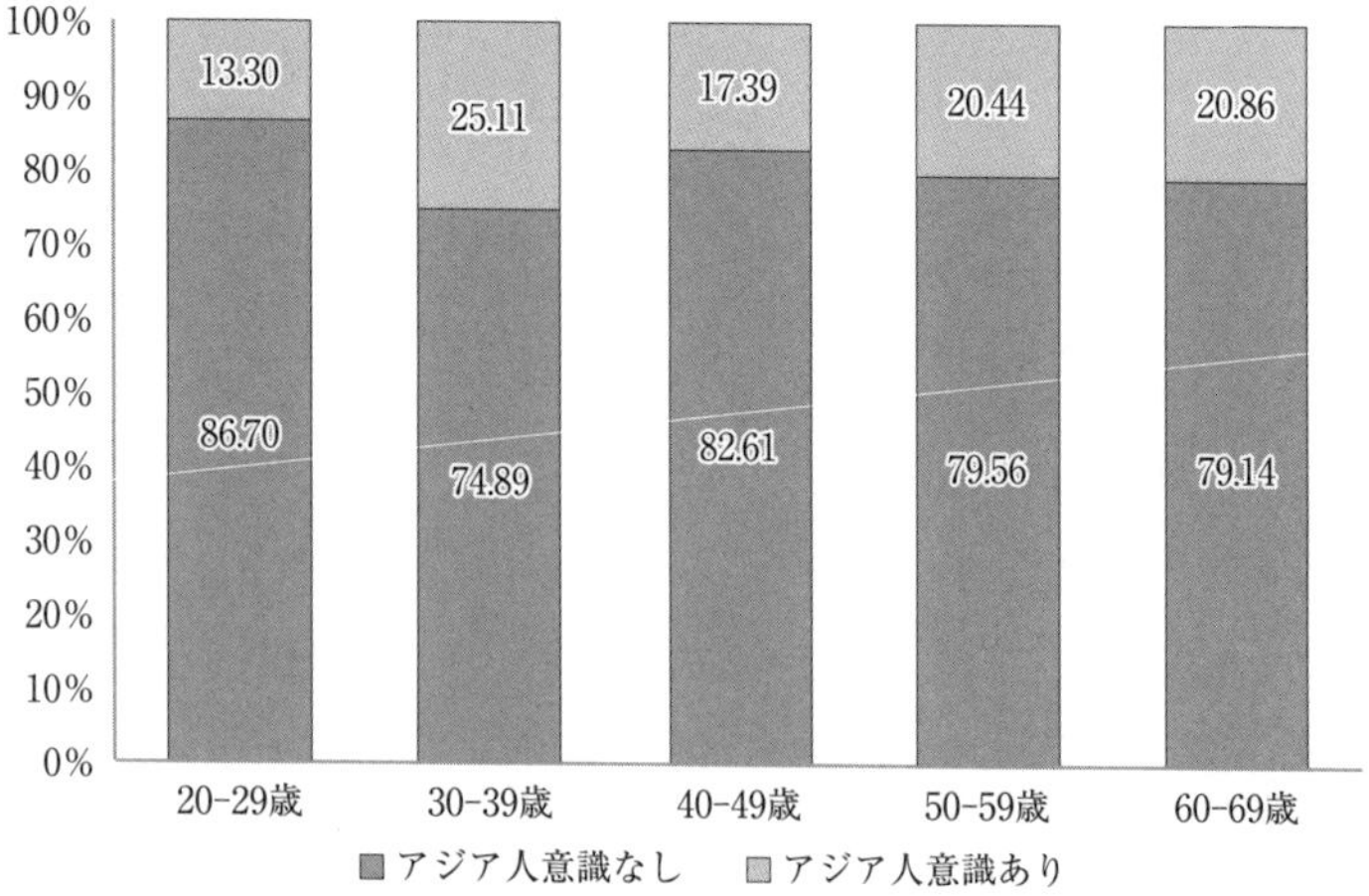

注）分析にあたって 2006 年データを利用した。

有意な関係を示していない。キムチや北京ダック、フォー（ベトナムの麺料理）、トムヤンクン、飲茶といった、東アジアのローカル料理を好んで食べている日本人が、そうでない日本人よりアジア人意識が強いわけでもない[5]。

このように日本では、特定の社会集団に局在することなく、おおよそ全体の二割弱の人がアジア人意識を持った状態が、ここ数年続いている[6]。

7　おわりに

以上、分析結果をまとめてみよう。

アジア・バロメーターのデータから、アジア人意識には地域的な温度差が見られること、とくに東南アジアでアジア人意識が強く、北東アジアで弱いことが確認された。そして、アジア人意識を持つ者に、自国民としての誇りやグローバリゼーションへの接触度、英語能力などが関係しており、アジア人意識の持ち主は、アジア諸国ばかりか英米も含め、他国の自国への影響を相対的に高く評価するなど、概して外向的な性格の持ち主であることが明らかになった。

これらの諸変数は、日本人の中のアジア人意識を持つ者と持たない者を識別する際には役立たないものの、日本人のアジア人意識を全体的に低めていることは、本章の分析から容易に推測することができる。

井上寿一（2006: 241）は、「私たち日本人は、『共通文化圏』に属する『アジア人』であるという意識を持つことで、アジアにおける脱パワーゲームの条件整備を進めていく必要がある」と述べ、国際政治上のゼロサムゲームを回避するためにアジア人意識の覚醒が重要だと指摘しているが、本章の分析結果から、その覚醒が日本ではむずかしい状況に置かれていることがわかる。

総じて内向きの性格を持つ日本人が、果たしてアジア人意識を持つようになるかどうか。この問いに答えるには、もう少し長いスパンでデータを集積していかねばならない。

いずれにせよ、政府主導による東アジア共同体構想が、日本人の強いアジア人意識を前提としていないことだけは確かである。

＊本章は、園田（2007a）をリライトしたものである。

注

（1）「アジア」という言葉が示す地域的広がりやイメージが、アジア内部で異なっている可能性が高く、したがって、回答者がみずからをアジア人と考えるかどうかは、アジアの定義によって大きく変わってくる可能性がある。本来、アジアの範域や定義を、回答者の心理ベースにまで降りて議論すべきだが、アジア・バロメーターには、残念ながら、これに関するデータがない。そのため、あくまで回答者が、みずからをアジア人だと思っているかどうかに注目して、データ分析を進めていくことにする。

（2）香港と台湾を独立したデータとして扱うことは、国際政治上は問題が多いかもしれないが、社会学では常識となっている。実際、台湾に関しては、多くの点で中国大陸と価値観を共有しているものの、とくに対外イメージは対極的ともいえる性格を見せている。

日本以外に、三時点のデータが得られたのは中国、韓国、ベトナムである。ただ、中国の場合、二〇〇四年には当局からの指示により質問が調査項目から外されており、アジア人意識の三時点比較ができない。また韓国の場合、二〇〇六年調査で「その他のアイデンティティ」への具体的な記述が増加したため、この時期突然、アジア人意識の割合が低下している。これに対してベトナムの場合、一貫してアジア人意識の回答が高くなっており、日本同様、三時点比較が可能な状況となっている。

（3）アジア・バロメーターでは二〇〇八年にも日本を対象に調査を行っている。ところがアジア人意識に関する質問は入っていないため、四時点の分析はできない。

（4）若い世代ほどインターネットや電子メールの利用頻度は高くなっているものの、これとアジア人意識の有無とは統計的に無関係である。つまり日本の若者は、アジアとの交流を可能にするインフラの恩恵を受けていながら、アジア人意識を高めてはないのである。インターネットの利用と若者のナショナリズム意識、反アジア主義的傾向が議論されることがあるが（高原 2006）、少なくても二〇〇六年のアジア・バロメーターのデータを見る限り、これら三つの間には明確な関係はなさそうである。

（5）亜洲奈みづほ（2004）は、アジアにおける大衆文化の交流にアジア人アイデンティティの誕生の突破口を見いだしているが、現実はそれほど単純ではない。そもそも、大衆文化を自分たちに都合のいいように変容させ、みずからのアイデンティイティを変容させないどころか、文化の流入元への敵対的感情を持ちながら、その文化を消費するといったことはアジアの中で日常的に行われており、そこに単一のアイデンティティの基盤を見いだすことはむずかしい。この点については、土佐・青柳（2005: 16）および園田（2007b）を参照されたい。

（6）では、どうして日本のアジア人意識が低いのか。いくつかの説が考えられる。

第一に、ちょうどイギリスがヨーロッパ大陸に対して「イギリス対ヨーロッパ」と考えるように、日本も「日本対アジア」と、あたかも日本がアジアに含まれていないとする思考方法が以前から存在していたから。第二に、日本を先進国の一部と見なし、アジアを後進国とみなすなど、アジアと日本を切り離す思考方法が存在していたから。第三に、日本人自身に、そもそも他国と結びついているとする感覚が少なく、孤立主義的な世界観が強く見られるから。

これらのいずれが正しいかは、アジア・バロメーターのデータ分析の射程を超える。今後の課題としたい。

第9章　学生の意識に見るアジア統合の展望
――アジア人意識と脅威認識を軸として

麦山亮太・吉川裕嗣

1　はじめに

東アジアにおける政治・経済の統合をめぐる状況

近年の東アジアにおける国境を越えたモノ・人の移動の活発化は著しい。このようなモノ・人の移動の増加は、東アジアにおける経済統合の進展を反映しており、こうしたモノ・人の移動の増加は、データからも確認される。

まず、モノの移動の増加について確認しよう。図9-1は東アジア・EU・NAFTAの域内貿易シェア推移を示したものである。[1]

東アジアの域内シェアは一九八〇年においては約三五%であったが、そのシェアは徐々に増加し、

図9-1　域内貿易シェアの推移

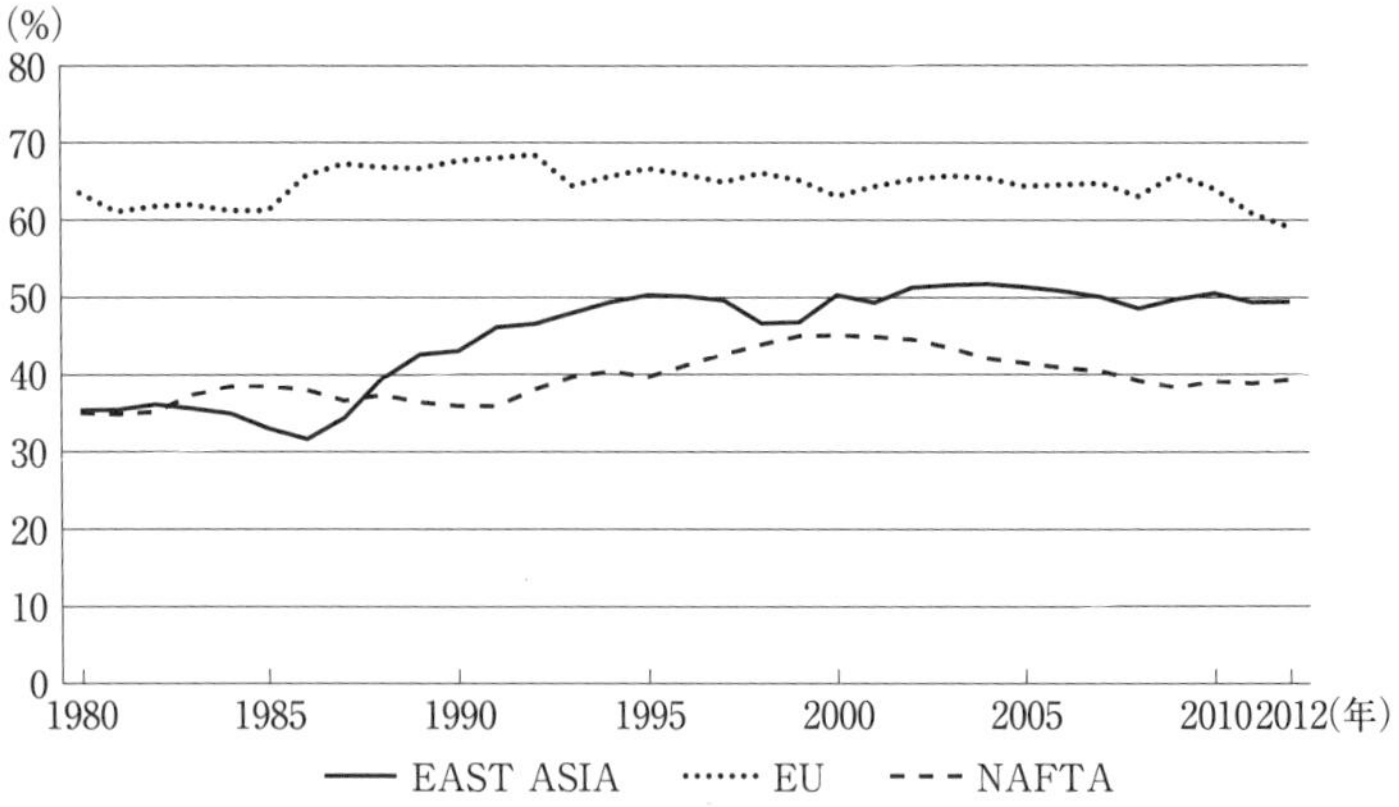

注）域内貿易シェアとは、当該地域の総貿易額に占める当該地域の域内向け輸出入の比率を示す。

出典：RIETI, RIET-TID 2012

二〇一二年には約五〇％にまで達している。また、そのシェアは八〇年代終わりにはNAFTAのそれを上回り、徐々にEUと同じ水準に近づきつつある。こうした急激な東アジアの域内シェアの高まりは、東アジア各国が経済的な結びつきを年々強めていることを示している。

活発化しているのはモノの移動だけではない。人の移動もまた、活発化している。それを端的に示すのが、東アジアにおける留学生の急増である。表9-1は留学生数を年ごとにまとめたものであるが、この表からは、日本、韓国、中国の北東アジア同士の留学生の送り出しと受け入れが活発になっていること、またASEANから北東アジアへと留学する人が増えていることが見て取れる。

しかし、近年の東アジアで見られるのは、こうした経済統合の進展と相反するような政治的緊張の高まりである。たとえば、日中間の尖閣諸島の領有権をめぐる対立、靖国神社の参拝などに見られる歴史認識をめぐる対立、南シナ海の南沙諸島の領有権を主張する中国に対するベトナム・フィリピンの抗議行動など、枚挙に暇がない。このような各国間の政治的な緊張の高まりは、東アジア統合にとって妨げとなりうる。

このように、近年の東アジアにおける、相反するような経済・政治の動きは、アジア統合をどちらに向かわせるのだろうか。本章は、この問いに答えることを目的としている。

表 9-1　留学生受け入れ・送り出し数

（単位：人）

1999 年		受け入れ側			
		ASEAN	中国	日本	韓国
送り出し側	ASEAN		4,975	5,296	174
	中国	1,387		25,655	902
	日本	242	12,784		551
	韓国	729	11,731	18,330	
2007 年		受け入れ側			
		ASEAN	中国	日本	韓国
送り出し側	ASEAN		23,700	9,354	2,489
	中国	11,262		80,231	23,097
	日本	628	18,363		1,235
	韓国	2,109	57,504	22,109	

出典：天児慧・松岡俊二・平川幸子・堀内賢志編（2013）

地域統合の概念と本章の位置づけ

そもそも地域統合とは何を指しているのだろうか。明瞭な概念として定式化されていないものの、どういう状態を地域統合と定義するのかに関しては、大きく分けて二つの捉え方が存在する。

第一に、地域統合を静的な状態として捉えるものである。Eztioni（1965）は、地域内市場の統合と政治的決定権力の地域への移譲とが達成された、もっとも高い水準の経済協力を統合状態であると定義した。第二に、地域統合を動的なプロセスとして捉えるものである。Haas（1958）によれば、異なる国家にある政治的なアクターが既存の国家の枠組みを超えて、制度や司法を統括する新たな中心を実現しようとするプロセスを統合と定義している。これらは互いに補完しつつ、いずれも地域統合という現象の一面を捉えている。

さらに地域統合は、政治・経済・社会（文化）といった三つの領域に大別できる。そして、これらの領域が互いに影響を及ぼしあいながら、地域統合が進んでいくとされている（Yamamoto 2013）。

本章は地域統合の定義や概念には深く立ち入らないが、ひとまず地域統合を「国民国家を超えた地域レベルで、政治・経済・社会の統合が進んでいくプロセス」と捉えておく。その上で、社会領域における問題、具体的には地域統合の推進力となりうる人びとの意識構造を、実証的に明らかにすることを目的とする。

先に述べたとおり、地域統合は政治・経済・社会の三つの領域が互いに関連しあいながら進んで行くプロセスとして捉えうる。ところが、従来の研究の多くは政治や経済の領域に関心を集中させており、社会の領域に関する議論がほとんどなされてこなかった。本章は、そうした間隙を埋めるべく、地域統合の基盤となる人びとのアジア人意識と、アジア地域統合の推進力となる東アジア各国の脅威認識を取り上げることにする。

アジア人意識と脅威認識

アジア人意識は、地域統合につながる意識として強い関心が持たれ、分析の対象となってきた。[2] 実際に、アジアの人びとは、どの程度共通のアイデンティティ＝アジア人意識を持っており、これがいかなる要因によって促進されるかが、さまざまに議論されてきた。二〇〇〇年代以降、アジアにおける社会調査データの蓄積が進む過程で、実証的にこれらの問いにアプローチする研究も増えてきた。

とはいえ、これらの実証研究は、どのような社会的要因がアジア人意識を高めるかに関心が限定されていた。政治経済状況と関わりのある変数を分析に導入したとしても、アジアの政治経済状況と関わらせて議論を展開するケースはほとんどなかった。しかし人びとのアジア人意識は、政治経済状況と無関係ではありえない。ましてや激動するアジアの状況にあっては、なおさらである。そこで本章は、政治経済状況が人びとのアジア人意識にどのような影響を及ぼしているかを、最新の社会調査データから明らかにしたい。

また、アジア統合の進展を予期させるような動きが人びとの意識から見いだされるかどうかも、重要なポイントである。地域統合は動的プロセスによって捉える必要がある概念である。とすれば、当然未来のアジア統合が進むか否かを、人びとの意識から探ることが重要である。しかしながら、こうした点は先行研究では十分に問われてこなかった。そのため本章では、脅威の認識を取り上げ、この課題に取り組む。

進藤榮一（2007）によれば、統合には「共通の脅威」「共通の利益」「共通の価値観」の三つの条件が必要であるという。とりわけ第一の条件である「共通の脅威」が統合のきっかけをつくり、そのもとで関係諸国が第二の条件である「共通の利益」を醸成させ、そしてこれを軸に第三の条件である「共通の価値観」が作られる必要があるという。

共通の脅威が国を超えて人びとに共有されていることが、東アジアの統合の推進力となるとすれば、アジア統合にむけた見通しを得るためには、人びとの意識から共通の脅威が見いだされるかどうかが問われなければならない。

以上を受けて、本章が取り組むリサーチ・クエスチョンは以下の二つに集約される。

（1）東アジアにおける政治的・経済的状況は人びとのアジア人意識にどのような影響を与えるか。

（2）東アジア各国の人びとの間に共通の脅威は存在するか。

2　データと変数

用いるデータ

用いるデータは、アジア学生調査第二波調査のデータである。うち、分析対象とするのは中国

（香港除く）、日本、韓国、台湾、フィリピン、シンガポール、タイ、ベトナムの八つの国・地域の学生データである。(3)

本調査はアジアの学生を対象とした調査であり、また確率的に厳密な標本抽出が行われていない。そのため、その知見を国全体に一般化することはできない。そうした限界はあるものの、このデータは、以下の二つの理由から、本章のリサーチ・クエスチョンにとって非常に適したデータとなっている。

第一に、本調査が各国の学生、なかでも特にエリートとなりうる学生を調査対象にしている。東アジア統合は進行しつつある現象であり、若い人びとの意識構造を見ることによって、アジア統合の行く末を予期しうる。またエリートの間で価値の共有が進むことは、地域の社会統合の推進力となりうる（Deutsch 1957）。その意味で、学生の中でも、とくにエリートとなりうる学生の意識構造を明らかにすることは、社会全体の人びとの意識構造を探るのとは異なる意義を持つ。

第二に、本調査が東アジアの八つの国・地域を対象にした社会調査であるという点があげられる。アジアにおいて、多様な地域を対象とした大規模な比較社会調査は、これまでにほとんど行われてこなかった。こうした調査は現状では猪口孝が中心となって行ったアジア・バロメーター（アジア・バロメーターについては、本書第2章を参照されたい）に限られている。それとて、調査が実施されたのは二〇〇三年から二〇〇八年にかけてで、変化の激しいアジアを論じるにはデータが古くなってしまった。その意味で、大規模なアジアの比較社会調査でありながら、最新の動向にキャッチアップしている本調査のデータは、きわめて貴重で、分析に値するものである。

分析に用いる変数

分析に用いる変数と定義は、以下のとおりである。

(1) アジア人意識――「私はアジアの一員であると思う」という項目に対する回答を用いる。「とてもそう思う」「そう思う」「そう思わない」「まったくそう思わない」の四件法。間隔尺度ではなく、順序尺度として扱う。なお「わからない」は欠損値として分析から除いた。

(2) 自国に対する影響の認識――二〇一三年データの「あなたは以下の各国が自国によい影響／悪い影響を与えていると思いますか」という質問のうち、中国[(4)]、日本、韓国、台湾、フィリピン、シンガポール、タイ、ベトナムへの回答を用いる。たとえば中国については、中国以外の七つの国・地域についての回答を用いることになる。「よい影響」「どちらかというとよい影響」「どちらでもない」「どちらかというと悪い影響」「悪い影響」の五件法。それぞれの項目に五点、四点、三点、二点、一点を与え、間隔尺度としてスコア化する。「わからない」は欠損値として分析から除いた。

(3) 東アジア出身の友人の有無――「以下の各国出身の友人やご友人はいらっしゃいますか」という質問への回答を用いる。この質問のうち、中国、日本、韓国、台湾、フィリピン、シンガポール、タイ、ベトナム出身の友人がいるかどうかを用いる。知り合いの度合いに関する選択肢は、「いる（そのうち一人以上と親しい間柄だ）」「いる（しかしそのうちの誰とも親しくはない）」「いない」といった三つがあるが、このうち最初のものだけを友人ありとみなす。その上で、出身が自国以外である友人を、1　一人も持っていない、2　一人持っている、3　二人以上持っている、という三つのカテゴリーを作成した。なお「わからない」と回答している場合は欠損値として分析から除いた。

（4）自国にとっての脅威の認識――二〇一三年データの「あなたの国にもし脅威があるとすれば、以下のどれですか。当てはまる項目をすべてお選びください」という質問への回答を用いる。選択肢は「貧困」「経済的不平等」「テロリズム」「環境破壊／公害／天然資源問題」「戦争と紛争」「天災、自然災害」「犯罪」「汚職」「違法薬物や薬物中毒」「難民と亡命問題」「失業問題」「社会の高齢化」「伝染病の蔓延」「宗教的原理主義」「人口過剰」「モラルの低下／精神の退廃」「少子化」の一七つであるが、本章ではそのうち「天災、自然災害」「伝染病の蔓延」「モラルの低下／精神の退廃」を除く一四の項目を用いる。(5)

3　政治経済状況が学生の意識に与える影響

まずは、一つ目のリサーチ・クエスチョンである、東アジアにおける政治経済状況が人びとのアジア人意識にどのような影響を与えるかについて分析を試みる。

表9-2　各国別・アジア人意識の分布

	とても そう思う	そう思う	そう 思わない	まったくそう 思わない	行合計
中国	25.5	64.7	9.1	0.7	100.0（561）
日本	17.3	54.1	25.2	3.5	100.0（318）
韓国	25.9	62.5	9.5	2.0	100.0（451）
台湾	42.6	54.8	2.6	0.0	100.0（305）
フィリピン	42.1	51.4	6.5	0.0	100.0（292）
シンガポール	18.4	71.6	9.6	0.4	100.0（250）
タイ	40.7	54.3	4.4	0.6	100.0（361）
ベトナム	29.4	59.7	9.1	1.9	100.0（320）
列合計	29.9	59.5	9.5	1.2	100.0（2858）

注）値は行％を、括弧内は度数を、それぞれ表す。

アジア人意識の分布

アジア人意識の分布を国ごとに示したものが表9−2である。

ここから読み取れるのは、各国の学生が総じてアジア人意識を有しているということである。とはいえ、この結果を、必ずしも学生が強いアジア人意識を有していると解釈することはできないだろう。アジア・バロメーターでは異なる質問項目を用いてアジア人意識が測定されており、これを分析した園田によれば、北東アジアにおいてアジア人意識が低いことが指摘されているからである（本書第8章を参照）。もちろん、サンプルの特性が異なるため、単純な比較はできないが、必ずしも東アジア統合がスムーズに進んでいるわけではない現状を踏まえれば、この結果を強いアジア人意識が共有されているものと読むことはむずかしく(6)、むしろ学生たちの持つ漠然としたアジア人意識を反映したものと解釈すべきだろう。

アジア人意識の規定要因に関する先行研究

では、こうしたアジア人意識は、どのような要因によって強められるのであろうか。これまでに、アジア人意識の規定要因を明らかにする実証研究はいくつか存在しているが、大きく分けると以下の四つに整理することができる。

第一に、文化交流の効果。アジアにおける共通言語である英語に長けていることや（上野原2013、飯田・勝間田2013、福島・岡部2007）、アジアのメディアに接触していることが（上野原2013、Katsumata and Iida 2011）、アジア人意識を強めているとされる。

第二に、経済統合の効果。経済統合によってモノ・人の移動が増大することは先ほど述べた。アジア出身の友人を持つようになったり、アジアへ渡航したりするようになることが、その具体的なケースである。実際先行研究においても、東アジア出身の友人を持つことや（上野原2013）、東アジアへの渡航経験が東アジア人意識を強めるとされている。

第三に、心理学的な要因。小林・中谷（2007）は、自分が所属する地域として世界やアジアを意識することをもってトランスナショナル・アイデンティティと名づけ、これを規定する要因を明らかにしている。国によって違いはあるものの、一般的信頼感が高く、内的有効感が高く、民族・宗教に対して誇りを持つほど、トランスナショナル・アイデンティティが強められるという。また飯田・勝間田（2013）は、境界線の認識（アジアにある国際制度をどの程度知っているか）と共通利益の認識（アジアには差異より共通項が多いと認識していること）がアジア人意識を強めることを明らかにしている。

第四に、世代による効果。若い世代ほどアジア人意識を持つことが指摘されている（福島・岡部2007）。ただしここでは、世代による効果がどのような変数によって媒介されているかは明らかでない。上野原（2013）の研究では、年齢層以外の各変数を統制したモデルでは、年齢がアジア人意識に与える効果は国によって異なっているというが、年齢がアジア人意識に与える効果の内実については十分に解明されていない。

以上の実証研究に欠けているのは、アジア人意識を東アジアにおける政治経済状況と関わらせて論じる視点である。人びとのアジア人意識は、政治や経済の状況の中で形作られる。こうした政治経済状況をアジア人意識の説明変数として組み込むことで、人びとのアジア人意識に対する理解を深め、アジア統合に向けての新たな視座を得ることができるはずだ。

分析枠組

以上の先行研究を受けて、本節では以下の二つの仮説を検討したい。

仮説1　東アジア各国が自国に悪い影響を与えていると認識すればするほど、アジア人意識は弱まる。
仮説2　東アジア出身の友人がいるほど、アジア人意識は強まる。

自国に対する影響の認識は、各国間の政治的緊張を反映する変数として捉えることができる。そして、こうした影響認識の悪化は、東アジア諸国に対する否定的な感情を高め、アジアに対する帰属意識を弱めるものと考えられる。

また東アジア出身の友人の増加は、経済統合の進展を反映するものと捉えることができる。先行研究でも、アジア出身の友人がいると、アジア人意識が強まることが指摘されている。しかし、友人の出身地の違いに着目して、出身地の異なる友人を持っているほどアジア人意識が高まる可能性については、十分に検討されていない。東アジアはさまざまな国を含んでおり、出身地の異なる友人を持っていれば、それだけアジアの多様性を認識する機会が増え、アジアに対する帰属意識が強まると考えられる。

以上の仮説を、順序ロジスティック回帰分析を用いて検証する。順序ロジスティック回帰分析は、カテゴリカル変数を従属変数に置くロジスティック回帰分析の一種で、順序尺度によって測定された変数を従属変数とする分析手法である。今回従属変数とするアジア人意識は、間隔尺度とみなすには難があり、通常の回帰分析を用いるには不適切だと判断した。

モデル構築の際には、自国に対する影響の認識と東アジア出身の友人の有無とともに、調査対象者の居住国を統制変数としてモデルに組み込んだうえで、これらの変数がアジア人意識に与える効果を見る。というのも、アジア学生調査のサンプルは、調査対象国ごとにクラスター化されたサン

表 9-3　各国別・各国に対する印象

回答者の居住国＼相手国	中国	日本	韓国	台湾	フィリピン	シンガポール	タイ	ベトナム
中国（561）		2.37	3.18	3.46	2.27	3.72	3.16	2.65
日本（318）	2.53		2.82	4.02	3.64	3.86	3.82	3.63
韓国（451）	3.05	2.51		3.22	3.30	3.43	3.33	3.37
台湾（305）	2.77	4.12	2.76		2.78	3.66	3.37	3.29
フィリピン（292）	3.06	4.17	4.07	3.46		4.15	3.65	3.49
シンガポール（250）	3.24	3.95	3.82	3.76	3.21		3.48	3.32
タイ（361）	3.99	4.28	3.81	3.50	3.33	3.87		3.40
ベトナム（320）	2.19	4.49	3.98	3.46	3.53	4.22	3.78	

注）括弧内は度数を示す。

プルから構成されており、またあとで見るように、各国の影響についての認識や友人がいる割合の分布が、国によって異なっているからである。

政治的緊張の高まりと経済統合の進展

分析に先立って、独立変数となる自国に対する影響の認識と東アジア出身の友人の有無の分布を確認し、東アジアにおける政治的緊張の高まりと経済統合の進展の様相を見ておこう。

学生は、東アジア各国の自国に対する影響をどのように認識しているのだろうか。自国に対する影響の認識スコアの平均値を求め、学生が東アジア各国の影響をどのように認識しているかを示したものが表9-3である。たとえば一行二列のセルの値は、中国の学生が平均的に日本に対してどのような認識を抱いているかを表しており、値が五に近いほどよい認識を、一に近いほど悪い認識を持っていることを表している。

北東アジア同士のセルのスコアは、全体的に低くなっている。とくに、中国と日本、日本と韓国は互いに悪い影響を受けていると認識している。第一節でも確認したように、両国間に政治的な緊張関係があることが学生の意識からも読み取れる。また台湾の人びとは中国、韓国の影響に対して悪い認識を持っていることもわかる。同様に、中国と東南アジア同士のセルのスコアも低い。とくに、中国とベトナム、中国とフィリピンは互いに悪い影響を受けていると認識しているが、ここにも政治的な緊張関係の一端が見て取れる。

では、経済統合についてはどうであろうか。各国の学生は東アジア出身の友人を持っているのだろうか。また、その友人の出身地の多様性はどのようであろうか。表9-4は、東アジア出身の友人の有無に関する国別の分布を示している。

表9-4　各国別・アジア人の友人の有無

	0人	1人	2人以上	行合計
中国	77.7	13.2	9.1	100.0（561）
日本	45.3	23.9	30.8	100.0（318）
韓国	67.6	20.2	12.2	100.0（451）
台湾	69.5	21.3	9.2	100.0（305）
フィリピン	40.8	26.7	32.5	100.0（292）
シンガポール	47.6	29.6	22.8	100.0（250）
タイ	71.2	16.3	12.5	100.0（361）
ベトナム	67.8	17.8	14.4	100.0（320）
列合計	63.3	20.1	16.6	100.0（2858）

注）値は行％を、括弧内は度数を、それぞれ表す。

一見して、東アジア出身の友人を持つ学生が多いことがわかる。とくに、日本、フィリピン、シンガポールでは、東アジア出身の友人が一人以上いるという割合が五割を超えている。さらにこれらの国では、出身地の異なる友人を持つ人が二割から三割おり、これらの学生は人の交流の増大の影響を強く受けているものと考えられる。また、そうでない国ぐにでも、三割程度は東アジア出身の友人を持っており、決してその割合は小さくない。こうした友人関係からも、東アジアにおける経済統合が着実に進みつつあることが読み取れる(7)。

順序ロジスティック回帰分析

では、以上で述べた変数を用いて、政治経済状況がアジア人意識に与える影響に関する仮説を検証しよう。アジア人意識を従属変数とし、独立変数として各国の影響認識の総和(七〜三五の範囲をとる)、友人一人ダミー、友人二人以上ダミー、居住国ダミー(参照カテゴリは中国)を投入する。分析結果は表9-5の通りである。

表9-5を見ると、予想通りこれら二つの変数の値は正であり、統計的にも有意である。東アジア各国の自国に対する影響の認識が悪くなるほど、アジア人意識は弱まり、東アジア出身の友人を多く持つほど、アジア人意識は強まっているのである。

この結果から、現在東アジアで見られる政治的緊張の高まりと経済統合の進展は、学生のアジア人意識に両義的な影響を及ぼしていると考えられる。すなわち、政治的緊張の高まりは学生のアジア人意識を弱め、他方で東アジアにおける経済統合の進展は学生のアジア人意識を強めているのである。

4　脅威認識から見るアジア統合の道筋

次に、二つ目のリサーチ・クエスチョンである、東アジア各国の人びとのあいだに共通の脅威が存在しているかどうかについての分析を行う。

表9-5　アジア人意識の順序ロジット

	B	SE
影響認識	.083	.011***
友人数（ref：アジア出身の知人なし）		
1人	.333	.098**
2人以上	.658	.109***
所属国（ref：中国）		
日本	−1.444	.155***
韓国	−.204	.130
台湾	.623	.143***
フィリピン	.073	.158
シンガポール	−.741	.162***
タイ	.215	.146
ベトナム	−.345	.153*
閾値		
とてもそう思わない	−2.713	.295
そう思わない	−.337	.246
そう思う	2.893	.251
N	2,858	
log likelihood	−2699.211	
Nagelkerke's R2	0.112	

注）*p<0.5　**p<0.1　***p<0.01

自国にとっての脅威の認識

先述のとおり、地域統合の推進にとって、地域に共通のアイデンティティが形成され、地域統合の必要性が各国に共有される必要がある。そして、その地域統合の必要性を喚起するのが、共通の脅威である。

東アジア各国の学生は、どのような問題を自国にとっての脅威と認識しているのだろうか。

図9-2　各国別・自国に対する脅威認識

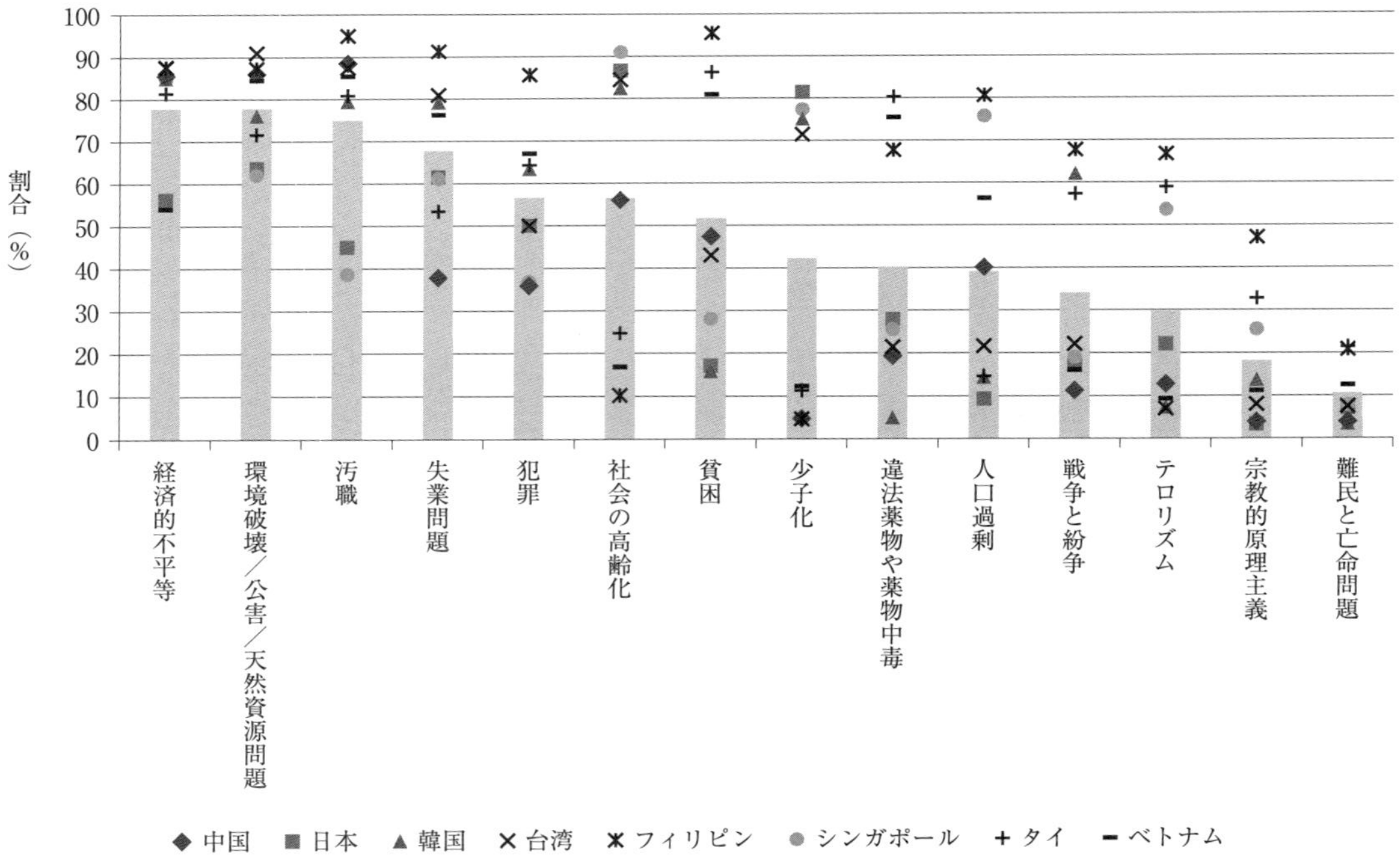

図9‐2は、これらの問題がどの程度の割合で脅威として認識されているかを国ごとに示したものである。

「経済的不平等」「環境破壊／公害／天然資源問題」「汚職」といった問題は、自国にとっての脅威であるとする割合が高いものの、各国の認識が大きくずれている問題も存在する。たとえば、日本で大きな脅威として認識されている「社会の高齢化」「少子化」といった項目は、タイやフィリピンではほとんど脅威として認識されていない。タイやフィリピン、ベトナムで大きな脅威として認識されている「貧困」や「違法薬物や薬物中毒」は、日本や韓国ではほとんど脅威として認識されていない。

多くの国で脅威として認識されている問題を改めて見てみると、各国の回答傾向にはばらつきが見られる。各国の学生の脅威に対する認識は、一枚岩ではないようだ。

脅威認識をめぐる各国の布置関係

すべての国の学生が自国にとっての脅威と認識している問題がないことはわかった。では、各国は脅威をめぐってどのような布置関係を有しているのだろうか。コレスポンデンス分析(8)によって、これを描き出してみたい。具体的には、それぞれの項目に対して、国ごとにどれくらいの割合の学生が脅威であると回答しているかを行列の要素として、二つの軸を抽出する。結果は二次元の座標の上に表現され、項目同士の距離が近いほど、似通った傾向を持つことを意味している。今回の分

図 9-3　自国に対する脅威認識のコレスポンデンス分析

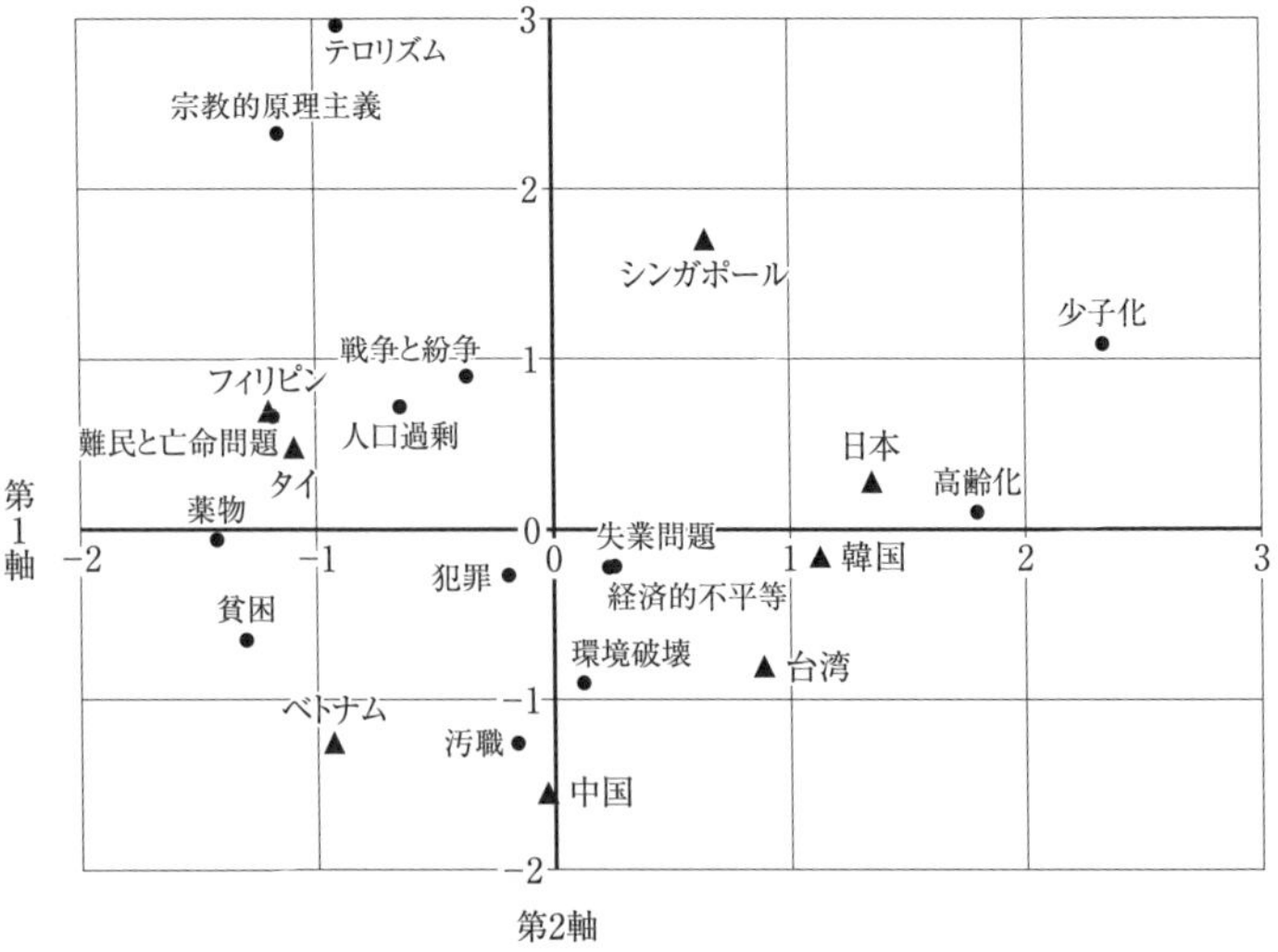

析の場は、国同士の距離が近いほど、それらの国が脅威の認識に関して似た傾向を有しているものと解釈できる。結果のプロットは図9-3に示した。第一軸は度数の分散の五七・四%を、第二軸は一六・九%を、それぞれ説明している。

　まず項目の布置から、それぞれの軸の意味を読み取っていく。

　第一軸の正方向には「少子化」や「社会の高齢化」といった項目が並び、負方向には「違法薬物や薬物中毒」や「貧困」といった項目が並んでいるが、この軸は経済発展の度合いと関連しており、正方向に行くほど、経済発展が進んでいると解釈できる。一方、第二軸はこれとは異なり、はっきりとした傾向が析出されているわけではないものの、正方向に「テロリズム」や「宗教的原理主義」「戦争と紛争」が並び、負の方向には「汚職」が並んでいることから、政治的な要因に関連しているものと考えられる。

軸の解釈をしたところで、各国がどのような布置関係にあるかを見よう。

各国は第一軸に沿って水平にばらついている。この並びは、ほぼ各国の経済発展の度合いと一致しているといってよい。しかしそれだけではなく、各国は第二軸によって垂直にばらついており、ここからおおよそ四つのクラスターを見いだすことができる。

第一に、日本・韓国・台湾からなるクラスター。これら北東アジアの国や地域は経済発展を遂げ、政治的にもそれほど異なる脅威を有していない。これらの国や地域は、しばしば儒教文化圏として似た特徴を持つとされるが、脅威認識についても似た特徴を有している。

第二に、フィリピンとタイからなるクラスター。これらの国ぐには先ほどとは対照的に、発展途上国として共通の経済政治問題を有している。

第三に、中国とベトナムからなるクラスター。これらの国ぐにはいずれも共産主義国であり、とくに政治的問題について多くを共有している。ただし二カ国の距離はやや離れており、中国はどちらかというと日韓台に近く、ベトナムはどちらかというとフィリピン・タイに近い。

そして最後にシンガポール。シンガポールは以上のどの国とも離れた独特の位置を有しているが、これは、先進国でありながら東南アジアの発展途上国とも脅威を共有していることによるものと考えられる。図9-2にあるように、「貧困」の割合が少なく、「社会の高齢化」の割合が高いという点ではポスト工業社会的な問題を共有している一方で、「テロリズム」といった項目の割合が北東アジアの先進国と比べると高く、フィリピンやタイに似た傾向も有しているからである。

このように、東アジアの八つの国・地域に限ってみても、脅威認識をめぐって各国が異なる問題を脅威と認識していることがわかる。

5　おわりに

本章では、アジア学生調査第二波調査のデータを用い、政治経済状況がアジア人意識にどのような影響を与えているかを考察するとともに、アジア統合の推進力となる脅威認識を取り上げ、各国の学生が共通の脅威を持っているかについて分析を行った。得られた知見は、（1）政治的緊張はアジア人意識を弱める一方、経済統合によるアジア出身の友人の増加はアジア人意識を強める、（2）東アジア各国はそれぞれに異なる脅威認識を持ち、強い共通の脅威を抱いているとはいえず、経済と政治といった異なる二つの軸によって各国が異なる脅威認識を持っている、といった二点に要約される。

以上の分析結果は、何を意味しているだろうか。

第一に、東アジアにおいて、アジア人意識はある程度各国に共有されており、これからも少しずつ進んでいくだろうということである。というのも、東アジアの経済統合は目を見張る速さで進んており、モノ・人の移動を促進していることが、東アジアの人びとに共通のアジア人意識を醸成しているからである。他方で、人びとのアジア人意識の共有を妨げるのが、各国の政治的緊張の高まりである。東アジアにおける近年の政治的緊張は、アジアの地域統合を遅らせるばかりか、人びとのアジアへの帰属意識をも弱めている。

第二に、アジア人意識の共有とは別に、積極的にアジア統合を推進する契機が見いだしにくいという点である。本章の分析によれば、東アジア各国の脅威認識はかなり隔たっており、地域統合の契機となりうる共通の脅威は見いだされていない。経済成長の度合いや文化も多様な東アジアにおいて、各国が共通して脅威と認識する政治的・経済的・社会的問題はほとんど存在していないのである。ここからは、アジア統合をめぐる困難が見えてくる。

興味深いことに、日韓台からなる北東アジアは、まとまったクラスターを形成している。北東アジアは、政治的にも経済的にもアジアの地域統合にとって重要な役割を果たすことが期待されているが、分析の結果からも、共通の脅威を持っていることが示されている。しかし、これらの国ぐにと他の東アジア諸国とは、脅威を必ずしも共有していない。このことは、北東アジアと東南アジア（および中国）との間で地域統合に向けた対話に齟齬が生じ、結果としてアジア統合に向けた動きを阻害しかねない。

最後に、本章の限界として、以下の二点を指摘しておきたい。

第一に、本章では、アジアの中の一部である東アジアに限定して議論しているうえ、分析の対象とした国が東アジアの一部に限られている点である。データの制約上、仕方がないとはいえ、本来議論されるべきは、アジア全体の統合であるはずである。今後、議論・分析の対象となる国を少し広げていく必要がある。

第二に、人びとの意識とアジア統合の間を結びつけて説明する地域統合の理論が十分に発展していないため、本章の分析結果の解釈がむずかしいといった点である。本章では、経済的・政治的な状況が人びとのアジア人意識にどのような影響を与えるかを議論したが、両者がどのような回路で結びつけられているのかについては、十分な説明ができていない。アジア人意識が醸成されることが、どのようにアジアの地域統合に結びつくのか、その経路を今後の地域統合を追っていくなかで明らかにしていく必要がある。

今後期待されるのは、同一の質問項目を用いて継続的に調査を行い、人びとの意識と地域統合の進展を結びつける研究の発展である。継続的な調査を通じて、人びとの意識を組み込んだより精緻な地域統合の理論を構築していくことができるはずだ。

経済的には結びつきながらも、政治的に離反しているアジアが、今後どのように変化していくのか、注視し続けていくことが望まれる。

注

(1) この東アジア域内シェアに含まれるのは、日本、中国、香港、韓国、台湾、シンガポール、インドネシア、マレーシア、フィリピン、タイ、ブルネイ、カンボジア、ベトナムの一三の国・地域である。

（2）Deutsch（1957）は、地域における「我々意識 we-ness」が地域共同体にとって不可欠な要素であると述べている。

（3）本調査の詳細については、序章を参照されたい。

（4）本章で述べる中国からは、香港と台湾が除かれている。

（5）地域統合を推進しうる脅威として、持続的に各国に悪影響を及ぼしうること、また各国間でその意味内容のずれが少ないものであることが必要だと判断した。本文で述べた三項目はこれらの基準を満たしているとはいえないため、分析から除外した。

（6）今回用いた質問項目のポイントは、あえて「どちらともいえない」という中間の選択肢を設けていないことにある。その結果、多くの学生がこの質問に対して賛成を表明しているとも考えられる。このように、回答が肯定的な方向に傾きがちになることはイエス・テンデンシーといわれている（盛山 2004）。

（7）日本の大学ではグローバル化が叫ばれているが、この表を見てみると、日本の学生は他の東アジアの国に比べて、留学生と知り合いになっていないとはいえなさそうである。

（8）コレスポンデンス分析（数量化Ⅲ類・相対尺度法）とは、行列において、行項目と列項目の相関が最大になるように行と列の双方を並び替えることで、行列の要素の分散を縮約して表現できる軸を取り出す分析手法である。

文献一覧

Abbeglen, J. C., 1958, *The Japanese Factory: Aspects of Its Social Organization, The Free Press* (=2004, 山岡洋一訳,『日本の経営〈新訳版〉』日本経済新聞社).

Allport, G. W., 1961, *The Nature of Prejudice*, Addison-Wesley (=1968, 原谷達夫・野村昭訳,『偏見の心理』培風館).

Armstrong, M. J. and R. W., Armstrong, 2001, "Chinese Populations of Southeast Asia," in Armstrong, M. J., Armstrong, R. W., and Mulliner, K. eds., *Chinese Populations in Contemporary Southeast Asian Societies: Identities, Interdependence, and International Influence*, Curzon Press.

Barzini, L., 1983, *The Impossible Europeans*, George Weidenfeld & Nicolson Limited (=1987, 浅井泰範訳,『ヨーロッパ人』みすず書房)。

Berger, L. P., and Michael H. H. Hsiao, eds., 1988, *In Search of an East Asian Development Model*, Transaction Books.

Crystal, D., 1997, *English as a Global Language,* Cambridge University Press.

Deutsch, K., et al., 1957, *Political Community and the North Atlantic Area: International Organization in the light of Historical Experience,* Princeton University Press.

Dore, R., 1973, *British Factory, Japanese Factory: The Origins of National Diversity in Industrial Relations*, University of California Press (=1987, 山之内靖・永易浩一訳『イギリスの工場・日本の工場：労使関係の比較社会学』筑摩書房).

Drucker, P. F., 1971, "What we can learn from Japanese management," *Harvard Business Review*: March-April 110-122.

Etzioni, A., 1965, *Political Unification: A Comparative Study of Leaders and Forces,* Holt, Rinehart and Winston.

European Commission, 2012, "Special Eurobarometer 386: Europeans and their Languages,"（2014 年 10 月 16 日取得, http://ec.europa.eu/public_opinion/archives/eb_special_399_380_en.htm）

Florida, R., 2007, *The Flight of the Creative Class,* Collins.

Franklin, K., 2010, "Long-Term Career Impact and Professional Applicability of the Study Abroad Experience," *The Interdisciplinary Journal of Study Abroad* 19: 169-190.

Froese, J. F., and Y. Kishi, 2013, "Organizational Attractiveness of Foreign Firms in Asia: Soft Power Matters," *Asian Business & Management* 12: 281-297.

Graddol, D., 1997, *The Future of English?,* British Council.

Haas, E., 1958, *The Uniting of Europe,* Stanford University Press.

International Monetary Fund, 2014, "World Economic Outlook Database,"（2014 年 11 月 17 日取得, http://www.imf.org/external/pubs/ft/weo/2014/02/weodata/index.aspx）

Kang, L., M.-H. Huang, and Lu J., 2012. "How Do Asians View the Rise of China?," paper presented at An Asian Barometer Survey Conference on How East Asians View the Rise of China.（2014 年 11 月 3 日取得, http://www.asianbarometer.org/newenglish/publications/ConferencePapers/2012_10conference/paper1.pdf）.

Karchu, B. B., 2005, *Asian Englishes: Beyond Canon,* Hong Kong University Press.

Katsumata, H., and T. Iida, 2011, "Popular Culture and Regional Identity in East Asia: Evidence from the Asia Student Survey 2008," http://www.waseda-giari.jp/sysimg/imgs/wp2011_e3.pdf

Kirkpatrick, A., 2012, "English in ASEAN: Implications for Regional Multilingualism," *Journal of Multilingual and Multicultural Development* 33(4): 331-334.

Lewis, M. P., ed., 2009, *Ethnologue Languages of the World Sixteenth Edition,* SIL International.

Linley, M., J. Reilly, and B. E. Goldsmith, 2012, "Who's Afraid of the Dragon? Asian Mass Publics'Perceptions of China's Influence,"

Japanese Journal of Political Science 13(04): 501-523.

Nagayoshi, K, 2009, "Whose Size Counts? Multilevel Analysis of Japanese Anti-Immigrant Attitudes Based on JGSS-2006,"『日本版総合的社会調査共同研究拠点研究論文集』9: 157-174.

Nye, J. S., 2004, *Soft Power: The Means to Success in World Politics,* Public Affairs.

Nye, J. S., 2011, *The Future of Power,* Public Affairs.

Otmazgin, N. K., 2008, *Contesting Soft Power: Japanese Popular Culture in East and Southeast Asia,* International Relations of the Asia-Pacific.

Pettigrew, T. F., 1997, "Generalized Intergroup Contact Effects on Prejudice," *Personality and Social Psychology Bulletin* 23(2): 173-185.

Pettigrew, T. F., and L. R. Tropp, 2006, "A Meta-analytic Test of Intergroup Contact Theory," *Journal of Personality and Social Psychology* 90(5): 751-783.

Pew Research Center, 2012, "Attitudes Toward American Culture and Ideas," Pew Research Global Attitudes Project（2014年12月31日取得, http://www.pewglobal.org/2012/06/13/chapter-2-attitudes-toward-american-culture-and-ideas）

Sheng Ding and Robert A. Sanders, 2006, "Taking Up China: An Analysis of Cultural Power and the Global Populization of the Chinese Language," *East Asia: An International Quarterly* 23(2): 3-33.

Shirk, S. L., 2008, *China: Fragile Superpower,* Oxford University Press.

Starr, D., 2009, "Chinese Language Education in Europe: the Confucius Institutes," *European Journal of Education* 44(1): 65-82.

UNESCO Institute for Statistics, 2011, *Global Education Digest 2011: Comparing Education Statistics Across the World,* UNESCO Institute for Statistics.

Wells, R., 2006, "Nontraditional Study Abroad Destinations: Analysis of a Trend," *The Interdisciplinary Journal of Study Abroad* 13: 113-133.

Yamamoto, Y., 2013, "Asia and Regional Integration Theory: Between a Regional Complex and a Regional Society," in Amako, S., Matsuoka

S., and Horiuchi, K., eds., *Regional Integration in East Asia: Theoretical and Historical Perspectives,* United Nations University Press.

Yano, Yasukata, 2009, “The Future of English: Beyond the Kachruvian Three Circle Model?” in Murata, K., and Jenkins, J., ed., *Global Englishes in Asian Contexts: Current and Future Debates,* Palgrave Macmillan.

青木保，2005，「東アジア共同体への道」『毎日新聞』6 月 5 日付。

青木保・佐伯啓思編，1998，『「アジア的価値」とは何か』TBS ブリタニカ。

亜洲奈みづほ，2004，『「アジアン」の世紀』中央公論社。

天児慧・松岡俊二・平川幸子・堀内賢志編，2013，『アジア地域統合学　総説と資料』勁草書房。

アンダーソン，ベネディクト，2007，『定本想像の共同体　ナショナリズムの起源と流行』（白石隆・白石さや訳）書籍工房早山。

飯田健・勝間田弘，2013，「アジア市民の共同体：何が地域アイデンティティをつくるのか」天児慧・松岡俊二・平川幸子・堀内賢志編『アジア地域統合学　総説と資料』勁草書房。

池田慶子，2011，「海外留学の意義とメリットを考える：海外留学によって何が得られるか」『留学交流』4。

石井健一・小針進・渡邊聡，2013，「韓国における外国イメージ調査」第一次報告書。

伊藤徳也，2011，「中国の大学生にとって日本『動漫』とは」『東京大学教養学部報』535。

井上寿一，2006，『アジア主義を問い直す』筑摩書房。

今田高俊・園田茂人編，1995，『アジアからの視点：日系企業で働く 1 万人からみた「日本」』東京大学出版会。

岩渕功一，2007，『文化の対話力：ソフト・パワーとブランド・ナショナリズムを越えて』日本経済新聞社。

上野原秀晃，2013，「東アジアにおけるトランスナショナル・アイデンティティ：EASS2008 データを用いた国際比較」『日本版総合的社会調査共同研究拠点研究論文集 13』JGSS Research Series 10: 93-103。

遠藤誉，2008，『中国動漫新人類：日本のアニメと漫画が中国を動かす』

日経 BP 社。

及川純一・大塚康平・神田和子・金那英・寺尾勇輝・山内健太郎，2012，日本の大学を国際化するために：日本への留学促進に向けての政策提言　韓国を一例に」ISFJ 政策フォーラム 2012 発表論文。

大槻茂実，2006，「外国人接触と外国人意識：JGSS-2003 データによる接触仮説の再検討」『JGSS で見た日本人の意識と行動：日本版 General Social Surveys 研究論文集』5: 149-159。

大西好宣，2007，「欧米でなく，アジアへ留学することの意義：留学前後の問題とキャリアパス：企業の視点を中心に」『2005 年度 JAFSA 調査・研究助成事業報告書』。

小川佳万，2006，「日米への留学動機に関する比較研究：韓国・中国・台湾の工学系教授へのインタビュー調査」『東北大学大学院教育学研究科研究年報』55(1): 37-58。

外務省，2014，「政府開発援助 ODA ホームページ　東アジア地域」(2014 年 10 月 24 日取得，http://www.mofa.go.jp/mofaj/gaiko/oda/region/e_asia/index.html)

蒲島郁夫・竹下俊郎・芹川洋一，2007，『メディアと政治』有斐閣。

河合淳子・韓立友・孔寒泳，2011，「大学生の留学志向と社会的背景：日中比較を手がかりとして」『京都大学国際交流センター論攷』1: 1-20。

経済産業研究所，2014，RIETI-TID 2012
(2014 年 11 月 19 日取得，http://www.rieti-tid.com/)。

呉揮斐，1991，「韓国人の対日本観：研究結果要約」『日韓 21 世紀香且会参考論文集：世論調査・マスメディア調査・文献調査』日韓 21 世紀委員会。

呉正培，2008，「日本人イメージの形成に対する直接経験の影響：韓国人大学生の場合」『言語科学論集』12: 61-72。

小池和男，2008，『海外日本企業の人材形成』東洋経済新報社。

小池和男・猪木武徳編，1987，『人材形成の国際比較：東南アジアと日本』東洋経済新報社。

国際交流基金，2007，「平成 17（2005）年度　日本語教育スタンダードの構築をめざす国際ラウンドテーブル会議録」

(https://www.jpf.go.jp/j/japanese/survey/standard/index.html)

国際交流基金，2013，「2012 年度　日本語教育機関調査　結果概要　抜粋」(2014 年 11 月 24 日取得，http://www.jpf.go.jp/j/japanese/

survey/result/survey12.html#report04）

小林明，2011，「日本人学生の海外留学阻害要因と今後の対策」『留学交流』2。

小林良彰・中谷美穂，2007，「トランスナショナル・アイデンティティの国際比較」小林良彰・富田広士・粕谷祐子編『市民社会の比較政治学』慶応義塾大学出版会。

佐藤考一，2012，『「中国脅威論」と ASEAN 諸国：安全保障・経済をめぐる会議外交の展開』勁草書房。

JETRO，2014，「2014 年ベトナム一般概況：数字で見るベトナム経済」，JETRO ホームページ
（2014 年 9 月 29 日取得，http://www.jetro.go.jp/world/asia/vn/#basic）

ジョセフ・ナイ，2007，「靖国が台なしにした日本のソフト・パワー」『東洋経済』5 月 29 日号。

白井晴男，2009，「ベトナムにおけるオフショア開発と人材育成」『上武大学経営情報学部紀要』33: 63-80。

白木三秀，1995，『日本企業の国際人的資源管理』日本労働研究機構。

進藤榮一，2007，『東アジア共同体をどうつくるか』筑摩書房。

末廣昭，2000，『キャッチアップ型工業化論』名古屋大学出版会。

杉村美紀，2007，「留学生の移動と共同体形成」西川潤・平野健一郎編『東アジア共同体の構築 3　国際移動と社会変容』岩波書店。

杉村美紀，2008，「アジアにおける留学生政策と留学生移動」『アジア研究』54(4) : 10-25。

盛山和夫，2004，『社会調査法入門』有斐閣。

園田茂人，2007a，「東アジア共同体の心理的基盤を探る：アジア人意識への社会学的アプローチ」『GIARI Working Paper』3: 2007-J-1。

園田茂人，2007b，「都市中産階級の台頭と新たなアイデンティティの形成？」西川潤・平野健一郎編『東アジア共同体の構築　第 3 巻　国際移動と社会変容』岩波書店。

園田茂人，2008a，「社会学からアジア社会論へ？」『学術の動向』13(4) : 72-73。

園田茂人，2008b，「『アジア・バロメーター』に見るアジアのカタチ：第 5 回　アジア地域間協力のゆくえ」『ワセダアジアレビュー』5: 34-37。

園田茂人，2012，「社会的安定：『中国的特徴を持つ』格差社会の誕生？」

毛里和子・園田茂人編『中国問題：キーワードで読み解く』東京大学出版社。
園田茂人, 2014a,「中国の台頭はアジアに何をもたらしたか：アジア学生調査第2波調査・概要報告」『アジア時報』4: 36-57。
園田茂人, 2014b,「アジアの『アジア認識図』」『アジア研究』59(1・2): 23-27。
園田茂人, 2014c,「『中国をどう見るか』という重要な課題」『東亜』11: 2-3。
高原基彰, 2006,『不安型ナショナリズムの時代』洋泉社。
竹内好, 1963,『現代日本思想大系9　アジア主義』筑摩書房。
田辺俊介, 2008,「『日本人』の外国好感度とその構造の実証的検討：亜細亜主義・東西冷戦・グローバリゼーション」,『社会学評論』52(9): 369-387。
谷口誠, 2004,『東アジア共同体』岩波新書。
張小明, 2006,「北東アジア共同体の構築に関する一考察」滝田賢治編『東アジア共同体への道』中央大学出版部。
陳天璽・小林和子, 2011,「序論　ディアスポラへのまなざし」駒井洋監修『東アジアのディアスポラ』明石書店。
土屋守章, 1978,『日本的経営の神話』日本経済新聞社。
丁潔・松谷理代・渡邊拓也・今村美奈子・楠田兼久, 2005,「留学し受入れ政策の未来に向けて：留学需要決定メカニズムの解明」ISFJ政策フォーラム2005発表論文。
寺倉憲一, 2011,「我が国における中国人留学生受入れと中国の留学生政策」国立国会図書館編『世界の中の中国総合調査報告書』国立国会図書館編調査及び立法考査局, 181-197。
東京大学, 2014,「平成26年度　外国人留学生数」『東京大学国際関係資料』東京大学
(2014年11月3日取得, http://www.u-tokyo.ac.jp/res03/pdf/H26.5.1.pdf)。
土佐昌樹・青柳寛, 2005,「ポピュラー文化が紡ぎ出す〈想像のアジア〉」土佐昌樹・青柳寛編『越境するポピュラー文化と〈想像のアジア〉』めこん。
中川涼司・高久保豊編, 2009,『東アジアの企業経営：多様化するビジネスモデル』ミネルヴァ書房。

中島岳志, 2014,『アジア主義：その先の近代へ』潮出版社。
日本学生支援機構, 2005,「平成 16 年度海外留学経験者の追跡調査」（2014 年 12 月 31 日取得, http://www.jasso.go.jp/study_a/keikensha.html）
日本学生支援機構, 2013,「平成 23 年度海外留学経験者の追跡調査」（2014 年 12 月 31 日取得, http://www.jasso.go.jp/study_a/enquete2012.html）
馬居政幸・夫伯, 2004,「韓国における日本大衆文化の調査研究（7）」,『静岡大学教育学部研究報告人文・社会科学篇』54: 73-137。
東アジア共同体の学術基盤形成委員会, 2011,「アジア学術共同体の基盤形成をめざして」日本学術会議。
樋口耕一, 2014,『社会調査のための計量テキスト分析：内容分析の継承と発展を目指して』ナカニシヤ出版。
福島安紀子・岡部美砂, 2007,「東アジア地域統合への道を探る」猪口孝・田中明彦・園田茂人・ティムール・ダダバエフ編『アジア・バロメーター　躍動するアジアの価値観：アジア世論調査（2004）の分析と資料』明石書店。
船津秀樹・堀田泰司, 2004,「海外留学に関する意思決定問題」『商学討究』55(1): 89-108。
三戸公, 1985,「現代の学としての経営学」, 講談社学術文庫。
三原龍太郎, 2013,「試論：クールジャパンと通商政策」, RIETI Discussion Paper Series: 13-J-051。
メイ, アーネスト, 2004,『歴史の教訓　アメリカ外交はどう作られたか』（進藤榮一訳）岩波書店。
森宏一郎・児玉奈々, 2012,「滋賀大生の留学志向に関するアンケート調査分析」滋賀大学経済学部。
文部科学省, 2013,『「日本人の海外留学者数」及び「外国人留学生在籍状況調査」について』。
リクルートワークス研究所, 2013,「アジアトップ大学生の就業実態を探索する」リクルートワークス研究所。
労働政策研究・研修機構, 2010,「アジア諸国における高度外国人材の就労意識と活用実態に関する調査（速報）」『労働政策研究・研修機構』1-14。
吉田和男, 1993,『日本的経営システムの功罪』東洋経済新報社。

吉田文彦，2006，「文章解析ソフトウェア TeX-Ray の概要と応用事例：小泉内閣関連新聞社説の内容分析結果による内閣支持率の予測」『マス・コミュニケーション研究』68: 80-96。
吉田文彦，2014，『データが語るメディアの国際報道』東海大学出版会。
早稲田大学留学センター，2014，「2014 年度（前期）早稲田大学外国人学生在籍数」早稲田大学留学センターホームページ
(2014 年 11 月 3 日取得，http://www.waseda.jp/cie/pdf/admission/date/20145_jp.pdf)。

陳奇佳・宋暉，2008，『日本動漫影響力調査報告：当代中国人大学生文化消費偏好研究』人民出版社。

漢語考試服務網，2012，「新漢語水平考試（HSK）海外実施報告」

(2014 年 9 月 18 日取得，http://www.chinesetest.cn/gonewcontent.do?id=5589387)

国家漢办／孔子学院総部，2014，「年度報告」

(2014 年 9 月 13 日取得，http://www.hanban.edu.cn/report/index.html)

中華民國僑務委員會，2014，“Overseas Chinese Population-by Country”

(2014 年 11 月 3 日取得，http://www.ocac.gov.tw/OCAC/Eng/Pages/VDetail.aspx?nodeid=414&pid=1168#)。

中华人民共和国国家统计局編，2013，『中国统计年鉴 2013』中国统计出版社。

東京大学東洋文化研究所
東洋学研究情報センター叢刊第19輯
連携と離反の東アジア
アジア比較社会研究のフロンティアⅢ

2015年3月30日　第1版第1刷発行

編著者　園《その》　田《だ》　茂《しげ》　人《と》

発行者　井　村　寿　人

発行所　株式会社　勁《けい》　草《そう》　書　房

112-0005　東京都文京区水道2-1-1　振替　00150-2-175253
（編集）電話 03-3815-5277／FAX 03-3814-6968
（営業）電話 03-3814-6861／FAX 03-3814-6854
大日本法令印刷・松岳社

ISBN978-4-326-65392-8　Printed in Japan